地域包括ケアのすすめ

在宅医療推進のための
多職種連携の試み

東京大学高齢社会総合研究機構［編］

東京大学出版会

推薦のことば

　東京大学高齢社会総合研究機構には，都市の急速な高齢化の諸課題の解決をめざし，柏市のパートナーとして柏プロジェクトに関わっていただいた．

　柏市の在宅医療の提供体制はここ数年で着実に拡充し，看護・介護や住まいとも連携したシステムが展開され始め，地域包括ケアへの道筋が明らかになるなど，これまでの取り組みの成果が実を結び始めている．同機構にあらためて感謝申し上げたい．

　一方，柏市におけるこれまでの取り組みは，前例のないものであり，当初は同機構とともに試行を重ねたが，現時点であらためて振り返ってみると，どれも市町村行政や地区医師会等が協力し合いながら努力をすれば実現できるものばかりだと認識している．

　本書は，これまでのプロジェクトの理念や成果を具体的手順とともに紹介するものであり，行政や地区医師会等の関係者はもとより，市民の皆様をはじめ，超高齢化社会への対応に取り組まんとする様々な方の一助となることを期待している．

柏市長　　秋山浩保

　柏プロジェクトと柏市医師会の関わりは，2009年に柏市長に対して行った「医師会からの10の提言」から始まったといえる．この頃から，我々は，医師だけではなく，多職種で連携して地域医療に取り組んでいくことをめざしていた．

　その後，柏市役所及び東京大学高齢社会総合研究機構の提案に呼応し，柏プロジェクトとして，市役所と地区医師会が協働し，多職種が連携して取り組む現在の在宅医療提供システムを構築してきた．このような取り組みが他の地域にも広がり，わが国の在宅医療を含む地域包括ケアの発展の一助となるように，ひとりでも多くの方が本書を読まれることをお薦めしたい．

一般財団法人柏市医師会会長　　金江　清

はじめに

　日本においては，世界に例のない高齢化が進行している．高齢化への対応については，沿革的には高齢者のニーズに応じて，社会福祉，年金，医療，介護といった様々な縦割りの分野での対応がなされてきたが，世界の高齢化の最前線である日本においては，従来の政策手法の延長線上での対応でこれを乗り切ることは困難と思われる．特に，都市部において急速に後期高齢者が増加するという経験は未曾有のものであり，従来の医療介護政策の見直しはもとより，都市政策をはじめとして様々な政策をも取り込んだ総合的な政策展開が求められている．

　東京大学においては，民間篤志企業の寄附によるジェロントロジー寄附部門を経て，2009年に高齢社会総合研究機構を設立した(36頁参照)．本機構では，ジェロントロジー(高齢社会総合研究)の視点に立って，この大課題の解決に取り組んでいる．ジェロントロジーとは，個人の長寿化と社会の高齢化について，生活の質(QOL)に重点を置き，医学，心理学，社会学，法学，経済学，工学など多方面の知見を動員して，学際的に研究する学問である．

　特に本機構においては，課題解決型の研究をその大きな目的の1つに掲げている．今後の日本の高齢化への対応をどのようにすればよいのかは，どの国も経験したことのないことである．したがって，これまでのように，データに基づくエビデンスの検証により未来を模索するという研究の方法にとどまらず，実際のフィールドで一定の仮説を設定して実践し，評価することを繰り返しながら，現実の社会の課題の解決につながる再現性のある手法を明らかにするというダイナミックな研究の方法が求められているといえる．

　このような志の下で，本機構は様々な研究を展開しているが，その1つとして「柏プロジェクト」に取り組んでいる．具体的には，今後急速に高齢化が進む千葉県柏市で，市役所，UR都市機構，本機構が一緒になって，「できる限り元気で，弱っても安心して住み続けられるまちづくり」という総合的な枠組みを設定し，人生90年時代の高齢者の新しい生き方と安心で活力のある社会

を切り開く取り組みを実践している．

　最新の知見によると，1992年の65歳の歩行速度を現在では76歳の高齢者が持っており，約10歳若返っている．定年で会社勤めから地域に戻った高齢者も，これからは地域でもう一働きし，人と人のふれあいのある活力あるまちづくりが必要である．そこで柏市では，本機構とともに，生きがい就労という考え方で，3人で1人分といったようにワークシェアリングの手法を取り入れ，農業や子育て支援や高齢者福祉などの高齢者が働きやすい分野で，雇用を創出している．参加している高齢者は，就労している日以外の外出も増え，健康状態も良くなるというデータが出はじめている．

　一方，一般的には75歳ぐらいを境に老いの兆候が出てくるが，自立を維持する最良の方法は，閉じこもらないことである．このため，出歩きしやすい構造で，楽しいイベントに満ちたまちを作り上げることが重要である．さらには，弱っても住み慣れた地域で安心して生活し続けられるよう，在宅医療を含めた在宅ケアシステムと一人暮らしになって弱っても安心して住める住まいが必要である．とりわけ在宅医療の普及は，その手法が未開発であり，わが国医療介護政策に通ずる大きな課題といえる．

　以上のような考え方に基づく「柏プロジェクト」は，国の推進する「在宅医療を含む地域包括ケアシステム」を実現しようとするものでもある．これを柏市のUR豊四季台団地の再開発の中で実践してきた．目玉は，市役所，医師会等が連携し最新の情報通信技術(ICT)や研修プログラムも活用しながら在宅医療を推進するための地域医療拠点(名称；柏地域医療連携センター)の整備である．併せて，周辺地域への訪問も行う24時間対応の在宅医療・看護・介護のシステムを1階に備えたサービス付き高齢者向け住宅の整備も行われる．そして，2014年前半から稼働するこれらのモデルシステムを柏市全体に広げることとするなど，超高齢社会のまちづくりの政策の展開がめざされている．

　残された期間は少ない．団塊の世代が75歳を超える2025年に向け，このような営みが，高齢化に対応するまちづくり政策の提案につながり，日本と世界の高齢化に貢献していくことが期待される．

　本書は，上述した「柏プロジェクト」(第1章図5参照)のうち，生きがい就労や出歩きしやすいまちの構造といった部分を除いた「在宅医療を含む在宅ケ

ア」に関する部分の概ね5年間の取り組みをこれに関わった本機構の研究者がとりまとめたものである．これに関わった研究者として，柏市における実践を記録し，できる限りこの過程を論理化してとりまとめ，再現可能性のあるものとすることが，本来の役割であると考えたのである．「柏プロジェクト」の主役は，地元住民はもとより，柏市役所，柏市医師会をはじめとする医療介護等の関係者など，地域の実際の当事者である．「柏プロジェクト」は，市民の幸せを願うというこれら関係者の強い志により進められており，柏市の関係者は，その実践が少しでも全国の役に立つよう，全国からの視察を丁寧に受け入れるなど，これまでの取り組みを紹介する努力をされている．急速に進行する高齢化に対応するべく，いわば待ったなしで取り組まれている「柏プロジェクト」は，このような関係者の努力により今後も進化発展を続けていくであろう．

　本書のはじめに当たり，柏プロジェクトに携わっている方々に感謝と敬意の念を込めて紹介したい．まず，この柏プロジェクトの取り組みにあたって，陣頭指揮をされた柏市の本田晃前市長，秋山浩保市長及び当初から相談に載っていただき，柏市役所内の調整を行って下さり，柏プロジェクトの船出に御尽力下さった前柏市保健福祉部長の木村清一氏に感謝したい．また，在宅医療のシステムづくりという新たな取り組みに，地区医師会として果敢に取り組む方針を決められ，その後，地区医師会として様々な課題を乗り越えながら，今日までリードしてこられた柏市医師会長の金江清氏，副会長の長瀬慈村氏及びこれまでの在宅医療の経験を活かされて，御尽力いただいた柏市医師会在宅プライマリ・ケア委員会委員長の平野清氏の御力がなければ，柏プロジェクトの構築は成しえなかったと考える．また，紙面の関係上1人ひとりのお名前を挙げることは差し控えるが，柏市医師会の在宅プライマリ・ケア委員会を中心とした医師の皆様及び多職種の多くの皆様には，柏市の住民の幸せのために大いなる夢を持って取り組んで下さっていることに心より敬意を表したい．

　また，地区医師会と市役所が中心となった在宅医療のシステムモデルの構築に向けて，強い意志を持って御尽力下さっている柏市保健福祉部長の下隆明氏や，それを支える保健福祉部福祉政策室の職員の皆様の地道な努力にも感謝すると同時に，今後のさらなるシステムの発展・定着を期待したい．

　さらに，この柏プロジェクトの1つの中核となった在宅医療研修プログラム

の開発及び,その後の普及に向けて御支援下さった国立長寿医療研究センターの大島伸一総長をはじめ,研究スタッフの皆様,実際のプログラム開発に御尽力下さった川越正平先生(あおぞら診療所),平原佐斗司先生(梶原診療所在宅サポートセンター),高林克日己先生及び藤田伸輔先生(千葉大学医学部)をはじめ,各分野で御活躍されている先生方に広く御尽力いただいたことに感謝したい.

　本書の刊行は,東京大学出版会編集部の依田浩司さんの御尽力がなければ実現できなかった.度重なる執筆・校正作業の遅れと大幅な紙面の変更により大変なご迷惑をおかけしたが,最後まで支援していただいたことに心から感謝したい.

2014 年 3 月

執筆者を代表して
辻　哲夫

目　　次

推薦のことば　i
はじめに　iii

第Ⅰ編　在宅医療の現状と課題

第1章　在宅医療を含めた地域包括ケアシステムの必要性──3
1　後期高齢者の急増と在宅医療　3
2　地域包括ケアシステムの展開と在宅医療　12
3　医療機能の分化と連携からみる在宅医療　15

第2章　在宅医療の基本的な考え方──17
1　「治す医療」から「治し支える医療」へ　17
2　在宅医療の構造　19
3　かかりつけ医中心の在宅医療へ　21
4　在宅医療推進：点から面へ　23

第3章　在宅医療推進に向けたわが国の政策動向──27
1　在宅医療を巡るわが国の政策の流れ　27
2　直近の政策動向　29

第Ⅱ編　柏プロジェクトからみる地域包括ケア政策

第4章　在宅医療の仕組みづくり──35
1　柏プロジェクトにおける当初の枠組み　35
2　市役所と医師会の合意形成（第1段階）　49

3　医師会と多職種関係団体との連携の仕組みづくり（第2段階）　55
　4　多職種間の構造的なギャップを乗り越えるために：
　　　顔の見える関係会議（第3段階）　61
　5　柏プロジェクトにみる在宅医療推進の構造　63

第5章　多職種連携の土台づくり：2つの取り組み　73
　1　多職種連携研修　73
　2　顔の見える関係会議　91

第6章　在宅医療普及のためのシステムの提案　111
　1　地域医療拠点の整備　111
　2　地域医療拠点運営のための多職種連携モデル事業　123
　3　情報共有システムの開発と運用　153
　4　住民が主体となる在宅医療を含む在宅ケアの市民啓発　160

第7章　在宅サービス拠点と連携した住まいの
　　　　　モデル的拠点の整備　191
　1　高齢者の住まいに対する意識と施策の動向　191
　2　柏プロジェクトにおける在宅サービス拠点と連携した
　　　住まいのモデル的拠点　201
　3　モデル的拠点の整備　203

第Ⅲ編　今後のさらなる展開

第8章　柏プロジェクトのさらなる展開　209
　1　多職種連携研修の全国に向けた展開　209
　2　在宅医療における医療人材養成に向けた展開　213
　3　情報共有システムの全国ガイドラインづくりへ　215
　4　各地のUR都市機構の団地の取り組みへの展開　223

おわりに：今後の医療介護改革の展望　227
資　　料　231
　　在宅医療・介護多職種連携柏モデル　ガイドブック　232
　　諸外国の医療制度と在宅医の活動状況比較　264
参考文献　267
索　　引　271

第 I 編

在宅医療の現状と課題

第1章
在宅医療を含めた地域包括ケアシステムの必要性

1　後期高齢者の急増と在宅医療

(1) 日本の人口動態：都市部を中心とする後期高齢者の急増

　近年，「2025年問題」という言葉が様々なところで言われている．なぜ，2025年なのか．わが国は人類史上経験したことがない超高齢社会に向かっている．人口ピラミッドの推移(図1)をみてもわかるように，2012年現在で65歳以上の高齢者は3000万人を超え，総人口中65歳以上人口の占める割合である高齢化率は24.1％と約4人に1人が高齢者である．75歳以上の後期高齢者で考えると，総人口の11.9％の1522万人であり，今のところ人口の中で比較的少ないグループである．しかしながら，2030年には総人口の19.5％の2278万人，2055年には26.1％の2401万人と，それぞれ総人口の5分の1，4分の1を占めるという社会に変化していくと予想されている．さらに，今後，高齢化率は，2030年には31.6％，2055年には39.4％まで上昇していく[1]．この高齢化の急速な進展の中で，特徴的な点としては，今後，65歳から74歳までの前期高齢者人口は概ね横ばいであるが，75歳以上の後期高齢者は，2012年から2030年までに1522万人から2278万人へと約1.5倍に急増することがあげられる．要するに，今後の高齢者人口の増加とは75歳以上人口の増加が中心となる．

　半世紀前には高齢者1人をおよそ9人の現役世代で支える「胴上げ型」の社会だったが，近年は3人で1人を支える「騎馬戦型」の社会になり，このまま

---

[1]　国立社会保障・人口問題研究所「日本の将来推計人口」の出生中位・死亡中位仮定による推計結果．

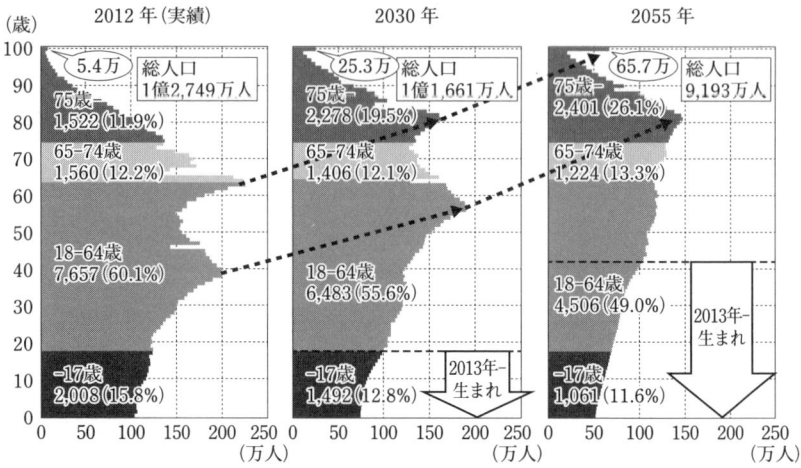

図1　人口ピラミッドの変化（2012年中位推計）

注1：2012年は国勢調査結果．総人口には年齢不詳人口を含むため，年齢階級別人口の合計と一致しない．
注2：2030・2055年は国立社会保障・人口問題研究所「日本の将来推計人口」の出生中位・死亡中位仮定による推計結果．

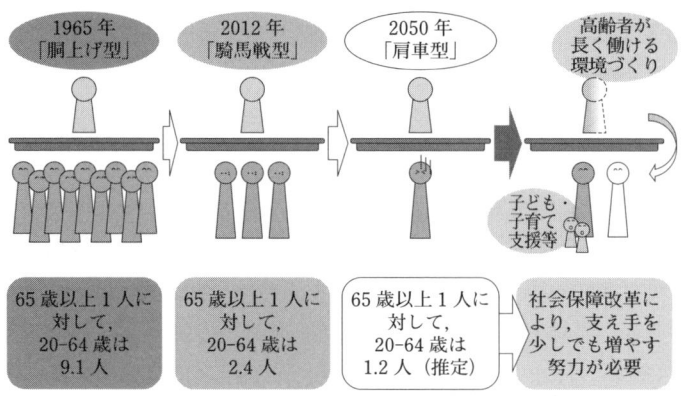

図2　「胴上げ型」の社会から「肩車型」の社会へ

出典：厚生労働省「社会保障・税一体改革とは」．

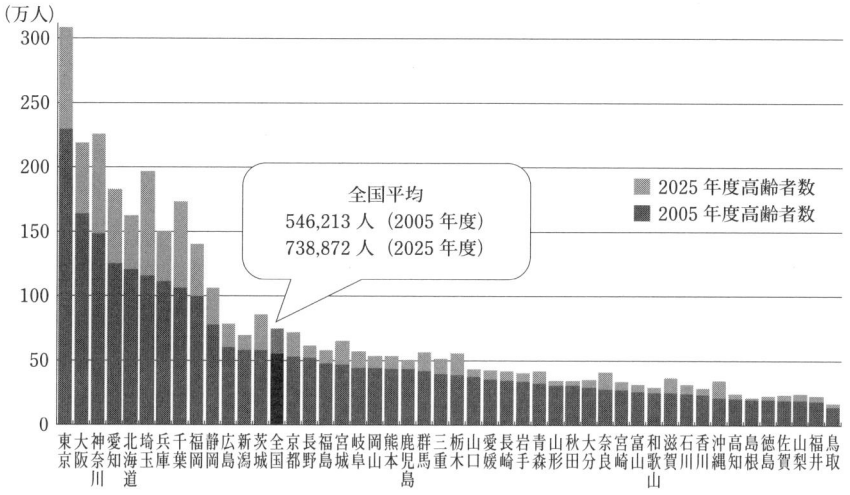

図3　都道府県別高齢者数の増加状況

注：2005年の高齢者人口については，総務省統計局「平成17年国勢調査第1次基本集計(確定値)」．2025年の高齢者人口については，国立社会保障・人口問題研究所「都道府県の将来推計人口(平成14年3月推計)」．

では，2050年には，国民の4割が高齢者となって，高齢者1人を1.2人の現役世代が支える「肩車型」の社会が到来することが見込まれている(図2)．

団塊の世代(すなわち1940年代後半生まれ)は戦後のベビーブームと言われ，2015年には65-69歳に達し，2025年にはついに75歳を超える．後述するように，75歳を超えると集団として見た場合，虚弱な集団となると言えるので，この集団に生じる大きな転機に対応するシステムを確立しておく必要がある．それが2025年問題とよく言われる所以の1つである．

また，この高齢者の増加を都道府県別で見てみると，この急速な高齢化の大部分は大都市圏で著明となる．その大部分が75歳以上の人口増加により進むのである．図3に示すように，2005年と2025年の高齢者数を各都道府県別に比較してみると，東京都を筆頭に，大阪府などの大都市圏や，都市化する過程で移住してきた人が多い，その周辺の埼玉県，千葉県，神奈川県，愛知県などで，顕著な傾向がみられる．

当然，高齢化に拍車をかけているもう1つの要素として，少子化がある．この少子高齢化を背景として，経済成長の低迷とも重なり合い，日本における社

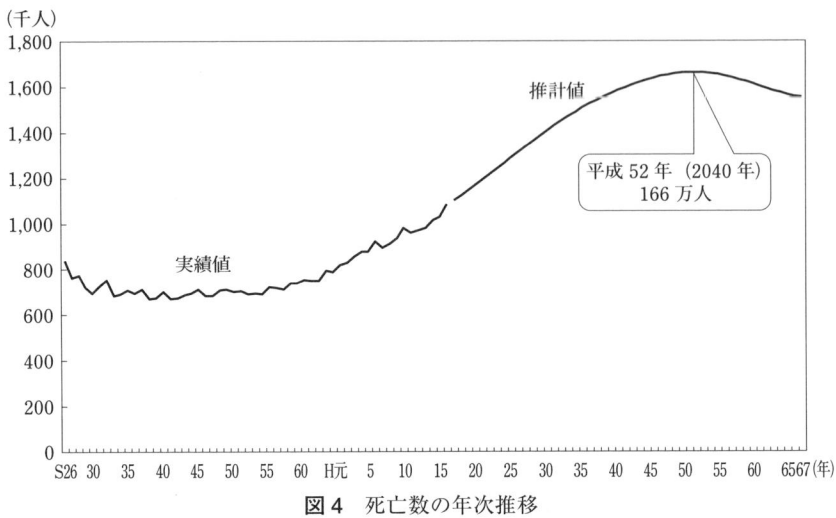

図4　死亡数の年次推移

出典：平成17年までは厚生労働省大臣官房統計情報部「人口動態統計」．平成18年以降は社会保障・人口問題研究所「日本の将来推計人口（平成18年12月推計）」（出生中位・死亡中位）．

会保障の持続的運用という問題は，今まで以上の大きな課題として目の前に差し掛かっている．

　さらに，後期高齢者人口の増加に伴い，死亡件数も増加する．現在100万人強の年間死亡者数が，2040年のピーク時に160万人強に到達すると予想されている（図4）．いわゆる「多死時代」を迎えるのである．この死亡者数に占める後期高齢者の割合は1965年には3分の1であったのが，現在は3分の2，2040年のピーク時は5分の4と大きく変化する．いわゆる若死には大幅に減り，大部分の人々は「老いて死ぬ」という時代となったのである．一方において，後で詳しく述べるように大部分の日本人が病院で亡くなるようになったが，わが国の医療・介護提供体制を振り返ってみると，この数十年間で高度先進医療の目覚ましい進歩を背景に，生から死までを全て病院で完結させるという，いわゆる病院信仰とも表現されるような体制にシフトした．しかし，それだけでよいのかということが問い直されているといえる．

(2) 認知症高齢者の増加

　今後，高齢化が進めば，必然的に認知症高齢者数も増えていく．認知症高齢

者数は2010年現在で約280万人であったが，2015年には約345万人と5年間で20％以上増加し，2025年には約470万人と2010年現在と比較して，約1.7倍になると推計され，高齢者人口の12.8％を占めることが推測されている[2]．同時に要介護者の数も急増していくことが容易に推測できる．都道府県別推計では，2035年時点で2005年比の増加が最も大きいのは埼玉県の3.1倍で，千葉県と神奈川県の2.9倍，愛知県2.6倍，大阪府2.5倍，東京都2.4倍と続いている[3]．団塊の世代が多く住むベッドタウンで増加が著しいことが分かる．

認知症の問題を考える上で，介護者である家族のおかれている状況にも目を向ける必要がある．公益社団法人認知症の人と家族の会の調査[4]では，「生活のしづらさが増えた」と9割以上の家族が答えており，また，8割以上の方が「優しくできない自分への嫌悪感を自覚している」ことも分かった．また，介護の疲れは約8割の人が感じており，将来に向けて介護がさらに負担になる不安を感じている人は約8割強，介護に疲れ，自殺や心中を考えたことがある人は2割弱（18.0％）存在することが報告された[5]．

このように，単に高齢化が進むだけではなく，そこに認知症も増加し，BPSD（Behavioral and Psychological Symptoms of Dementia）も含めた周辺症状で悩む介護者も急増することが予想され，早期発見・対応からケアまでを包括的に対応する地域でのケア体制の推進が強く求められる．

(3) 避けられない心身の老い：75歳以上の自立度低下

ここで，日本人の高齢期の老いの姿を考えてみる．本機構・秋山弘子特任教授が約20年間をかけて追跡した高齢期の日本人における自立度のパネル調査結果を示す（図5）．日本人高齢者の自立度を，手段的ADLの低下，基本的ADL

---

2) 「認知症高齢者の日常生活自立度Ⅱ以上の高齢者数について」（厚生労働省報道発表資料（平成24年8月24日））．

3) 粟田主一ほか「総合病院型認知症疾患センターに求められている機能について」『平成19年度厚生労働科学研究費補助金（こころの健康科学研究事業） 精神科救急医療，特に身体疾患や認知症疾患合併症例の対応に関する研究 分担研究報告書』．

4) 認知症の人と家族の会『認知症の介護家族が求める家族支援のあり方研究事業報告書』(2012)．

5) 「信濃毎日新聞」が2010年に，「認知症の人と家族の会」の各県支部や長野県内の宅老所，グループホーム連絡会の協力のもと実施した「家族アンケート」集計結果による．

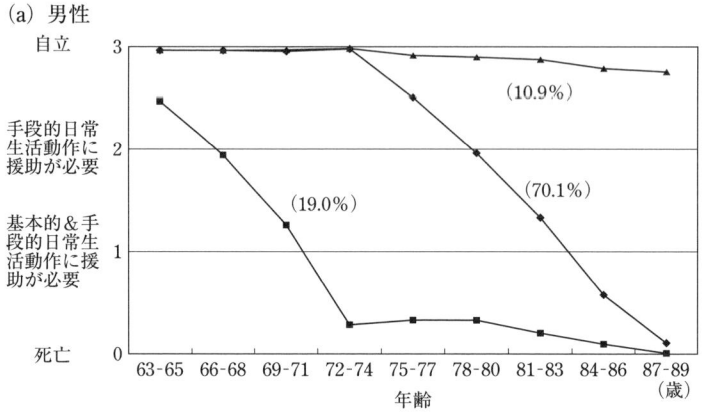

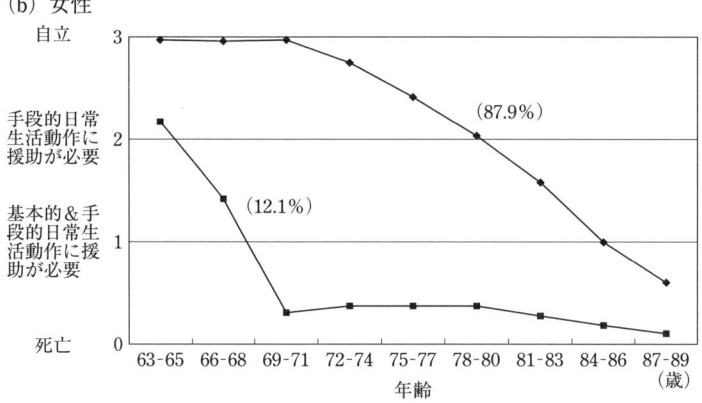

図5 自立度の変化パターン（全国高齢者20年の追跡調査）
出典：秋山弘子「長寿社会の科学と社会の構想」(2010).

の低下，死亡という尺度で大きく分け，その自立度の変化パターンをみたものである．男性の場合，2割弱が60歳以降に急速に自立度が低下し，重い要介護の状態になっている．この集団には，メタボリック症候群を背景とした脳心血管疾患の発症が関係している可能性が高い．そして7割程度が75歳頃を境に徐々に自立度が低下している．ちなみに，約1割が90歳まで概ね完全自立の状態を維持していた．

一方，女性の場合，男性と比べて，急速に自立度が低下するグループは約1割強と少ないが，逆に約9割の女性が男性に比べて緩やかではあるが数年早く

から自立度が低下していることが分かる．こうしてみると，75歳以上の後期高齢者は集団として見ると虚弱化しつつ死に向かっていると言えるので，これに対応する社会システムを整えることが必要であり，その大きな転機である2025年に向けて，従来の社会システムを改革できるかどうかがポイントとなると考えられる．

(4) 病院完結型医療という状況下での「死に場所」

死亡場所という観点からみてみると(図6)，医療機関での死亡率は終戦直後に10数%であった(1955年には病院と診療所を足して，15%が医療機関で死に，自宅での看取りが77%であった)ものが，一直線で増加し，徐々に差が縮まり，75年には，46.7%と47.7%になった．ついには1976年頃から「在宅死」より「病院死」が上回り，今は自宅での看取りは10%台となり，逆に病院死は現在80%程度までとなっている．一方，「終末期における療養の場所」についての調査では，6割を超える人が自宅で療養したいという希望を持っている[6]．もし家庭での死を阻むいろいろな条件を取り除くことができるなら，6割の人が住み慣れたところでと希望しているのである．ならば，なぜここまでの「ずれ」が生じてしまっているのだろうか．さらに，高齢者が急増する大都市圏では，ベッド数の限界から考えて，病院で受け止めきれるかというと難しい状況もある．

医療機関での看取りが圧倒的に多くなった理由の1つとして，わが国はこれまで高度先進医療のめざましい技術革新を軸として，わが国の医療が病院信仰とも表現されるような病院医療中心で展開してきたことが考えられる．具体的には，病院医療は治すことを目標に，患者が1分1秒でも延命できることをめざしてきた．あえて言うなら，死と闘うという医療を展開してきたとも言える．そして，治療は技術が高度化するほど，入院治療が中心となることである．その結果，病院で亡くなるようになったと言える．一方，日本の人口当たりの病床数は，国際的に見て群を抜いて多くなっており，病床数を増やすという政策を基本的には考えられない．さらには，産業構造が製造業，サービス業中心と

---

6) 『終末期医療のあり方に関する懇談会報告書』(p. 89)(2010).

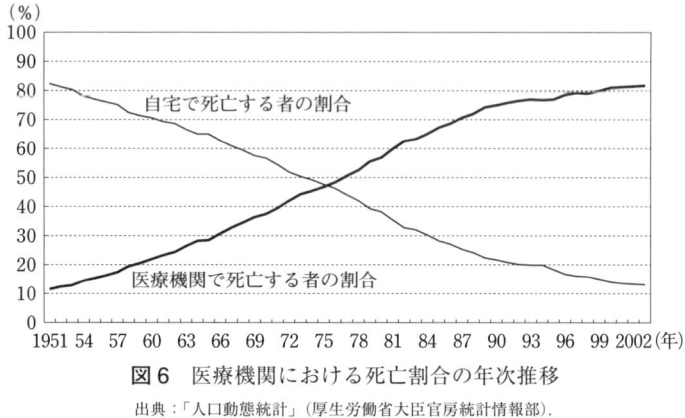

図6 医療機関における死亡割合の年次推移
出典:「人口動態統計」(厚生労働省大臣官房統計情報部).

なり,都市化や核家族化の進展によって,高齢者世帯は単身と夫婦だけの世帯が中心となる.

こうした時代における医療のあり方は,今までのように,最期は病院でという形での医療システムで持ちこたえられるのかということだけではなく,個々人の生き様を問い直している.「老いて死ぬ」ということは,避けられない.亡くなり方,亡くなる場所,すなわち「終の棲家」はどうあるべきか,あるいは社会システムがどうあるべきかというあり方論を,医療関係者だけではなく,国民全員があらためて考え直す時期に差し掛かっている.

(5)「生活者として生き切る」という原点に立ち返る

高齢化が進む中,元気でできる限り自立し続けるためには,まず生活習慣病などへの一次予防対策,引き続いて虚弱化予防・介護予防など,できる限りの自立をめざすという予防政策が重要となる.しかし,人は年をとり,老い,その先には必ず死がある.すなわち,現在は,概ね大部分の者が老いて虚弱な期間を経て死に至るという同じ道をたどる.あえて異なるのは「自立出来なくなってから,死ぬまでの期間が長いか短いか.そして,その期間をどこで,どのように過ごして死を迎えるのか」であろう.理想的な人生の最後の話になると,'ピンピンコロリ'という言葉が出てくるが,そんなにうまく望み通りになることは稀であり,むしろ全ての人が亡くなる前まで自立生活を可能にできる訳

ではなく，むしろ大なり小なり大半の高齢者が虚弱な期間を経ることになるという時代を迎えている．

本機構が掲げるモットーとして「Aging in Place(弱っても安心して住み慣れたまちに住み続ける)」という言葉に示されるように，高齢者はまず何よりも「その適切な生活の場で暮らし続けていく」ということが基本であり，病院や施設への入院・入所については，それが困難な状況に陥った場合の代替的な選択肢として限定的に考えるべきである．その場合，「生活の場」というのは必ずしも狭い意味での「自宅」とは限らない．単身高齢者世帯や高齢者夫婦のみの世帯が増大し，介護を必要とする虚弱高齢者が増大していく中で，従来からの自宅だけでなく「従前のライフスタイルが維持できる自宅にいるような雰囲気を持った居住系サービス」の役割も重要になる．すなわち，これからの急速な高齢化の波を目前にして，我々は予防に改めて徹するとともに，虚弱になっても医療と介護の連携の下で，生活支援サービスも兼ね備えた住まい(および住まい方)で，「その人らしく，生活者として住み慣れた生活の場で生き切る」ことをいかに達成するのかが大切なのである．

後述のように，高齢期の生活の場を考えるにあたり，日本のケアの思想は変化してきた．虚弱期間における介護施設処遇のこれまでの経験を振り返ってみると，従来の大規模な入所施設(例えば通常50人以上で，多床室，いわゆる大部屋)では，高齢者はそれまでの生活スタイルを継続できず，それまでの生活スタイルを維持できるような環境と比較して自立度が結果的に低下する(2節2項参照)．むしろ地域の中で，それまでの生活スタイルが継続できるような小規模な単位での家庭的な住まいの環境(典型的には，ユニットケアやグループホーム等)でその人らしい生活を支援することが，最もその人の自立を維持する方法であることが分かってきている．今後は，虚弱高齢期においても生活者として生き抜くためには，医療・介護に加え，住まい(住まい方も含む)を基本においた生活支援の要素が非常に大きな比重となってくる．

(6) 在宅医療の必要性

以上述べたような考え方の下では，在宅医療が重要な意味を持つ．「平成20年患者調査」による在宅医療の状況を示した．これを見ると，調査日に在宅医

療を受けた推計外来患者数は 98 万 7000 人であり，その 3 年前(2005 年)の前回調査時の 64 万 8000 人に比べ，大幅に増加(52% 増)していることがわかる．その内訳は，往診 28 万 8000 人，訪問診療 56 万 8000 人，医師・歯科医師以外の訪問 13 万 2000 人となっており，計画的な医学管理の下に定期的に医師が訪問して診療を行う訪問診療の比重が最も大きい(57.5%)．これを時系列的に見ると，往診を受けた外来患者数は，1960 年代以降，低下傾向にあった．かつてはごく日常的に実施されていた，かかりつけの診療所を中心とした往診が時代とともにすたれてきていることがわかる．一方，そうした往診の減少トレンドが 2002 年で底を打ち，2005 年，2008 年と増加に転じていることが注目される．在宅医療に対する人々の強いニーズ及びそれを反映した医療法改正や診療報酬改定等による在宅医療の再評価等の結果，ようやく往診についても復活の兆しが出てきている．このような流れは，次に述べるような「地域包括ケアシステム」の展開の中での重要な位置づけにつながっていくと考える．

2 地域包括ケアシステムの展開と在宅医療

(1) 介護保険制度の導入とその後の改正

　高齢者ケア政策の流れを見てみると，2000 年に介護保険制度が導入された後，2005 年度に 1 回目の制度改正が行われ，国ははっきりとした方向性を打ち出している．

　1 つは介護予防である．制度スタート後，要介護認定者は増加した．特に，軽度者が急増し結果的には認定者の半数を占めるに至った．これらの軽度者は転倒・骨折や関節疾患などにより，徐々に生活機能が低下していく「廃用症候群(生活不活発病)」の状態にある人や，その可能性の高い人が非常に多いことが特徴であった．それに対して，適切なサービス利用により「状態の維持・改善」を図る予防重視型のシステムの確立をめざしたのである．さらに，その元を辿ると，脳心血管疾患が自立度を短期間で低下させる最たる疾患群であることは明白であることから，その脳心血管疾患の根底をなす生活習慣病予防が究極の介護予防であることは疑いの余地がない．このように，生活習慣病予防と介護予防をしっかりと位置付けた上で，「地域密着型サービス」や「地域包括

支援センター」が創設された．引き続く2011年度の改革では，高齢者が住み慣れた地域で，安心してその人らしい生活を継続するため，高齢者のニーズや状態の変化に応じて，切れ目なく必要なサービスが提供される「地域包括ケアシステム」の整備を進めるという考え方が示された．

(2) 自分の住まい，自分の空間をどう維持するのか

前述したように，長い間の日本のケアの歴史をみると，日本のケア思想は，大きな転換が進んできていることが分かる．その1つとして，ユニットケアの導入が大きな政策転換を促したと考えられる．故外山義氏が岐阜県の特別養護老人ホームで，6人部屋からユニットケアに変更したときの前後のタイムスタディを克明に行っており，ユニットケア(1人部屋と居間を前提とした方式)に伴う閉じこもりが危惧されたが，むしろ歩く歩数や会話の総量が増えていた．この結果は何を意味しているのであろうか．おそらく，「自分の住まい，自分の空間」の中で自分のプライバシーと生活を持ち，居間と行き来するその人らしいライフスタイルを維持することこそが大原則であり，まさにそれを基本とすることがケアを行う上での最良の手段であるということがわかったといえる．

ユニットケアの推進とともに，2005年度の介護保険制度改正では，新たな概念も生まれてきた．「通い」を中心として，要介護者の態様や希望に応じて，随時「訪問」や「泊まり」を組み合わせてサービスを提供することにより，できる限り在宅での生活が継続できるよう支援する「小規模多機能型居宅介護」というサービスモデルが「地域密着型サービス」として創設された．一人暮らしの重い認知症高齢者などにはグループホームが必要であり，何でも居宅ということではないが，小規模多機能型居宅介護のように，在宅のその人のライフスタイルに合わせてサービスが提供されるというシステムに変えるという思想がはっきり示されている．さらに，このサービスについては，出来高ではなく定額報酬でオペレーションするというところがポイントとなっている．

(3) 地域包括ケアシステムとは

2011年度の介護保険制度改正で打ち出された，「地域包括ケアシステム」(図7)は，中学校区程度を念頭におき，概ね30分以内に駆けつけられる日常

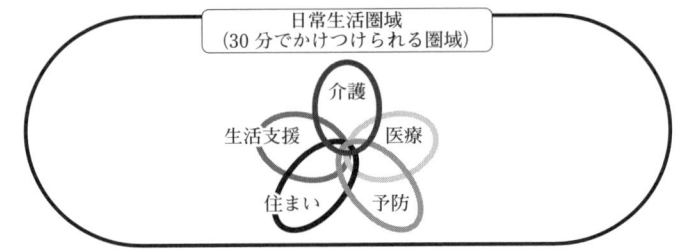

【地域包括ケアの5つの視点による取り組み】
地域包括ケアを実現するためには,次の5つの視点での取り組みが包括的(利用者のニーズに応じた①-⑤の適切な組み合わせによるサービス提供),継続的(入院,退院,在宅復帰を通じて切れ目ないサービス提供)に行われることが必須

① 医療との連携強化
・24時間対応の在宅医療,訪問看護やリハビリテーションの充実強化
② 介護サービスの充実強化
・特養などの介護拠点の緊急整備(平成21年度補正予算:3年間で16万人分確保)
・24時間対応の在宅サービスの強化
③ 予防の推進
・できる限り要介護状態とならないための予防の取り組みや自立支援型の介護の推進
④ 見守り,配食,買い物など,多様な生活支援サービスの確保や権利擁護など
・一人暮らし,高齢夫婦のみ世帯の増加,認知症の増加を踏まえ,様々な生活支援(見守り,配食などの生活支援や財産管理などの権利擁護など)サービスを推進
⑤ 高齢期になっても住み続けることのできるバリアフリーの高齢者住まいの整備(国交省)
・高齢者専用賃貸住宅と生活支援拠点の一体的整備,・持ち家のバリアフリー化の推進

図7 地域包括ケアシステム

生活圏域において,「住まい」,「生活支援」,「医療」,「介護」,「予防」という5つの取り組みが,利用者のニーズに応じて適切に組み合わせられて,入院,退院,在宅復帰を通じて切れ目なく一体的にサービス提供されるというものである.この中で,生活支援には見守りや相談が含まれるが,これらは,本来,家族,地域が担ってきた機能とも考えられる.2025年には一人暮らしおよび高齢者夫婦のみの世帯が約7割を占めると予測されており,特に一人暮らしの状況などにおいては,このような機能を併せ持った住まいが必要であり,サービス付き高齢者向け住宅が新たな制度として打ち出された.

また,訪問介護サービスと訪問看護は密接な関連があるが,それらを包含したサービス体系として,小規模多機能型居宅介護と訪問看護による「複合型サービス」,「定期巡回・随時対応型訪問介護看護」の2種類が創設され,24時間対応の定額報酬のサービス体系として制度化された.

この地域包括ケアシステムの1番目のポイントとして,「医療との連携強化」が示されている.在宅医療が重要となる.地域包括ケアシステムにより,これまで入所施設でやってきたことを2025年に向けてできる限り地域で展開

していくことになり，「サービス付き高齢者向け住宅」，「定期巡回・随時対応型訪問介護看護」，小規模多機能型居宅介護と訪問看護の「複合型サービス」などの新たな政策推進のツールが体系化されたが，今後，これらの新しい流れの下で，在宅医療の推進が1つの鍵となる．

3　医療機能の分化と連携からみる在宅医療

　国が示した医療機能の機能分化と連携のイメージ（図8）であるが，脳卒中の場合で見ると，最近では高度急性期の病院で質の高い医療を受けることができ，相当程度重い脳卒中であっても，車椅子で生活できるくらいまで治療ができ，回復期のリハビリで杖歩行のレベルまで改善して在宅に復帰するケースも増えている．

　しかしながら，80代後半で肺炎になり救急車で病院に行き，絶対安静となり，その結果として寝たきりで認知症が発症し，自宅に帰れなくなるというケースも増えている．近年，急性期の病院ではそうした患者が増え，後期高齢者が増え続ける中で構造的に難しい局面を迎えているといえる．つまり，現在，後期高齢者など自宅で生活していて通院できない人が一定程度以上の医療上の不安が生じた場合には，救急車で病院に行くことになる．このときに，自宅に，医師が定期的に訪問する在宅医療が及んでいれば，例えば肺炎であっても平素での対応で入院が必要となるような重症化が相当程度予防できるものと思われる．そして，自宅を含めた住まいの場，すなわち，「在宅」に医療が提供されていれば，本人や家族が望めば，看取りもできる．しかし，現状では在宅医療は普及しておらず，政策体系の中で在宅医療が大きく欠落しているといえる．

　言いかえれば，「医療政策が問い直されている」ということだと思われる．医療政策としての欠落点をきちんと補っていかなければ，わが国の病院医療は大きく追いつめられる可能性があると考える．ここで強調したいことは，病院が追いつめられるから在宅医療が必要だということでなく，在宅医療が政策として本来必要であるということである．アメリカのタルコット・パーソンズ（T. Parsons）が，「病気になった人間は病人役割という役割を受け入れ演じるようになる」と『社会体系論』の中で書いているが，病院における入院患者と

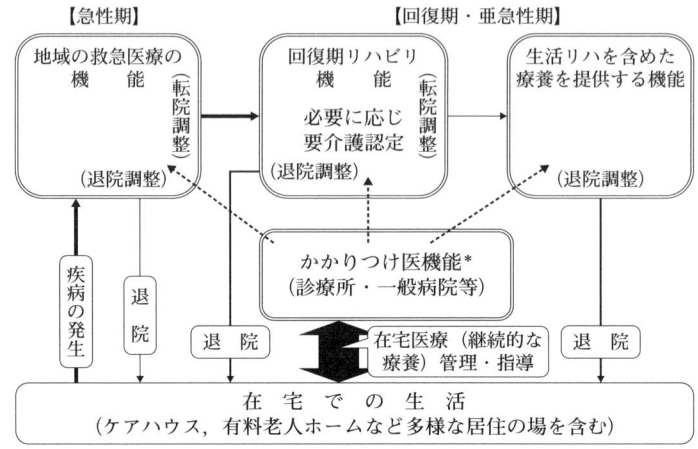

図8 脳卒中の場合の医療連携体制のイメージ

注＊：急性期，回復期，療養期等各機能を担う医療機関それぞれにかかりつけ医がいることも考えられるが，ここでは，身近な地域で日常的な医療を受けたり，あるいは健康の相談等ができる医師として，患者の病状に応じた適切な医療機関を紹介することをはじめ，常に患者の立場に立った重要な役割を担う医師をイメージしている．

いうのは，治療に協力すべき存在といえる．一方で，在宅で暮らす在宅医療の患者は，生活者といえる．在宅では，病院にいる患者と同じ症状であっても，足元にはペットが歩いていやされたり，食事の匂いもたちこもり鍋物も食べられる．体調が許せばアルコールを飲むことさえもできる．そして，痛いときにそれを在宅医療により管理してもらえれば在宅生活を続けられる．つまりは，同じ病状でも在宅では生活者であるということである．長生き社会となり誰もが老いて虚弱な期間を迎えるのが普通となった現在，生活者であり続けることが私たちの本来の生きる価値といえ，それをいかに実現していくかが重要と考える．

第2章
在宅医療の基本的な考え方

1 「治す医療」から「治し支える医療」へ

　現代医療は，これまで細分化，専門化することで発達し，臓器ごとに専門医がいる．病気には原因があり，原因は臓器で特定される．臓器を治すという「臓器別医療」が病院医療として発展した．今あらためて，日本における医療の推移を振り返ってみると，病院での「臓器別医療」により劇的に治る病気も増え，人々は「できる限りのことをしてほしい」と望んで病院に向かっていった．その「臓器別医療」が進む中で，死に場所が病院へと移っていったと言えよう（第1章図6参照）．しかしながら，高度医療が進んだが故に，若死（わかじ）には減り，多くの人々が高齢期を経て死に至る過程で，虚弱な期間を経る．高齢期を考えたときに，身体の生理的な機能は，生物本来のメカニズムとして，不可逆的な老化現象により身体能力が低下していく経過は避けられない．当然，若年層に想定されるような治療だけを当てはめようとすると，そこには大なり小なり困難な面が浮上し，すべてを治療するという形で対応しようとすることはかえって「生活の質」（QOL）を低下させることになる場合も少なくない．

　今後とも病院医療は重要な役割を果たすが，それに併行して，高齢期であってもいかに生活の質を保ち，よく生き切って人生を閉じることができるかという時代の要請に応える在宅医療も求められている．すなわち，「患者は病人である前に『生活者』なのである」という理念を医療・介護関係者すべてがあらためて認識し直し，我々が生活者として生き切れるよう地域の中で包括的な体制でみて（診て・看て）ゆく方向へと医療の提供体制を大きく変えなければならない．言い換えれば，従来の「治す医療」から「治し支える医療」への転換が

必要な時期に差し掛かっている．そのためには，在宅医療の基盤作りと底上げが必須となる．

つまり，これまでの「治療モデル」，すなわち「疾病」を治療するという捉え方だけでなく，これからは「生活モデル」，すなわち「疾病」を「障害」と捉えた上で，残された機能を積極的に生かしながら，生活全体の質を高めていくという，より幅広いケアの姿が求められているといえる．これは，高齢者の問題として捉えると，「医療」と「介護」が限りなく連続化し，不可分のものとなっていくと考えられる．言い換えれば，超高齢社会を迎えるにあたって，これまでの「治療モデル」の価値観だけでよいのか．後期高齢者にとっては，疾患の治療だけでなく，生活の質を高めていくような視点が重要であることは明白である．ずばり，医療のあり方が今まさに問われている．

こうした中で，社会保障・税の一体改革大綱（2012年2月17日）や，その後の社会保障制度改革推進法（2012年8月10日成立）に基づき設置された社会保障制度改革国民会議においても，「治す医療」から「治し支える医療」へというように政策理念が掲げられている．後期高齢者が激増する社会において，「治し支える医療」は本質的に必要である．こうした意味から在宅医療推進の成否が非常に大きなキャスティングボードを握っていると考える．

2005年に示された医療制度改革大綱以来，在宅医療推進が大きな柱となっている．とはいえ，これは容易に実現できるものでなく多面的な課題を含んでおり，①病院機能（大病院と中小病院）と診療所医療の機能分化，②真の地域包括ケアシステムを構築するためのシームレス（切れ目のない）な多職種連携，③1人開業のかかりつけ医を中心とした在宅医療の担い手の新たな発掘と底上げ，④次世代の医療を担う（医学部学生も含めた）若い医療人材への在宅医療の視点を含めた早期教育，⑤医療従事者だけでなく，市民と一緒に考えていく啓発の場づくりなど，様々な課題がある．

終末期を含めて在宅生活をどう支えていくのか．これを考えるには，まず従来の病院完結型から，今こそ地域全体で包括的かつシームレスにみて（診て・看て）ゆくという「地域完結型医療」への進化，すなわち，介護との連携も含めたチーム型医療への転換が必要である．急性期医療等の病院と在宅医療との連携とは，相互補完的な「盾の両面」の関係である．急性期医療等の病院の充

実のためには，在宅医療という「受け皿」の拡充が必要であり，逆に在宅医療を本格的に展開するためには，急性期医療等のバックアップの確立が不可欠である．在宅医療の不十分な病院医療中心の今の体制では，通院困難な高齢者に一定程度以上の医療が必要になった時は入院の選択肢しかなく，結果的に入院することにより，廃用症候群(すなわち寝たきり)，そして認知症になることも少なくない．不必要な入院防止という観点からも，在宅という生活の場に医療が及ぶことが必要である．そして，本人や家族が求めれば，生活の場で看取ることも必要となる．そこには，生活の場での看取りも視野に入れた「最期まで診る」という医療従事者側の決意が強く求められる．在宅医療に携わるある医師が「命のリレー」と表現したように，生活の場で人間本来の形で最期を遂げることには計り知れない奥深いものがある．病院と連携しつつ生活者としての高齢者の生活を本人家族の意思を尊重し，最期まで支えることのできる在宅医療こそがあらためて医療の原点として評価される必要がある．

あらためて具体的に述べると，病院機能に関しては，疾病ごとの急性期の治療と回復期のリハビリテーションなどを連携させ，高齢者の生活能力をできる限り回復させ，生活の場である在宅へ戻し，その人らしい生活を持続させる方向で分化連携する．診療所機能に関しては，病院と連携しつつ訪問看護・介護システムとともに積極的に高齢者の生活の場に行き，高齢者が自分らしい生活を継続する生活の質を維持する視点に立った在宅医療を行うことが必要となる．制度として在宅医療を軸においた地域医療の再編がわが国の方向として不可欠である．

2　在宅医療の構造

ここで，在宅医療を進めるための構造を整理すると，以下の3点があると考えられる．まず，①訪問診療を行う医師が必要である．次に，②訪問看護という医師のパートナーを始め様々な医療・介護職種との連携が必要である．さらに，③在宅患者が急性増悪した際などに，病院のバックアップ病床が必要である(図1)．この3つが揃うことが基本的に必要であるが，なかなか普及しない状況がある．

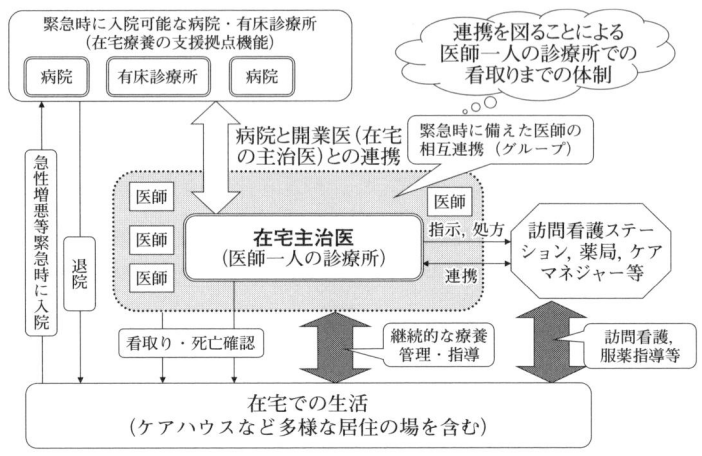

図1　在宅医療(終末期ケアを含む)の連携イメージ
出典：厚生労働省「医療構造改革の目指すもの」(2006).

　わが国においては，訪問診療を行うかかりつけ医がまだまだ少ない状況にある．これは，病院で育った臓器別専門医中心の若手医師が在宅医療を知らない，あるいは，一般的に，わが国の診療所における医師の開業は一人開業が多くを占めるという医療システムであり，1人で24時間365日対応することになってしまい，かかりつけ医の負担感が大きいと受け止められていることが影響していると考えられる．

　訪問診療を行うかかりつけ医を増やす方策としては，専門医として育ってきた開業医の在宅医療への動機付け研修などを行うことが重要だと考える．

　また，医師の24時間365日対応の負担を軽減するために，主治医―副主治医の組みあわせなど，何らかの形で地域の医師をグループ化していくことが必要と考えるが，全国的には，先進的に取り組まれている地域もあるが，まだ，システム化されているとはいえない段階だと思われる．

　また，今後は，訪問看護・訪問介護に加えて，訪問服薬指導，訪問歯科診療を含めた医療の重要性が高まるが，医療系のサービスが，介護保険制度におけるケアプランには，明確に位置付けられておらず，急性増悪時等のバックアップ病床への入院対応を含めた医療系のサービスを含めて地域をコーディネートする仕組みとその責任主体を明確化する必要があると考えられる．これは，医

療政策における欠落点ともいえる．

　これらをつなぐ責任主体を政策的に位置付ける必要があると考えられ，後ほど詳述するが，市町村が一定の役割を担う必要があると考えている．さらには，病院信仰ともいうべき病院医療への依存だけで超高齢社会を迎える人々は幸せといえるのか，地域で皆が学び考えるよう地域啓発をしていくことも極めて重要となる．これらの構造的な課題に取り組み，図1にあるようなモデルをめざしたのが柏プロジェクトである．

3　かかりつけ医中心の在宅医療へ

　ここで，わが国の今後の入院需要を考えてみると，概ね3つのパターンに分けられると考えられる．トレンドとしては，高齢者数の増加傾向と入院需要の増加傾向が一致するので，すでに高齢者人口が減っているところでは，入院需要も減少傾向となる．2つ目のパターンとしては，高齢者人口がまもなくピークアウトするところ，3つ目としては，高齢者人口が増え続けるところの3つのパターンが考えられる．

　千葉県で見てみると，例えば，千葉県の都市部である柏市では3つ目のパターンに分類されるが，都市周辺部の安房地方は2つ目のパターンとなっている．

　柏市を含めた大都市圏では，2025年の団塊の世代が75歳以上の後期高齢者となる時点以降までは，入院需要の増加は確実に続くことが予測され，早晩，受け止め切れなくなる可能性が高いといえる(図2)．

　一方で，外来需要を見ても，診療所の外来患者数を年齢別の受療率と将来人口推計を掛け合わせて推計すると，75歳と80歳の間が，外来の受療率のピークなので，団塊の世代が75歳を超えた2025年以降から2030年頃までをピークとして外来件数が減っていく(図3)．これは，高齢者世代の相当部分が通院できなくなっていくことを示しており，外来患者数が減少傾向になってくると高齢者が救急車で病院に行くという形で急速に入院患者数が増加することが予想され，病院の受入れは大都市圏で大問題となるのである．

　こうした危機が迫ることが予測される2025年頃になって対応策を検討しても間に合わない．一方，都市部では現在，外来患者が増加傾向にあり，医師は

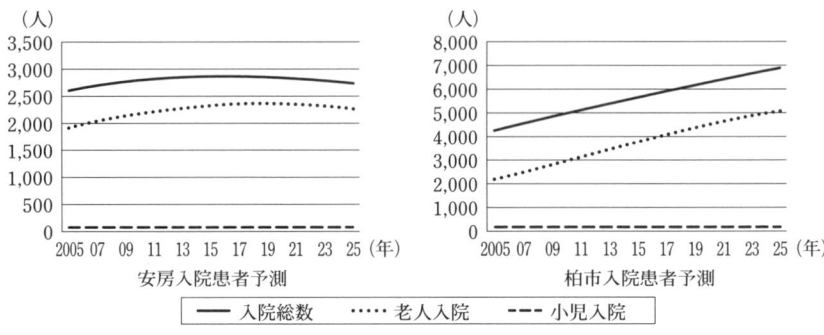

図2　今後の入院患者の予測

出典：千葉大学医学部附属病院「千葉県救急搬送調査」(2010).

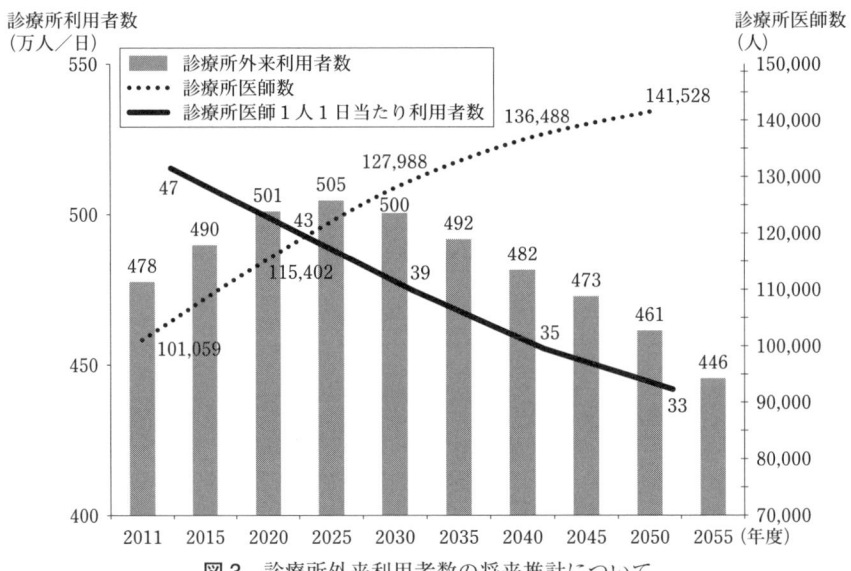

図3　診療所外来利用者数の将来推計について

注1：診療所外来利用者数は，「社会保障改革に関する集中検討会議(第10回)(参考資料1-2)医療・介護に係る長期推計」(2011年6月2日，内閣官房)の現状投影シナリオを用い，同様の方法により延長したもの．

注2：診療所医師数は，2010年医師・歯科医師・看護師調査を用いて10年毎に推計．①40歳以上は2010年簡易生命表死亡率による死亡減少のみを見込み，②39歳以下は医学部定員(2012年度以降は一定と仮定)に対する医療施設従事医師数の比率を一定と仮定して算出した．医療施設従事医師数のうち，診療所医師数の割合は実績の割合で固定した．

多忙なので在宅医療に関心を示さないが，今から在宅医療のシステム化に取り組まないと日本は大都市圏を中心に，地域医療において大混乱が起こると考えられる．

こうした状況から考えると，今後，2025年頃から団塊の世代が概ね90歳になる2040年頃までの間が，わが国医療の正念場であり，現在，外来患者が増え続けている大都市圏を中心とした地域においても，準備を進めていくことが必要と考えられる．

また，大都市圏では，サービス付き高齢者向け住宅等に取り組む事業者が，若手の医師を集めてオペレーションを行い，在宅医療を戦略的に始めていると伝えられているが，こうした動きに頼って在宅医療が進んでよいのかという深刻な問題も生じている．このことは，地区医師会の役割が重要であることを意味している．

4　在宅医療推進：点から面へ

(1) 在宅医療を包含した地域包括ケアシステムの構造

ここでは，地域包括ケアにおける在宅医療の位置付けについてより具体的に述べていく．2008年以降，地域包括ケア研究会が設けられ，「地域包括ケアシステム」のあり方が検討され，2011年度の介護保険制度改正により，地域包括ケアシステムの構築を推進するため，「国及び地方公共団体は，被保険者が，可能な限り，住み慣れた地域でその有する能力に応じ自立した日常生活を営むことができるよう，保険給付に係る保健医療サービス及び福祉サービスに関する施策，要介護状態等となることの予防又は要介護状態等の軽減若しくは悪化の防止のための施策並びに地域における自立した日常生活の支援のための施策を，医療及び居住に関する施策との有機的な連携を図りつつ包括的に推進するよう努めなければならない」（介護保険法第5条第3項）という条文が加えられた．

「地域包括ケアシステム」とは，「住まい」「医療」「介護」「予防」「生活支援」の5つの機能が包括的な形で地域に必要であるとされるが，最大の課題は在宅医療といえる．医療の切れ目は生活の切れ目であり，しかも救急車の応需

件数は高齢者を対象に非常に増えていっている．医療上の大きな不安が生じたら入院するしかない．そうしたことから在宅医療がないと地域包括ケアシステムは確立されないという認識を明確に確認する必要がある．

さらに，これまでみてきたように，日本全体として考えると，大きく分けて入院患者数がピークアウトする地域と増え続ける地域との2つに分かれ，大都市圏は大幅に伸び続けていくと考えられる．

こうした状況では，在宅医療を専門とする一部の診療所だけが一生懸命に対応しても乗り切れず，在宅医療に取り組む体制を点から面にすることが必要である．言いかえると，かかりつけ医が基本となって地区医師会が取り組むという政策が必要と考えられる．

このことを前提として，在宅医療を含む真の地域包括ケアシステムの構築には，在宅医療・介護をコーディネートする拠点が必要と考えられる．

在宅医療を含んだコーディネートの拠点ができれば，地域包括ケアシステムの5つの機能の連携を実現できるということである．そして，このシステムの土台は，医師をはじめとする多職種のネットワークシステムである．

このシステムをもう少し構造化して説明すると図4のように考えられる．まず，実線と点線の2つの輪があるが，実線のなかにあるかかりつけ医のグループ化という作業は，地区医師会でなければできない仕事と考えられる．そして，グループ化を通して，きちんとした医療の体制が固まれば点線の輪のように，多職種につないでいける．この実線と点線の2つの機能が必要である．実線の医師のグループ化は医師会でなければできず，そして点線の多職種の連携は介護保険の仕事なので，市町村行政が関わらなければできない．

たとえて言うと，地域を1つの病院として見立てる（図5）と，地区医師会長は病院長，そして市町村の介護保険担当課長が事務長という構造で，点を面にするということではないかと考えられる．そして，これらの2つの輪全体をコーディネートする拠点（図4の在宅医療連携拠点）を市町村が確立する必要があるのである．このような医療提供体制の変革は，大都市圏だけの問題ではない．人々の幸せのために必要な改革であり，今後の制度改革により地方にも影響が及ぶものと考える．

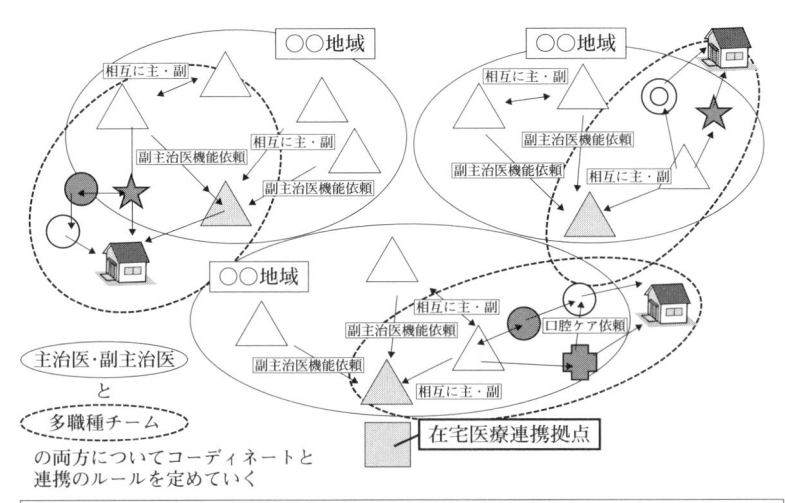

図4 在宅医のグループ化による負担軽減のイメージ
（柏プロジェクトの地域啓発用資料から）

△：主治医（可能な場合は副主治医） ▲：副主治医機能集中診療所 □：コーディネート等拠点事務局
★：訪問看護 ●：介護支援専門員 ○：訪問介護 ◎：訪問薬剤 ✚：訪問歯科

主治医・副主治医 と 多職種チーム の両方についてコーディネートと連携のルールを定めていく

図5 地域を1つの病院として展開

(2) 在宅医療から見た将来への医師のあり方

2025年には一人暮らし高齢者および高齢者夫婦のみの世帯が，高齢者世帯の約7割になると推測されている．入所施設を整備しきれない都市部の現実も踏まえれば，高齢者をいかに在宅において24時間体制で支えられる医療看護介護システムを構築できるかが重要であり，大きな転換期を迎えている．介護保険の導入を経て10年余りが経過したが，団塊の世代が後期高齢者を迎えるまでの残り10数年のうちに，このような方向性の下で在宅医療の普及が急がれるということは間違いない．具体的には，病院医療と連携しつつ家庭医・総合医に象徴されるような総合的な医療が育ち，そのジャンルの下で在宅医療を推進することが必要であるが，あと10数年という期間を展望したとき，家庭医・総合医の普及を待つことだけでは在宅医療を中心とした地域医療ニーズに対応することは困難であろう．したがって，臓器別の専門医療分野中心で育った現在の開業医にも在宅医療に新規参入してもらい，「在宅という生活の場」に踏み込む中で老年医学等も学びつつ，最終的には在宅医療という分野が学問体系化して育っていくという姿も，もう1つの現実的な展開と考えられる．したがって，今後，地域包括ケアの鍵となる在宅医療に向けた医療改革が進むかどうかは，医療関係者，特にかかりつけ医と加えてそれに対応する地域の基幹病院の医師の意識改革，および両者の連携が上手く進むかどうかに大きく依存している．このように，この在宅医療を基軸とした医療改革は医師を中心とした医療関係者の「意識改革」そのものと言っても間違いではない．

第3章
在宅医療推進に向けたわが国の政策動向

1 在宅医療を巡るわが国の政策の流れ

　まず，わが国における在宅医療の推進に向けて大きな契機となったのが，2005年12月1日にまとめられた政府・与党医療改革協議会による「医療制度改革大綱」といえる．これは，わが国では国民皆保険のもと，高い保健医療水準を達成してきたが，急速な少子高齢化，経済の低成長への移行，国民生活や意識の変化など，大きな環境変化に直面しており，国民皆保険を堅持し，医療制度を将来にわたり持続可能なものにしていくための構造改革に向けた方策としてまとめられた．

　この「医療制度改革大綱」は，①安心・信頼の医療の確保と予防の重視，②医療費適正化の総合的な推進，③超高齢社会を展望した新たな医療保険制度体系の実現の3つの柱でまとめられている．在宅医療に関連する部分としては，①「安心・信頼の医療の確保と予防の重視」の中では，患者の視点に立った，安全・安心で質の高い医療が受けられる体制の構築として，具体的には，医療機能の分化・連携の推進による切れ目のない医療の提供（医療計画の見直し等），在宅医療の充実による患者の生活の質（QOL）の向上をめざすことが示されている．

　これらの方針については，「良質な医療を提供する体制の確立を図るための医療法等の一部を改正する法律」「健康保険法等の一部を改正する法律」により，具体化が図られている（図1）．第1章図8「脳卒中の場合の医療連携体制のイメージ」，第2章図1「在宅医療（終末期ケアを含む）の連携イメージ」，第4章図4「住宅政策との連携のイメージ」などは，この制度改正に伴って示さ

医療制度改革大綱の基本的な考え方
1. 安心・信頼の医療の確保と予防の重視 (1) 患者の視点に立った, 安全・安心で質の高い医療が受けられる体制の構築 ・医療情報の提供による適切な選択の支援 ・医療機能の分化・連携の推進による切れ目のない医療の提供 ・在宅医療の充実による患者の生活の質(QOL)の向上 ・医師の偏在によるへき地や小児科等の医師不足問題への対応 等 (2) 生活習慣病対策の推進体制の構築 ・「内臓脂肪症候群(メタボリックシンドローム)」の概念を導入し,「予防」の重要性に対する理解の促進を図る国民運動を展開 ・保険者の役割の明確化, 被保険者・被扶養者に対する健診・保健指導を義務付け ・健康増進計画の内容を充実し, 運動, 食生活, 喫煙等に関する目標設定 等 2. 医療費適正化の総合的な推進 (1) 中長期対策として, 医療費適正化計画(5年計画)において, 政策目標を掲げ, 医療費を抑制(生活習慣病の予防徹底, 平均在院日数の短縮) (2) 公的保険給付の内容・範囲の見直し等(短期的対策) 3. 超高齢社会を展望した新たな医療保険制度体系の実現 (1) 新たな高齢者医療制度の創設 (2) 都道府県単位の保険者の再編・統合

【良質な医療を提供する体制の確立を図るための医療法等の一部を改正する法律案】
①都道府県を通じた医療機関に関する情報の公表制度の創設など情報提供の推進
②医療計画制度の見直し(がんや小児救急等の医療連携体制の構築, 数値目標の設定等)
③地域や診療科による医師不足問題への対応(都道府県医療対策協議会の制度化等)
④医療安全の確保(医療安全支援センターの制度化等)
⑤医療従事者の資質の向上(行政処分後の再教育の義務化等)
⑥医療法人制度改革 等

【健康保険法等の一部を改正する法律案】
①医療費適正化の総合的な推進
・医療費適正化計画*の策定, 保険者に対する一定の予防健診の義務付け
・保険給付の内容, 範囲の見直し等
・介護療養型医療施設の廃止
②新たな高齢者医療制度の創設(後期高齢者医療制度の創設, 前期高齢者の医療費にかかる財政調整)
③都道府県単位の保険者の再編・統合(国保の財政基盤強化, 政管健保の公法人化等) 等

図1 医療制度改革法の概要

注*:医療計画, 介護保険事業支援計画, 健康増進計画との調和が必要.

れたものである.

具体的には, 2006年度診療報酬改定で,「在宅療養支援診療所」が創設される. これは, 診療報酬上の制度として, 新たに「在宅療養支援診療所」を設け, 患家に対する24時間窓口として, 必要に応じて, 他の病院, 診療所等との連携を図りつつ, 24時間対応の往診, 訪問看護等を提供できる体制を構築するものであった.

さらに, 2008年度の診療報酬改定では,「在宅療養支援病院」が創設される. これは, 診療所のない地域(半径4km以内に診療所が存在しないもの)において, 在宅医療の主たる担い手となっている病院の機能を評価し, 在宅療養支援診療所と同趣旨の診療報酬上の評価を行うこととされた(その後, 診療所のない地域に限定する要件は緩和された).

また, 直近の2012年度の診療報酬改定においては, さらに, 常勤の医師が3名以上で, 24時間往診が可能な体制を確保することなどを要件に,「機能強化型在宅療養支援診療所」が創設されている.

一方，介護保険制度の改革としても，2011年度の制度改正において，前述のとおり，「地域包括ケアシステム」という概念が明確に打ち出されている（第1章図7参照）．在宅医療との関連では，継続性として，入院，退院，在宅復帰を通じて切れ目ないサービス提供が必要とされ，医療との連携強化として，24時間対応の在宅医療，訪問看護やリハビリテーションの充実強化が位置づけられた．

前述の医療制度改革の中でも，都道府県レベルでの医療計画と介護保険事業支援計画との調和がめざされており，これらの制度改正により，制度設計上は，一定の整理がなされたものと考えられる．

2　直近の政策動向

直近の国の政策動向としては，2011年度の介護保険制度改革と呼応して，在宅医療・介護の推進に向けて，「在宅医療・介護あんしん2012」が示されている．これは，施設中心の医療・介護から，可能な限り，住み慣れた生活の場において必要な医療・介護サービスが受けられ，安心して自分らしい生活を実現できる社会をめざすことを目的としている．

この中では，①国民の希望に応える療養の場及び看取りの場の確保，②「社会保障・税一体改革大綱」に沿って，病院・病床機能の分化・強化と連携，在宅医療の充実，重点化・効率化等を着実に実現していく必要があり，2025年のイメージを見据えつつ，あるべき医療・介護の実現に向けた方策の必要性を課題と捉え，①予算，②制度，③診療報酬・介護報酬の面から対応を図っている[1]．

まず，①予算の面では，（ア）在宅チーム医療を担う人材の育成，（イ）実施拠点となる基盤の整備，（ウ）個別の疾患等に対応したサービスの充実，支援の3つの柱が掲げられている．ここでは，在宅医療を基礎自治体である市町村と地

---

1) 社会保障・税一体改革大綱に基づき，2012年度における都道府県による新たな医療計画（2013年度より実施）の策定に向け，居宅等における医療（在宅歯科医療を含む在宅医療）の医療連携体制に求められる機能の明示が，医療提供体制の確保に関する基本方針（2007年厚生労働省告示第70号）が改定され，書き加えられた．

区医師会で推進していくために必要な要素と考えられる（ア）の多職種協働による在宅医療を担う人材育成，（イ）の在宅医療連携拠点事業について，概観したい．

　まず，「多職種協働による在宅医療を担う人材育成」として，2012年度から，在宅医療における医師，歯科医師，薬剤師，看護師，ケアマネジャー，介護福祉士などの医療福祉従事者がお互いの専門的な知識を活かしながらチームとなって患者・家族をサポートしていく体制を構築するための人材育成に向けた研修を位置づけている．具体的には，まず，国レベルで，国立長寿医療研究センターが運営主体となって，各都道府県で中心的な役割を担う行政担当者や地域の在宅医療関係者等に対して，リーダー講習を行うための「都道府県リーダー研修」が，2012年10月13-14日に行われた．その後，各都道府県レベルで，国が委託する形で，都道府県リーダー研修を受講した都道府県リーダーが中心となって，各都道府県で市町村レベルでの多職種による研修会が開催されるよう，地域のリーダーを養成する「地域リーダー研修」が開催されている．

　さらに，主に2013年度からであるが，地域リーダーによる市町村単位を目途とした地域の多職種による研修の開催がめざされており，今後の継続的な実施が望まれている．

　次に，「在宅医療連携拠点事業」として，同じく2012年度から，高齢者の増加，価値観の多様化に伴い，病気を持ちつつも可能な限り住み慣れた場所で自分らしく過ごす「生活の質」を重視する医療の必要性から，多職種協働による在宅医療の支援体制を構築し，地域における包括的・継続的な在宅医療の提供をめざす医療と介護の連携拠点を設置することとされた（図2）．

　在宅医療連携拠点が行う具体的な事業としては，①多職種が一堂に会する場の設定等による，多職種連携の課題に対する解決策の抽出，②在宅医療従事者の負担軽減の支援，③効率的な医療提供のための多職種連携，④在宅医療に関する地域住民への普及啓発，⑤在宅医療に従事する人材育成の5つが掲げられている．

　こうした取り組みを通じて，国において，在宅医療の推進に向けた方策が示されており，都道府県，市町村ごとに，地域の実情に応じた取り組みが進められている．このように，国は地域包括ケアシステムの確立のための介護保険制

図2　在宅医療連携拠点事業
出典：厚生労働省「在宅医療・介護あんしん2012」(2012).

度等の改革とあわせて在宅医療の推進のための改革を進め，在宅医療を含む地域包括ケアシステムを実現しようとしている．

　この改革は，2025年をめざした政策のパラダイム転換ともいえるものであり，着実に全国に展開していくためには，モデルを示し，政策を可視化する必要がある．首都圏の高齢化の最前線ともいうべき千葉県柏市で展開されている柏プロジェクトは，その1つのモデルとして位置づけられるので，次編以降その詳細を述べる．

第Ⅱ編

柏プロジェクトからみる地域包括ケア政策

第4章
在宅医療の仕組みづくり

1 柏プロジェクトにおける当初の枠組み

(1) 柏プロジェクトの位置づけ

　第Ⅰ編で述べた通り，わが国の高齢化は，今後都市部を中心に正念場を迎える．その対応は，団塊の世代が後期高齢期に入る2025年を目途に行われなければならない．

　一方，在宅医療を含む地域包括ケアは，「誰もが住み慣れた地域で安心して暮らし続ける」ということを目標に，医療をはじめとする地域の諸資源をネットワーク化するとともに，地域住民の意識改革も必要であるという，大変難しい，時間のかかる仕事であるといえる．

　一方，残された時間はわずかであるというべきである．わが国が，この難局を乗り越えるためには，都市部の典型的な地域でモデルを実現し，政策を可視化することである．社会保障制度としては，医療，介護等の仕組みは，医療保険制度や介護保険制度などを通して既に全国に浸透しており，こうしたら出来るというモデル的な実例を作り上げれば，日本の地方行政や専門職種の水準から見て，日本は乗り越えられると考える．

　千葉県柏市は，人口40万人の首都圏の典型的なベッドタウンとして人口の急増した地域であり，今後，後期高齢者は全国平均を大幅に上回って増加する．在宅医療を含む地域包括ケアシステムの普及が急務といえる．漫然と時間が経過した場合，まず病床が不足し，救急患者への対応が困難となるといったことから始まり，介護施設の不足と相まって，大きな混乱がやってくることが懸念される．

とりわけ，ベッドタウンで最も高齢化が進行しているのが，UR都市機構（以下，URという）の団地である．柏市の豊四季台団地は，1964年に開発され，高齢化率が既に40％となっている．この豊四季台団地を含む人口約3万人の日常生活圏（1つの地域包括センターの対象地域）が豊四季台地域である（第6章第4節(6)参照）．この都市の高齢化の最前線ともいうべき豊四季台地域をモデルとして，在宅医療を含む地域包括ケアのモデルを成功させることは，わが国の高齢化対応の試金石であるといえる．これが柏プロジェクトである．

(2) 柏プロジェクトの経過

東京大学では，2006年4月にジェロントロジー寄附研究部門を設置し，それを総長室直轄の組織に発展させ，2009年4月には高齢社会総合研究機構を設立している．高齢社会総合研究機構は，今後の超高齢化の進行による長寿社会の多岐に渡る複雑な問題に対応した，社会システム創出の必要性から，①超高齢者社会の直面する課題解決に，学際的に取り組む共同研究事業の推進，②領域横断的な視点，産学官，そして国内外と連携し課題解決をめざす人材の育成，③アジアの高齢研究教育拠点の創設，④知と産官民との連携体制の確立の4つの取り組みを推進することをめざして設立された．

さらに，高齢社会総合研究機構としての研究の基本理念として，「Aging in Place」を掲げ，住み慣れた所で自分らしく老いることができる社会の実現をめざすこととしている．具体的には研究フィールドを定めて，「Aging in Place」の考え方に立ったできる限り元気で，弱っても安心して住み続けることのできるコミュニティが形成されることをめざす（図1）中で，ジェロントロジー（gerontology，高齢社会総合研究）の立場から総合的な研究を行い，政策提案を行うことをめざしている（図2）．

このような研究の具体的な構想の1つとして，実際の研究フィールドにおいて，総合的な在宅医療システムのモデル事業が導入されることを支援し，その過程を研究考察し，総合的な在宅医療システムの導入の手順を明らかにするとともに，地域に開かれた在宅看護・介護サービス・集合住宅の再開発の事業の導入を支援し，その過程を研究考察し，住宅連携事業の導入方策も含めて安心して住み続けることのできるまちづくりの手順を明らかにし，全国へ政策提案

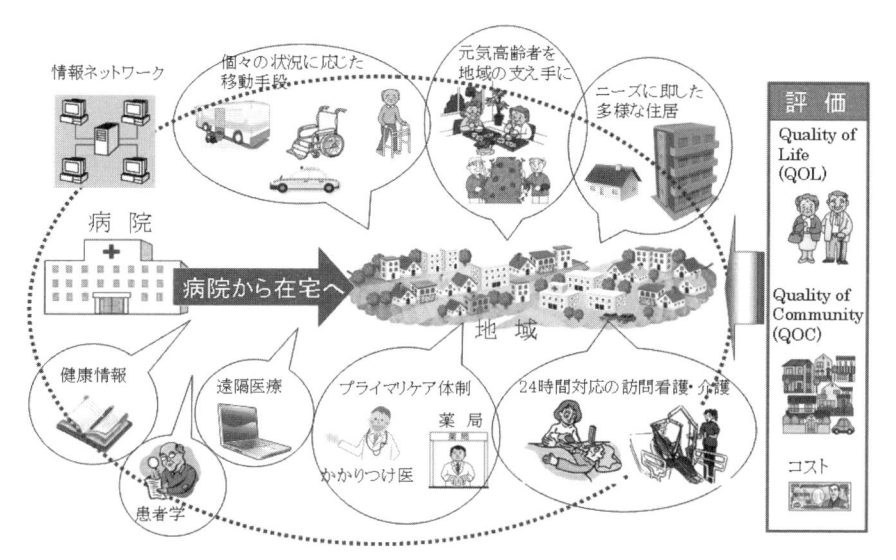

図1 Aging in place：コミュニティで社会実験（千葉県柏市豊四季台地区）

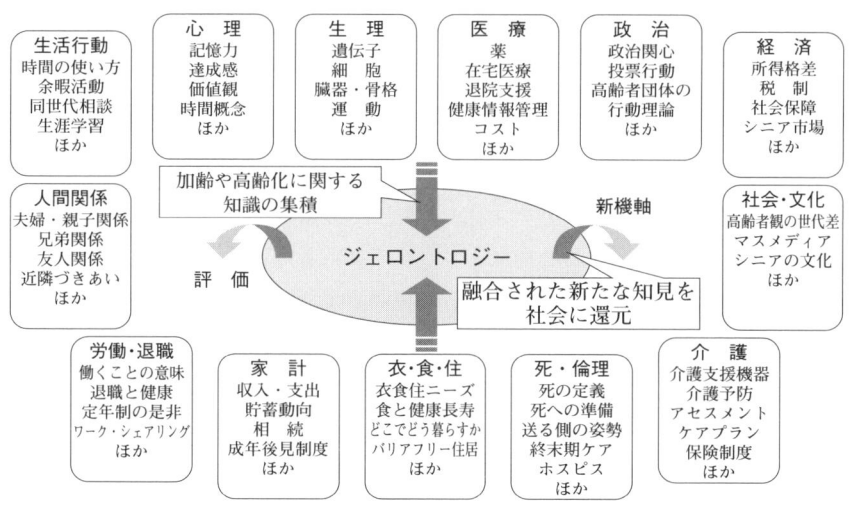

ジェロントロジー（高齢社会総合研究）の定義：医学，生物学，心理学，社会学，法学，経済学，工学などを総合して加齢現象や老化にかかわる諸問題の解決を探求する学際的な学問分野

図2 ジェロントロジーが関連する多彩な領域

することをめざしていた．

　こうした中で，東京都心から約30 kmにあるベッドタウンといわれる人口約40万人の柏市には，豊四季台団地という1964年に特殊法人日本住宅公団（現在の独立行政法人都市再生機構）が建設した団地があった（図3）．この団地は，高齢化率がすでに40％を超える超高齢団地であり，今後日本の都市部の急速な高齢化の過程で直面する課題が集積された団地である．本機構の設立と時期を同じくして，柏市内のこの豊四季台団地において，老朽化により，この団地の建替事業が行われようとしていた．

　柏市には東京大学のキャンパスがあることから，2000年のキャンパス設置以来，柏市行政等の関係者と東京大学は連携関係を持っており，高齢化に向けての課題解決型の研究を行うにあたっても，ジェロントロジー寄附研究部門の時代から，その研究のフィールドとして，地域住民をはじめ柏市との連携体制を形成してきた．

　そこで，前述のような構想のもと，本機構が柏市と連携して，超高齢社会のまちづくりを進めることをめざした．当初，東京大学は在宅医療を含む在宅ケアが今後の大きな課題になることから，これを含めたまちづくりのモデル事業を共同研究として行うことについて，柏市保健福祉部長を窓口として打診した．ちょうど柏市でも，2009年度に策定した介護保険事業計画において，「いつまでも暮らし続けることのできる社会」を目標として掲げ，本機構の提案したイメージ図（図4）と同じ考え方で，URの豊四季台団地の建て替えに当たり，1階に在宅医療，看護，介護の拠点を併設する高齢者向け集合住宅を誘致し，高齢化の進んだ地域で，いつまでも暮らし続けるようなモデル地域にしたいという意向を持っていることが分かり，2009年6月には，URを加えて，柏市，UR，本機構の三者により，超高齢社会に対応した高齢者が安心して元気に暮らすことができるまちづくりをめざし，「豊四季台地域高齢社会総合研究会」が発足した．

　研究会発足後，市民向けのシンポジウムを2009年7月と9月，2010年2月の計3回開催し，その後，2010年5月には三者による協定の締結につながり，現在に至っている．

　2010年当初から，国の地域医療再生計画の基金事業の取り組みが始まり，

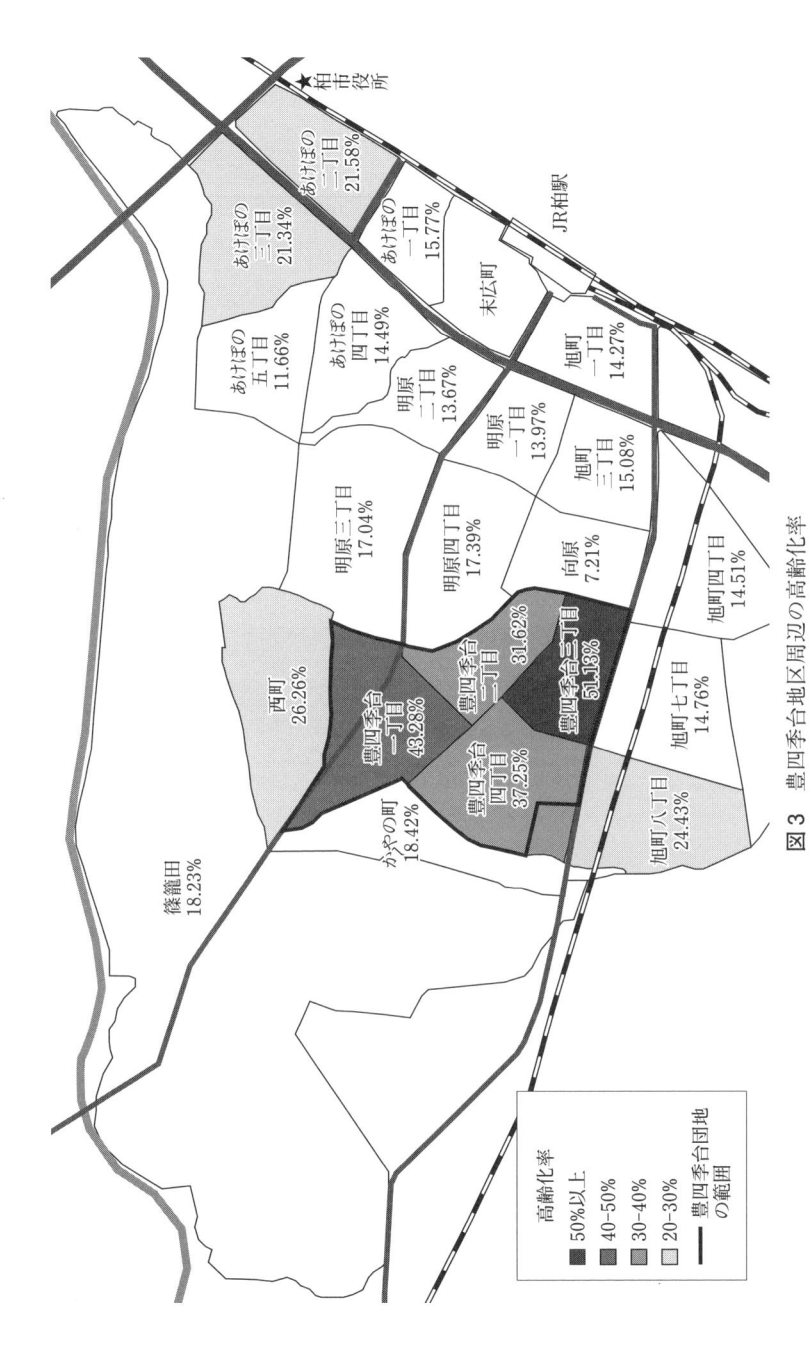

図 3 豊四季台地区周辺の高齢化率

注：豊四季台団地を含む地域は高齢化率が 40％ 程度と、高齢化が進んでいる。この数字は、わが国全体における 2060（平成 72）年の予測値と同程度である。高齢化率、2013
（平成 25）年：25.1％、2030（平成 42）年：33.4％、2060（平成 72）年：39.9％（「平成 25 年度 高齢者白書（内閣府）」より）。
出典：平成 22 年度国勢調査に基づいて作成。

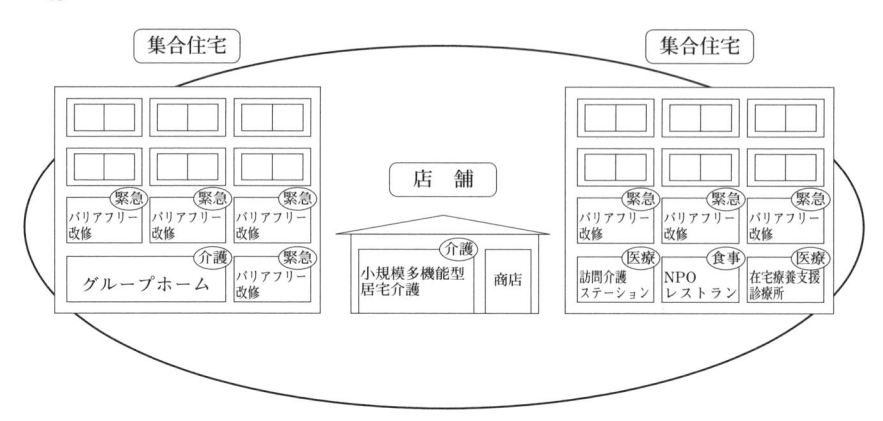

図4 住宅政策との連携のイメージ

出典：厚生労働省資料を，東京大学高齢社会総合研究機構が加筆修正.

(2009年6月21日，三者研究会発足時)

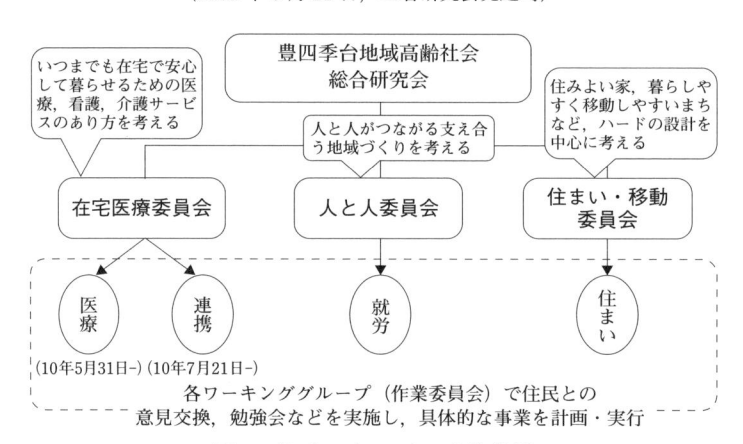

図5 柏プロジェクトの実施体制

その一環として，柏市を舞台として在宅医療の推進を主眼としたモデル事業を行うことにつき，千葉県地域医療再生計画において東京大学に対する寄附プロジェクトが位置づけられることとなった．柏プロジェクトの円滑な進行という観点から見て，同寄附プロジェクトは大きな幸運であり，千葉県行政に深い敬意を表したい．

そして，「豊四季台地域高齢社会総合研究会」における検討の実施体制としては，①いつまでも在宅で安心して暮らせるための医療，看護，介護サービスのあり方を考える「在宅医療委員会」，②人と人がつながる支え合い地域づくりを考える「人と人委員会」，③住みよい家，暮らしやすく移動しやすいまちなど，ハードの設計を中心に考える「住まい・移動委員会」が設置され，各ワーキンググループ(作業委員会)で住民との意見交換，勉強会などを実施し，具体的な事業を計画・実行していくこととなった(図5)．

(3) 柏プロジェクト推進に当たっての本機構の考え方

柏プロジェクトを進めるにあたっての本機構の考え方は，①柏プロジェクトそのものは，地域における在宅医療を含む在宅ケアの推進である以上，その推進の一義的な当事者は，柏市役所，柏市医師会をはじめとする医療介護関係者等である，②この場合，東京大学は柏プロジェクトに対して課題解決型の研究を行う立場から，いわばコンサルタントとして取り組み，柏市での在宅医療を含む地域包括ケアの推進の手順を再現性のある形で論理化できれば，それが千葉県をはじめとして柏市以外の他の地域で同様の事業を推進する上での実務上の参考となり，全国の事業展開に寄与する，というものである．

このため，千葉県地域医療再生計画による寄附プロジェクトの予算は，東京大学が，自治体レベルの事業実施の主体となることをせず，在宅医療多職種連携研修のプログラムの開発やそのためのモデル的な研修やいわばまちづくりのコンサルタント的業務といった大学の役割にふさわしい業務に徹することとし，柏市役所及び柏市医師会等の各当事者の事業推進のための作業枠組み案の作成協力等を行いながら柏プロジェクトの推進作業を論理化し，他の地域の参考となるようその手順をまとめる業務といった点に主眼を置いて執行している(本書の作成は，その一環の作業の1つでもある)．

現に，柏プロジェクトにおいて柏市で推進されている恒久的な事業といってよいような事業は，全国共通の政策に基づく国の予算を執行して行われているもの（例えば，在宅医療連携拠点事業やサービス付き高齢者向け賃貸住宅補助事業等）であり，市単独の予算を組んだからできた特別のものではない．また，後に詳しく述べる医療ワーキンググループ，連携ワーキンググループといった会議は，夜7時から開催され構成員は会議出席の報酬などはなしで熱心に参加している（その後に懇親会も行われている）．あえて言うと，柏市行政が，当初の枠組み案を公学連携として，東京大学と共同して作成するとともに，この事業推進を担当する組織に一定数の優秀な人材を送り込んだことが特別の措置といえるが，これこそが，地方自治の姿ではないかと思うのである．

　すなわち，柏プロジェクトは，東京大学がコミットした特別の予算があったからできたものではなく，それを他の地域でできないというものではない．最初は，東京大学の研修プログラム開発や事業推進の枠組み案（作業の目的となるモデル的枠組み案）作成を元に柏市の各当事者が各種作業に取り組むという共同作業があるが，最終的には，柏市行政をはじめとする柏市の当事者が自律的なシステムの担い手になることを想定し，現にそれが実現できたのである．したがって，このプロジェクトの枠組みと推進過程を参考として，国レベルの各職能団体の合意の下で，必要に応じて制度改正等を行い，自治体の役割を位置づければ，日本の自治体行政や専門職の水準の下においては，どの地域でも同様の事業推進が可能であるという考え方に基づいている．

（4）柏プロジェクトの目標とした枠組み（仮説）

　柏プロジェクトの枠組みは，2つの流れより成り立っている．1つは，急速に高齢化が進む都市部を念頭に置いて，2009年の段階で，柏市とURと東京大学が，今後ぜひとも取り組みたいと考えた豊四季台団地における在宅ケアの拠点を併設した高齢者向け集合住宅の整備構想であった．その内容は，2010年11月に行われた「豊四季台地域みんなのまちづくり会議」での説明及び，東京大学での寄附プロジェクトの記念イベントで明らかにされた（図6）．もう1つは，千葉県地域医療再生計画の中において位置づけられた地域のかかりつけ医が中心となった多職種連携による在宅医療の推進である[1]．これらのこと

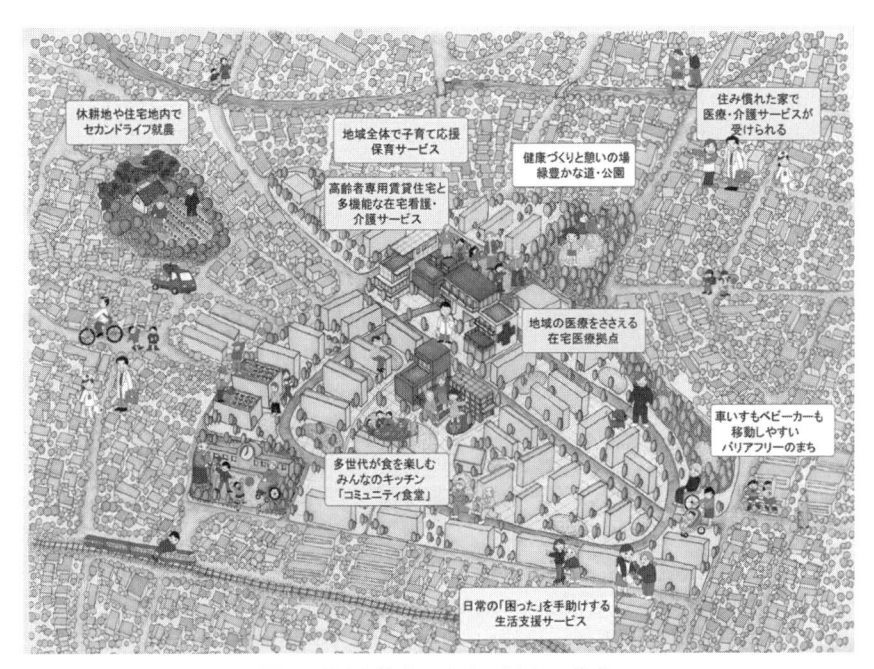

図6 「長寿社会のまちづくり」構想

を総合すると，結果的には，都市部の高齢化最前線で「在宅医療を含む地域包括ケアシステム(2011年の介護保険改革で明らかになった政策体系)」の可視化をめざすという枠組みを構想したということであったといえる．

これらの構想に基づき，後述するように一歩一歩作業が進められる中で，国から新しく打ち出された政策とも相まって，第2節以降で紹介する作業を行いながら，第5章，第6章で述べるような，より体系的に精緻な姿へ進んでいったといえる．

ここで強調したいことは，新しい政策を模索する場合は，まず，その時点で考えられる具体的な内容を持ったベストの目標枠組み(課題解決型の研究の用語で言えば，仮説)を提示して，そのための作業を具体的に進めるという形をとることが大切であるということである．

---

1) 図6においては「在宅医療拠点」として示されている．

(目標枠組み(仮説)の考え方)

　柏プロジェクトの枠組みの基本的な考え方は，以下の通りであった．
① 　在宅医療は，かかりつけ医を中心とすることが基本であり，かかりつけ医の負担を軽減する合理的な仕組みを構築し，在宅医療を含む真の地域ケアを実現する．
② 　都市部の高齢化の最前線ともいえる UR 団地で，今後の都市の高齢化への対応の拠点モデル(在宅医療・看護・介護サービスの拠点を1階に併設した高齢者向けの集合住宅)を整備(誘致)する．
③ 　①及び②を通して，急速な都市の高齢化が進む中で，在宅医療を含む地域ケアの姿を可視化する．

　具体的には，下記のような2つの枠組みから出発した(本節でさらに述べるように，作業が進行する中で，その枠組みはより良い精緻なものに改良されていった)．

（Ⅰ）在宅医療推進の枠組み

　　当初は，千葉県地域医療再生計画における東京大学の寄附プロジェクト(本格的な在宅医療(ケア)にかかる教育研修プログラム及び在宅医療(ケア)システムモデル確立手法に関する研究)を中心に以下のように設定された．

　　　○汎用性のある教育・研修プログラムの開発及び関連する研究
　　　○大学，地区医師会，歯科医師会，薬剤師会，看護協会，医療・福祉関係者，地域住民，行政機関等で構成する在宅医療推進協議会で，在宅医療(ケア)のモデル的実践や教育研修プログラム確立が円滑に行われる基盤を整備し，在宅医療の推進を図るための総合調整[2]
　　　○柏地域における包括的在宅医療実践研修センター(仮称)の設置・運営[3]

（Ⅱ）柏市，UR 都市機構，東京大学の合意による豊四季台団地における在宅

---

[2] 　在宅医療が普及しないのは，住民自身がそれを望んでいない，知らないということが大きな問題点と認識されており，住民の意識啓発もモデル実践の中に含まれていた．
[3] 　誘致した医療法人等の民間団体が設置する医療・看護機関の一部に，包括的在宅医療実践研修センターを組み込むこととしていた．

ケアモデル拠点整備の枠組み

　在宅医療看護介護サービスの拠点の併設された高齢者向け集合住宅の誘致

(5) 上記枠組み実施のための手順

　上記枠組みの実践の期間を 2009 年度から 2013 年度までの 5 年間と設定し（プロジェクトの期間の 1 つの区切りとして設定），その中で，豊四季台団地の建て替え作業の日程があらかじめ決まっていたことから，2011 年度にモデル施設の公募を行い，概ね 2013 年度中に竣工させる一方，この時期に合わせて，柏市の在宅医療を含む地域ケアの多職種連携のモデル的な形を明らかにするという大まかな段取りを設定した．この段取りを実践していく上での手順上の留意点は，以下の通りであった．

　この作業の最初のポイントは，市役所との意識合わせであり，当時の柏市の担当部署（保健福祉部）と本機構は，今後推進すべきこととして，上記の枠組みについて合意した．

　次に，在宅医療及び医師を含む多職種連携の推進は，かかりつけ医をメインに考える以上，地区医師会の方針が鍵であり，柏市医師会長のところに市の保健福祉部長が本機構担当者と同行し，第 2 章図 1 の資料などを用いて取り組もうとしている柏モデルの作業枠組みの説明を行った．2010 年 4 月に医師会の会長以下役員が改選され，市の方針に協力する姿勢が示され，まず，医師会の会員の集まる場で，市と本機構から在宅医療推進の必要性についての説明を行うよう要請がなされ，国が示した「在宅医療（終末期ケアを含む）の連携イメージ」の図（第 2 章図 1）などを用いて説明が行われた．これが始まりとなって，市役所と柏市医師会の対話の体制が出来上がり（医療ワーキンググループ），本音の議論が始まった．医師会執行部としては，市の在宅医療の推進の方針に同意し，市を事務局として，歯科医師会，薬剤師会，訪問看護ステーション連絡会，介護支援専門員協議会等の団体の関係者に呼びかけ，医師会がリードする形で，連携ワーキンググループが発足し，著名な在宅医療や訪問看護の有識者の講演会を含めて勉強会が始まった．

　このスタートの段階において，市行政自身がもともと在宅医療を推進するこ

とが重要との考え方の下で，本機構と同意した在宅医療推進についての作業枠組みを前提に取り組むという意志を強く持っていたことが作業を進める上での軸足になり，関係者の連携関係が深まった．その際，後期高齢者の今後の急増に伴い，入院依存的な現状の延長では乗り切れないという認識を柏市医師会と共有したことが，大きな鍵となったといえる（第2章図2参照）．

この段階で大きな役割を果たしたのが，在宅医療推進多職種連携研修であった．東京大学は当初より，在宅医療が進まないのは，これに取り組む開業医が少ないことが最大の要因の1つと考え，かかりつけ医が在宅医療に取り組む気持ちになることを促す研修プログラムとして，第1回目のモデル研修を柏市医師会副会長をはじめとする柏市医師会推薦医師と，柏市のその他の専門職種の関係者を対象として，東京大学が行った．

この研修はかかりつけ医に在宅医療に取り組む気持ちを持たせるという初期の目的を果たすという効果を上げたが，予想外の効果は，医師会の参加メンバーを含めて研修に参加した多職種が連帯感を持ち始め，ひいては医師会とその他の関係団体の関係がうまく出来上がり，市内の多職種連携の土壌づくりにつながったということであった（第5章第1節参照）．

そのような中で，在宅医療のシステム化のモデル事業として，連携ワーキンググループの下で試行ワーキンググループが立ち上がり，モデル事業実施のための様々な試行に取り組んだ．

(6) 当初の枠組みを超える動き

そして，以上述べたような在宅医療推進多職種研修の予想を超える効果だけでなく，次々と予想を超える動きが出た．それは，「顔の見える関係会議」であった．モデル研修へ参加した医師会メンバー（副会長）がたまたま研修の協力を務めてくださった隣接の松戸市の医療法人（あおぞら診療所）の主催する多職種の連携を深めるための会議のことを知って，これと同様のもの（「顔の見える関係会議」）を柏市で行おうと提案されたのであった．そこで，市役所が事務局となり医師会のメンバー（在宅プライマリ・ケア委員会担当理事，第1回目のモデル研修に参加）が司会をするという形で「柏市顔の見える関係会議」が開催された．最初は，地域のかかりつけ医の中から在宅医療に取り組む医師を増

やすという枠組みから行った研修事業が，大きな広がりにつながったのである（第5章第2節参照）．このように，当初の枠組みを超える事業の成果も含め柏市の関係者のチームワークが深まる中で，東京大学としてはこの過程を分析評価し，全国に発信する研修事業のモデル化に取り組むこととなるほか，そもそもの柏プロジェクトも，予想を超えて，モデルとして良い方向に展開していったのである．

　それ以上に大きな当初の枠組みの変更は，千葉県地域医療再生計画に位置付けた柏地域における包括的在宅医療実践研修センター（仮称）の設置・運営のかたちが変わったことである．当初は，在宅医療の普及のためのかかりつけの医師をはじめとする多職種の研修事業を大きく位置づけ，その研修事業の拠点となる診療所の誘致が「包括的在宅医療実践研修センター（仮称）」であり，在宅医療推進の拠点として，豊四季台団地の建て替えで生ずる余剰地にその役割を占める診療所を誘致し，そこを活用して東京大学が研修事業を展開する方針であった．ところが，柏市と柏市医師会の取り組み姿勢が本格化し，市と医師会が話し合う中で，在宅医療を行うかかりつけ医をはじめとする多職種の調整を行う拠点を市役所が作るべきとの方向が出され，図7にあるように「地域医療拠点」（名称を後日「柏地域医療連携センター」と決定）の構想が合意され，その拠点で研修事業も住民啓発事業も併せて行えばよいという方向性となったのである[4,5]．これは，在宅医療を今後の地域ケアのコアとする政策展開を行うからには一歩踏み込んだ方針をとるべきとして，柏市と柏市医師会の話し合いの中から打ち出された方針である．また，多職種連携の一環として，病院関係者の協議の場（10病院会議）が設けられたことも，当初の枠組みを超える展開であった．市役所と地区医師会が，地域住民の幸せという観点からの腹合わせができたことがその展開の最大のポイントであるといえる．また，在宅医療・看護・介護サービスの拠点の併設された高齢者向け集合住宅も直近の国の制度改正を踏まえ，24時間対応の定期巡回・随時対応型訪問介護・看護サービス

---

4) 多職種の調整を行う拠点は，豊四季台団地の建て替えに伴い生ずる土地に医師会，歯科医師会，薬剤師会が合同で建てる建物に柏市が置くこととなった．この建物については，建設後，柏市に寄附されることとなった．

5) この地域医療拠点は，結果として国のモデル事業として導入された在宅医療連携拠点に該当するものとなった．

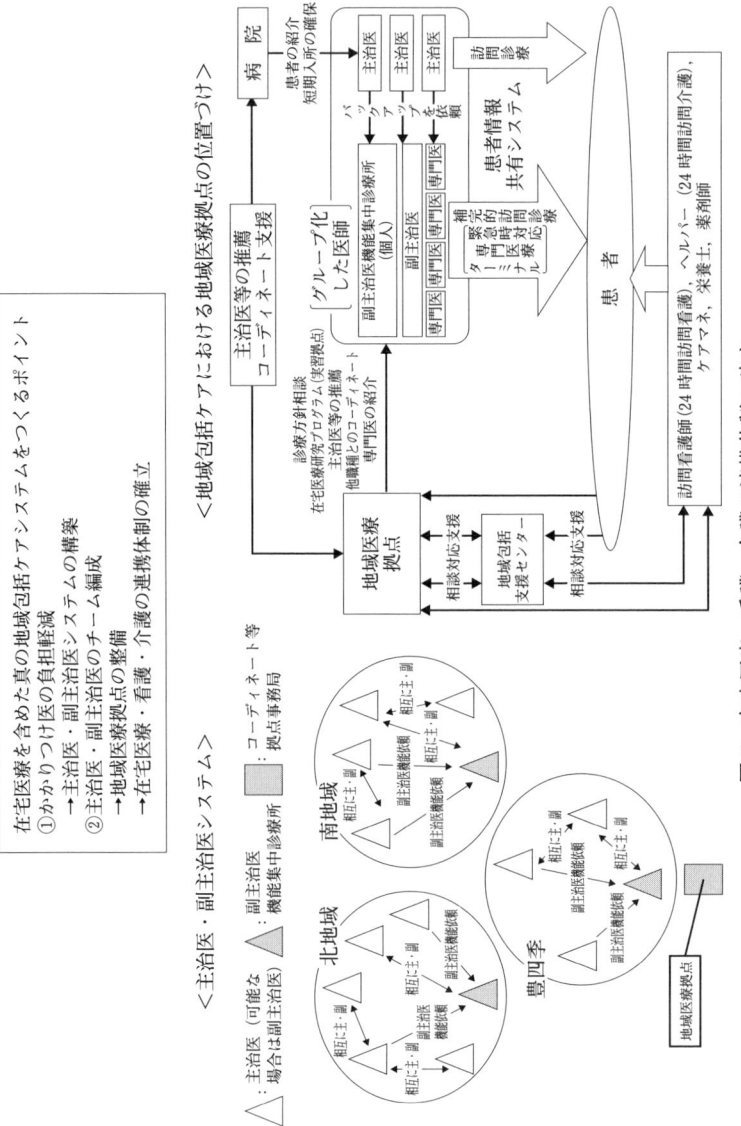

図7 在宅医療・看護・介護の連携体制の確立

注：チーム編成の管制塔機能を地域医療拠点が担う。
出典：柏市作成資料。

等を併設するサービス付き高齢者向け住宅をURが公募して誘致することとし，順調な展開を見せた．その際，UR側から，公募は一事業者だけを対象とする方式以外に，複数の事業者によるコンソーシアム方式も認めるとの方針が示された．各地域で同様の展開が期待されていたので，この方式の採用は大変有意義であった．

このように，当初東京大学側が想定した枠組みを皆で議論し，追求する中で，新たな発想と方法が生じたのである．一方において，このように一歩一歩当初の枠組みを検証しながら手順を踏んで地域の関係者が積み上げた道筋には普遍性があり，柏プロジェクトの構造の明確化とその過程手順をまとめることは，必ずや他の地域の取り組みの大きな参考となると考えるのである．

以上で述べた柏プロジェクトの枠組みと手順の詳細を，次節から第5節にかけてさらに詳しく述べたい(図9参照)．

2　市役所と医師会の合意形成(第1段階)

(1)　医師会からの10の提言から市役所との話し合いへ

前述のように，2009年6月の「豊四季台地域高齢社会総合研究会」発足時には，在宅医療の推進については，地区医師会をはじめとした医療・介護関係団体の参加も得られていなかった．在宅医療の推進に向けては，地元地区医師会の協力が欠かせないことから，柏市保健福祉部と東京大学で柏市医師会に同年の夏頃から接触し，今後の在宅医療の推進の必要性を伝え協力を呼びかけたが，当初は，あまり進展しなかった．

しかしながら，柏市医師会においても2009年12月に，柏市長に対して今後の地域医療の推進に向けて「医師会からの10の提言」として，①救急・災害医療，危機管理体制，②総合的医療福祉施設「ウェルネス柏」の適切な運営，③柏市医療連携システム，④正確な医療情報の提供，⑤産科・小児科医療，⑥心の健康，⑦健康教育，⑧医師(医療者)不足，⑨高齢者医療・福祉，⑩障害者支援の10項目の提言を行った．

この提言を行う経過について，当時，担当理事で現在，副会長の長瀬慈村医師によると，当時は，柏市医師会はかなり年配の方が理事になっており，何か

新しいことをはじめようという機運もなかったようであった．そこで，医師会の若手として，柏市の地域医療の発展のために，何か起爆剤になるような取り組みをしようと考え，これまで課題と考えられてきた内容を整理して提言としてまとめ，医師会内で合意形成を図りながら，柏市に提言を行ったということであった．

　この中で，今日の在宅医療推進の礎として，「③柏市医療連携システム」を構築していくために，それまで実施されていた柏市保健衛生審議会がん対策専門分科会で検討されてきたがん医療連携システムについて，これを基盤としながら，他の疾患についての連携システムにも拡げていくことの必要性について提言が行われている．さらに，「⑥心の健康」では自殺などの問題への対応として，「⑦健康教育」ではがんや生活習慣等に対して，柏市役所とともに，市民への啓発を行っていくことが述べられている．また，「⑨高齢者医療・福祉」において，柏市医師会の金江清会長は，「当初，在宅医療というものを明確には意識してはいなかった」とのことであるが，今後の医療は多職種で取り組まなければならないという明確な課題認識を医師会として持っていた．この10項目の提言をもとに，柏市医師会は柏市との懇談の場の設置を要望していく．

　柏市もこれに応えて，翌2010年1月には，柏市医師会との話し合いをはじめ，2010年2月には，「柏市医療懇談会」が立ち上がり，柏市医師会と柏市とで地域医療全般に関する論議が始められ，第1回では，がん医療に対する課題について柏市の呼びかけにより，多職種の方々の参加も得て，様々な意見交換が行われた．

　こうした経過を経て，2010年3月には，柏市医師会から在宅医療の推進に向けた構想を聞きたいとの打診が柏市にあり，柏市保健福祉部と東京大学で，今後の柏市の人口動態からみる医療のあり様，わが国の医療システムの今後について説明し，これをきっかけに協議がはじまり，途中，柏市医師会の執行部の改選もあったが，柏市医師会の方針として，柏市と一緒に検討を進めようという方針の下，医師会内でも検討が進められた．

(2) 市役所における組織整備

一方で，柏市役所としても，公衆衛生や，母子・高齢者・障害者等への保健の取り組みを行う保健所(部相当の組織)はあるものの，保健福祉部という既存の組織の枠組みの中で，地域包括ケアという視点において医療に関する業務を行う担当部署はなかったことから，これまでの過程と並行して組織のあり方について検討を進め，2011年度から，保健福祉部内に，医療福祉に関する政策形成を一元的に行う部署として，「福祉政策室」が設置された．こうして，在宅医療を中核に据えた地域包括ケアシステムづくりに向けた市行政の窓口が誕生する(第6章第1節参照)．

もともと柏市としても，多職種連携に向けては，課題認識として地域ケアにかかわる様々な職種について，それぞれ所属する組織もバラバラの状態で，「有機的な連携を作っていくためには，行政として，しっかり連携の調整機能を果たしていくことが大きな仕事」という市長自らの認識もあり，「地域包括ケアシステムを実現することが組織のミッション」という認識を持つよう，役所内の組織が縦割りでやりにくくなってしまう業務について，組織を一元化をするという方針が採られた．

さらに，医療については，領域別の行政計画として，医療法(第30条の4)に定める医療計画があるが，医療計画については，都道府県が定めることとなっており，市町村では，医療に関する業務について，認識が必ずしも高まらず，在宅医療についても，主体的に取り組む機運とはなっていない面もあるが，柏市では，①住み慣れた地域(日常生活圏域)におけるサービスの整備が必要であること，②訪問看護，ケアマネジャー，地域包括支援センターなどの各種介護保険サービスとの連携調整が必要であることを踏まえ，在宅医療については，基礎自治体であり，介護保険者でもある市町村が地区医師会等と連携して取り組んでいくことが重要という認識で取り組みが進められた．なお，柏市においては，第4期(平成21-23年度)介護保険事業計画から介護と医療の連携について明記している．

(3) 医療ワーキンググループの立ち上げへ

こうした状況の下，医師会の協力を得て，2010年5月17日には，「医療ワ

ーキンググループ」の立ち上げに向けた設立準備会を開催し，在宅医療における他の先進的な取り組みを聴くための講演会の実施についての検討や，今後の進め方などが話し合われた．そして，5月31日には，豊四季台地域高齢社会総合研究会の在宅医療委員会の下に，医療ワーキンググループが立ち上がり，柏市医師会として，幹部の医師，関心の高い診療所の医師，病院医師の代表者が参加し，柏市行政とともに，在宅医療の推進方策について議論がはじまった．

こうして，豊四季台地域高齢社会総合研究会で当初掲げていた「在宅医療」「いきがい就労」「住まい・移動」の3つの柱のうちの「在宅医療」を推進するための検討の場が設けられ，「在宅医療」をはじめとする研究会の取り組みが進められることとなり，同月，UR，東京大学高齢社会総合研究機構，柏市役所の三者による協定を締結し，「超高齢社会のまちづくり」に向けた取り組みが実質的にスタートした．

柏市医師会においても，在宅医療の推進に向けては，医療・介護職種等による多職種の連携が重要であると認識しており，多職種連携を進めるためには，行政が重要な役割を果たすと考えられていた．これは，これまでも医療系の職種とは話をする機会もあったが，介護関係の方々とはなかなか連絡をとる機会もなく，どうしても行政が主導して呼びかけないと集まってこないという認識があったようである．このような取り組みを推進するためには，「行政を動かす」ことが必要であるが，「行政のほうから医師会に話かけてもなかなか『うん』といってもらえず，行政のほうからも医師会は敷居が高いという話がある」ので，「医師会のほうから働きかけていかないとできないというように考えている」と金江清医師会長は話されている．

また，医師会という法人の役割として，在宅医療の推進に関連性の高い項目を法人定款から抜粋すると，①「公衆衛生の啓発指導及び研究に関する事業」，②「医療の普及充実に関する事業」，③「地域における住民への医療広報活動に関する事業」等の記載がある．これらについて，金江医師会長は，基本認識として，①では，柏市役所と一緒にやっていく公的団体としての公衆衛生・保健医療に関する事業として，②では，地域医療の充実のための関連団体との医療連携による多職種の連携の事業として，③では，市民への理解を進めるための医療情報提供及び広報活動に関する事業として，在宅医療を位置づけ，取り

組んでいるという認識を示されている[6]．

　このような認識の下で，当初，他の先進的な取り組みを聴くための講演会として，「在宅医療をみんなで取り組むための講演会」として，各種会議を活用しながら，全国でも先進的な取り組みを実施している医師や看護師を招き，勉強会を積極的に実施することからはじめている．

　まず，2010 年 6 月 16 日の第 2 回医療ワーキンググループでは，英裕雄医師（新宿ヒロクリニック院長）による「新宿区医師会の往診支援事業」についての講演会が行われた．これは，新宿区という大都市圏に人口が集中した結果，高齢者の急増が見込まれ，独居や夫婦のみの高齢者世帯が多く，老々介護や認々介護，孤独死などの高齢者の孤立化の問題を抱えていた地域において，在宅医療を支えるモデルをどのように構築したかということを明らかにしている．具体的には，24 時間 365 日の対応を図るため，2008 年から，新宿区医師会診療所に，非常勤の当直医を置き，往診支援事業を開始しており，今後の柏市で在宅医療を支える上で参考になる 1 つのモデルとして，報告が行われた．また，講演会後の医療ワーキンググループにおいても，新宿区医師会の取り組みについて分析を行い，この取り組みも参考としながら，在宅医療推進のための柏モデルのシステム構築に向けて，①診療所医師のグループ化，②（退院時等の）コーディネート，③緊急時の支援体制，④情報共有などを論点として，検討が進められることとなった．

　このように当初，医療ワーキンググループとして医師中心のワーキンググループから立ち上がったが，柏市医師会の多職種で連携していくという強い想いから，検討の場を徐々に連携ワーキンググループに移し，医療ワーキンググループについては 2011 年度までの開催となっている．この過程で地域医療拠点の構想が練り上げられた．また，その後の連携ワーキンググループ等での検討を通じて，診診連携を進めるための主治医―副主治医制の具体化を図るため，2013 年度から柏市医師会内の検討組織としての在宅プライマリ・ケア委員会の活性化を図り，毎月の開催に踏み切り，主治医―副主治医制の柏におけるモデル構築に向けた検討を重ねている．この点については，第 6 章第 3 節で詳述

---

[6]　金江清「多職種連携による在宅医療の推進」『第 1 回日本医師会在宅医療支援フォーラム講演記録集』（2013）．

表1 医療ワーキンググループ開催日程

2010年度

回数	開催日	主な議事
1	5月31日	・豊四季台地域高齢社会総合研究会での議論の報告 ・豊四季台地域のURのスケジュール報告 ・医療WGの今後の進め方について協議(スケジュール及び勉強会・シンポジウム) ・在宅医療を推進する方策について
2	6月16日	在宅医療をみんなで取り組むための講演会(新宿ヒロクリニック院長・英裕雄先生) ・新宿区医師会が取り組む「往診事業」について講演 　独居や夫婦のみの高齢者世帯が多く、老々介護や認々介護、孤独死など「高齢者の孤立化」の問題を抱えている新宿区での取り組み
3	7月9日	・新宿区医師会の取り組みの課題把握について ・在宅医療における医療・介護・福祉の連携の必要について(看護と介護の連携, 病院との連携, 連携WGのメンバーと今後の議論の進め方について)
4	10月18日	・在宅医療推進柏モデルのシステムについて
5	1月14日	・在宅医療推進柏モデルのシステムについて
6	3月28日	・在宅医療推進柏モデルのシステムについて

2011年度

回数	開催日	主な議事
1	5月23日	・地域医療拠点の進捗について ・高齢者ケア付き住宅の進捗について ・在宅医療推進システムの試行運用について
2	7月8日	・豊四季台地域高齢社会総合研究会の構想の報告 ・地域医療拠点及びサービス付き高齢者向け住宅の進捗について ・連携について
3	8月24日	・柏モデルについて(主治医―副主治医制度の具体的運用, バックアップ病床の確保, 市民に対する啓発等)
4	10月5日	・柏モデルの具現化に向けて(主治医―副主治医制等のチーム決定)
5	11月18日	・柏モデルの具体化に向けて(地域医療拠点と市との関わり, 主治医―副主治医制度の運用)
6	12月19日	・柏モデルについて(主治医―副主治医の決定・運用, 顔の見える関係会議) ・サービス付き高齢者向け住宅について
7	1月31日	・柏モデルについて
8	2月20日	・柏モデルについて

する.

3 医師会と多職種関係団体との連携の仕組みづくり(第2段階)

(1) 連携ワーキンググループ立ち上げへ

　柏市医師会は，前述の柏市への10項目の提言にもあるように，「柏市医療連携システム」として，多職種関係団体との連携を当初から重視しており，これを受けた柏市も，同様の考え方を持っていた．こうしたことから，かかりつけ医を中心とした「医療ワーキンググループ」だけではなく，医師会も含めた多職種関係団体により，在宅医療・介護の大まかな方向性を議論する場として，「連携ワーキンググループ」の立ち上げをめざした．

　このワーキンググループ立ち上げに向けては，柏市が市内の医師会をはじめ，歯科医師会，薬剤師会，病院関係者，訪問看護ステーション連絡会，介護支援専門員協議会，地域包括支援センター等に粘り強く声をかけ，2010年7月21日に開催された第1回の連携ワーキンググループの立ち上げへとつながっていった．

　多職種といっても，医師会，薬剤師会，歯科医師会は，当初から会としての活動を行っていたが，職種によっては会はあっても，実際の活動は行われていなかったところもあったようである．こうした状況もあり，柏市が多職種の要として，各職能団体の代表者を選んでもらうための調整を一手に引き受けてやり遂げている．

　第1回については，豊四季台地域高齢社会総合研究会での検討状況の報告，今後の進め方の検討などがなされたが，医療ワーキンググループ同様，他の先進的な取り組みを聴くため，講演会を開催する運びとなる．具体的には，2010年8月30日の第3回では，「在宅医療をみんなで取り組むための講演会」として，秋山正子氏(白十字訪問看護ステーション)から新宿区市ヶ谷の周辺で，在宅療養支援診療所との連携のもと実際のケアを担い，看取りを行う訪問看護の重要性について講演がなされた．さらに，2010年12月17日の第7回では，白髭豊医師(白髭内科医院)による「在宅医療と緩和ケアネットワークの現場から——長崎における緩和ケアの実情」というテーマで，主治医と副主治医が連

携するという地域ぐるみの在宅医療を成功させた長崎市医師会の取り組みについて講演がなされた．

　これらの講演会の前後では，在宅医療における課題の整理や，講演を通じての今後の方向性の検討等が行われ，2010年度には，連携ワーキンググループが合計7回行われた．2011年度には，さらに，豊四季台団地建替え後の敷地に建設が予定されていたコーディネート等を担う地域医療拠点や，その近隣で進められている24時間対応の定期巡回・随時対応型訪問介護・看護サービスを併設するサービス付き高齢者向け住宅の整備の準備状況の報告，住民への在宅医療の普及啓発等のテーマも加えた検討が合計3回進められた．

(2) 新連携ワーキンググループへ

　合計10回開催された連携ワーキンググループでは，柏市を事務局として医師会を含む多職種関係団体により，在宅医療・介護の大まかな方向性が話し合われてきたが，医療ワーキンググループでの議論も踏まえて，より在宅医療・介護の具体的な連携ルールを検討・決定するための場としての位置付けを明確化するため，翌年の2011年10月には，構成メンバーが各職種関係団体の代表者であることを確認し，「(新)連携ワーキンググループ」として，①主治医―副主治医制，多職種の在宅チームの決定方式，②患者ごとの多職種の連携方式，③地域包括支援センターを含む地域の具体的な連携の進め方の検討などを行うこととした．その後，参加している多職種関係団体からの現状報告等を踏まえ，テーマごとに検討を進め，現在に至っている．

　この「(新)連携ワーキンググループ」ができる頃には，各職能団体の連絡会等もできており，代表者がはっきりと決まる状態となっていたのである．現在の参加団体は，市役所が事務局となり，多職種として，医師，歯科医師・歯科衛生士，薬剤師，看護師，病院地域連携室(MSW)，介護支援専門員，介護サービス事業者で，直近では，管理栄養士，理学療法士・作業療法士も加わっている．また，関係する協力機関として，柏市社会福祉協議会，柏市内地域包括支援センター(7カ所)，千葉大学，本機構，関係事業者などが挙げられる．

　こうして，具体的な連携ルールについて検討が進められ，2013年度に入り，次に述べる試行ワーキンググループを中心とするこれまでの様々な検討の蓄積

表2　連携ワーキンググループ開催日程

2010年度

回数	開催日	主な議事
1	7月21日	・豊四季台地域高齢社会総合研究会での議論の報告 ・豊四季台地域のURのスケジュール報告 ・医療WGの今後の進め方について協議(スケジュール及び勉強・シンポジウム) ・在宅医療を推進する方策について
2	8月26日	・医療WGでの議論及び今後の連携WGでの議論について ・医師,歯科医師,看護師の各立場からの現状と課題の報告 ・今後の議論の進め方について
3	8月30日	在宅医療をみんなで取り組むための講演会(ケアーズ白十字訪問看護ステーション所長・秋山正子氏) ・新宿区市ヶ谷の周辺で150名もの在宅医療の人々を回り続ける秋山氏を講師招聘 ・在宅療養支援診療所との連携のもと,実際のケアを担い看取りを行う訪問看護が重要となるとの指摘 ・在宅医療に取り組む上での様々な問題や課題について,訪問看護の現場からのお話を伺う
4	9月9日	・訪問薬剤の現状と課題の報告 ・各グループでの議論(医師,歯科医師,看護師,薬剤師の連携にあたっての役割,連携のあるべき姿)
5	9月30日	・介護支援専門員,介護事業者の各立場からの現状と課題の報告 ・各グループでの議論(介護支援専門員と介護事業者の連携にあたっての役割,連携のあるべき姿)
6	11月30日	・長崎ドクターネットの取り組みについて ・課題を具現化するにあたっての課題整理とその解決策の議論
7	12月17日	在宅医療をみんなで取り組むための講演会(白髭内科医院院長・白髭豊先生) ・地域ぐるみの在宅医療を成功させた長崎市医師会の取り組みについての講演 ・「地域医療の成功」についての意見交換会

2011年度

回数	開催日	主な議事
1	4月26日	・在宅医療推進の体制と地域医療連携体制について
2	6月7日	・地域医療拠点の進捗について ・高齢者ケア付き住宅の進捗について ・在宅医療推進システムの試行運用について ・住民への在宅医療普及啓発について
3	7月26日	・豊四季台地域高齢社会総合研究会の構想の報告 ・連携について ・今後の進め方について

4	10月31日	※これ以降，各団体の代表者による会議として位置付け，委員構成を一部変更 ・自己紹介 ・新連携 WG ・今後の進め方について
5	12月20日	・各会の現状と課題について
6	1月30日	・在宅医療推進システムにおける各職種の役割について
7	2月29日	・多職種が一体となった在宅のチーム編成の流れについて
8	3月26日	・在宅医療推進に向けた課題に対して各会からの意見

2012年度

回数	開催日	主な議事
1	4月26日	・在宅医療推進に向けた課題に対して各会からの意見(柏市訪問看護連絡会，柏市介護支援専門員協議会)
2	5月28日	・在宅医療推進に向けた課題に対して各会からの意見(地域包括支援センター，柏市医師会・病院)
3	7月3日	・多職種が一体となった在宅チーム編成の流れについて
4	8月21日	・柏市在宅リハビリテーション連絡会と東葛北部在宅栄養士会の紹介 ・在宅医療推進における各会の課題の進捗について
5	10月2日	・柏モデルにおける地域医療拠点の運用のために必要な事項と論点
6	12月4日	・柏モデルにおける多職種連携のための論点
7	1月21日	・柏モデル運用のための多職種連携について
8	3月5日	・柏モデル運用のための多職種連携について

2013年度

回数	開催日	主な議事
1	6月17日	・柏モデル運用のための多職種連携について
2	8月29日	・柏モデル運用のための多職種連携について
3	11月18日	・柏モデル運用のための多職種連携について
4	3月17日	・柏モデル運用のための多職種連携について

を整理して，「在宅医療・介護多職種連携柏モデルガイドブック」作成に向けた検討が行われた．

　このガイドブックの中では，①柏市の在宅医療・介護多職種連携の会議体制，②地域医療拠点の設置と役割，③在宅医療を推進するための体制，④在宅療養に必要な多職種連携のルール，⑤情報共有システム，⑥在宅医療・多職種連携に関する研修，⑦市民啓発の7つのテーマに分けて，柏プロジェクトで検討さ

れてきた内容を網羅的に記載している．各団体によって検討・承認されたこのガイドブックを各団体の手によって所属会員に配付することにより，これまでこうした多職種連携の取り組みに参加していなかった各専門職においても，その意義と具体的方法の理解が浸透していくものと考えられる．

また，2012年6月からは，「顔の見える関係会議」という場を設定している．これは，連携ワーキンググループでは各職能団体の代表者が集まって，様々な検討をしているが，こうした連携をとるには第一線現場のいろいろな人たちのいわゆる顔の見える関係ができないとうまく進まないという課題認識から，実際に，柏市内で働いている多職種の人同士の顔合わせの場を設けるに至ったものである．「顔の見える関係会議」については，次節で詳述する．

(3) 試行ワーキンググループ，評価チームへ

前述の連携ワーキンググループの検討計画について，実際に柏市の中でどのようなシステムでやっていけばよいかを検討するため，主治医―副主治医制度や多職種連携について，具体的な症例に基づいて，情報共有システムを活用しながら，試行を行うこととなった．主治医―副主治医制度については，柏市内で，もともと熱心に在宅医療を行っていた平野清医師（平野医院）を試行の段階では副主治医に固定する形で進めることとなり，2011年11月19日に第1回の「試行ワーキンググループ」がはじまった．当初は，情報共有システムの活用方法と，試行のモデルの全体像について議論を重ね，2012年3月頃からは症例を選び，柏市内の病院に依頼して，実際の症例による試行を開始した．試行症例については，詳細に検証を行わなければならないということから，2012年7月13日から，ワーキンググループの下で「評価チーム」を設け，自己評価をはじめている．これらの取り組みについては，第6章第3節で詳述する．

なお，これまでの述べてきた各種会議については，夜7時から9時までの2時間，会議における報酬などはないことを前提に，参加者の皆さんが熱心に取り組まれた．

(4) 10病院会議の設置について

これまでもみたように，一般の診療所や在宅療養支援診療所等が在宅医療を

行う場合に，患者が急変したときの対応をどうするかということが課題となっており，また，病院から退院して在宅に戻る場合に，どのように連携を図っていくかについて，病院と協議していくため，10病院会議が設置された．10病院というのは，柏市内の大学病院，国立がんセンターと，現在二次救急を担っている8病院を加えた10病院であり，柏市役所の呼びかけで集まってもらい，前述のような課題について協議を進めている．

　この会議は，当初，在宅医療の推進にあたっては病院との連携は不可欠ということで，柏市役所が協議の場の設置を試みて会議を開催したが，病院からの理解があまり得られず，その後，時間が経過していた．あらためて，柏市役所が粘り強く市内10病院の病院長に説明に行き，柏市での在宅医療に関する取り組みの経過について，連携ワーキンググループへ既に病院の地域連携室のメディカルソーシャルワーカー（以下，MSWという）が参加していることを含めて説明するとともに，病院としても，在宅医療側との連携を強化することにより，患者が在宅へスムーズに移行でき，在宅という退院先が確保されれば結果として，病床稼働率の向上にもつながるというメリットを伝えていった．また，病院長が細部の退院の手続きまで把握することは難しいであろうということもあり，連携の責任者としての病院長による意思決定を行う「病院長会議」と，病院の外部との連携を図る役割のMSWという実務者による「MSW会議」の二本立てで開催されることとなる．そして，2012年12月に，これまでの取り組みの共有化と今後の病院と在宅とのより良い関係構築の必要性について，認識を高めてもらうため，10病院会議を開いた．しかしながら，柏市役所としても手探りであり，病院と在宅で具体的にどのような連携が必要なのか明確なイメージを持ち切れずにおり，病院とどのような関係を構築していくのか行政内部でも検討が続けられた．

　時期を同じくして，試行ワーキンググループ・評価チームがはじまり，実際の症例検討を通じて多職種間で気を付けた方が良いことや共有した方が良いことなどをルールの「種」として抽出して，整理していくことを試みている．こうした取り組みを通じて，在宅側の医師や多職種の意見が見えてきて，退院時に，どのような情報が得られれば，在宅で引き受けやすくなるのかなどが明確となり，それを在宅側の意見として病院側に伝えていくということができるよ

うになったのが大きな転換点であった．

　その後，柏プロジェクトが柏市内外で，広く認知され始めているという追い風も受けて，2012年度末から2013年度初頭にかけて，あらためて，柏市として，病院長に説明に回っている．そして，2013年度初頭より，何回かの「MSW会議」で現場レベルの課題を整理し，対応を検討しながら考え方を整理し，会議の事務局を担当した柏市役所が，各病院長に説明に行くという過程を繰り返し，ようやく一定の調整が図られることとなる．

　2013年の6月の会議では，それまでの議論を踏まえて，バックアップ病床としては，カルテを持っている自病院の退院患者について，患者の急変時はその病院が入院を受けるというルールを紡ぎ出すところまで進んだ．さらに，退院時に在宅側にとって必要な情報を伝達するという観点から，「在宅移行時に必要な情報様式」を作成し，合意に至っている．これは，試行ワーキンググループの作業を踏まえながら，実務的に「MSW会議」で話し合い，ある程度まとまった段階で，「病院長会議」にあげて，合意形成を図っているものである．こうした取り組みを通じて，実務レベルから病院長に情報が上がり，だんだんと病院と医師会の開業医をはじめとする地域との間の情報の流れができ始めている．これについては，3年程度の期間を要したが，これも柏市行政の粘り強い橋かけ作業を土台として，医師会が全体で在宅医療に取り組もうと決断したことによるものと思われる．

　医療に関する行政施策は，医療計画を中心として都道府県で実施されているものが多く，市町村が日常的に関わる業務ではなかったことの裏返しとして，病院側でも市町村とそれほど多く接する機会があったわけではないと推察され，協議の場の設置に向けて，柏市役所がそれぞれの病院に説明に回り，一定の理解を得て会議を設置したことは，大変貴重な取り組みであると思われる．

4　多職種間の構造的なギャップを乗り越えるために：顔の見える関係会議（第3段階）

　多職種連携の取り組みの中で，各職種からの意見を聞くと，介護職から医療職に対して「医師がいるだけで緊張してしまう」，「医療用語がよく解らない」，

「先生に対してこちらが意見をしていいのかどうかわからない」といった声がある．他方で，医療職からも，「どのような介護サービスがあるのか知りたい」，「患者さんの家庭内での過ごし方についての情報が欲しい」，「チームとして関わりたいが，どうも医師に遠慮があるようだ」という声が聴かれた．

この背景には，職種ごとに医療行為の制約があり，その制約の裏側には責任があり，職種ごとの専門性が確立しているためである．完成された専門システムは，医療分野に限らず横の連携が難しいといえる．さらに，これが1つの病院や施設といった経営者の理念の下に運営されているのであれば連携を図りやすいが，在宅は病院，診療所，訪問看護事業所，居宅介護支援事業所，訪問介護事業所など，異なる事業主体と専門性の下で経営されており，各業種団体内でさえ協働は難しい現状もあり，職種間ではなおさらである．

しかし患者（利用者）は，これらサービスが一体となって提供されることを期待している．個々のサービスが1つ1つバラバラの状態で連携が取れていないのであれば，おのずと入院や特別養護老人ホームなどの施設への入居を求めざるを得ないのも当然である．在宅医療を含む地域包括ケアの推進にあっては，多職種がそれぞれ持っている構造的なギャップを乗り越えて，シームレスな連携が進むことが求められている．

それではこのような多職種間の相互行為の不調和を埋めるために，どこから始めたらよいのであろうか．まずは職種間で共感を育むことである．相互の不調和の背景には大きく権限，報酬，ルール，コミュニケーションなどの要因が考えられる．まず権限の問題である．職種ごとの固有の権限自体不調和の要因といえるが，権限の裏側には責任が存在しており，急に変更することは難しい．同じく報酬の問題も，権限と責任に裏打ちされたものである．近年では診療報酬・介護報酬において，多職種連携への配慮を見て取ることができるが，それだけで大きな変更を求めることは難しい．そこで可能なことは，まず職種間で連携のルールをつくることである（第6章第2節参照）．各職能団体内で方針を統一できる体制を作り，さらに各職能間で連携ルールを形成することが重要である．しかしながら，この連携ルールづくりをめざすとしても，まずフラットな話し合いをすることが難しいようではルールづくりも進まないし，ましてやルールの普及もしない．医療職に遠慮しながら，介護職に気兼ねをしながらの

関係性の下では，結局はどこかの職種が過度な負担を背負うことになったり，話し合いを繰り返すものの，なかなかルールとしてはまとめられないということが起きやすい．そこで，まず着目すべきなのは，多職種間でのコミュニケーションであり，ルールを作り上げる前の段階として，まずはコミュニケーションの量を増やし，自分以外の他の職種の権限・責任・得手・不得手を理解し，職種間の関係性の構造とチームを形成する各個人が実際を知り合う中で，真の共感を育むことが重要であると考える．

したがって，以上述べてきたような一連の手順に加えて，柏市全域を視野に置いた多職種の多くの人々がコミュニケーションを深める場が必要である．柏プロジェクトの過程で，このことに気づき（第1節(6)参照），2012年6月以降これまで8回にわたり，顔の見える関係会議を行っている．これについては，第5章第2節において詳しく述べる．

5　柏プロジェクトにみる在宅医療推進の構造

(1) 柏プロジェクトの在宅医療推進の構図

在宅医療の現状と課題，政策動向は第3章で述べた通りであり，各地で在宅医療普及の取り組みが展開されているが，柏プロジェクトは在宅医療を推進する上での主要な課題に概ね網羅的に対応するモデル的活動をめざしている（図8）．

本節では，その基本的な構造を概説したい．

第1に，地域のかかりつけの開業医に対する在宅医療の研修事業である．

まず，より多くのかかりつけ医が，積極的に在宅医療に参入しなければ，今後の都市部の急速な高齢化には対応できない．現在の内科系，外科系の開業医は，医局制度の下，病院でかなり多様な症例を経験しており，動機づけの短期間のOn the jobの研修を導入することにより行動変容が可能であり，かつ，それを通して地域の多職種のチームビルディングが可能であることが，国立長寿医療研究センターの大島伸一総長の下で当機構が開発したモデル研修で検証された．この研修プログラムを，市町村レベルでの事業として実施することがかかりつけ医の在宅医療参入にとどまらず重要な意味を持つ．具体的には，柏

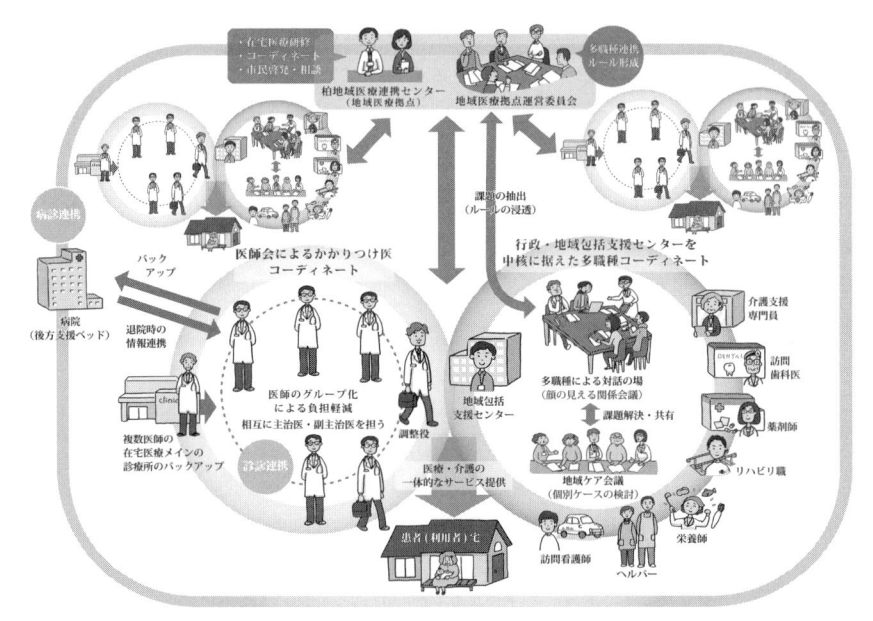

図8 柏プロジェクトにおける在宅医療・在宅ケアシステムのイメージ

市医師会と柏市役所が主催する形で，柏市医師会及び柏市内の多職種関係団体の協力を得てモデル的な在宅医療多職種連携研修を実施している（第5章参照）．

第2に，一人開業を基本とするかかりつけの開業医の在宅医療の負担を合理的に軽減するモデル的なシステムの開発である（第6章第1, 2節参照）．

このためのシステムとしては，長崎Dr.ネットで知られている主治医―副主治医制や千葉県匝瑳市で行われている医師会単位の輪番制などが知られているが，一般的なシステムとしては，普及していない．

一方，24時間対応を基本とする在宅療養支援診療所が導入されたが，複数の医師を擁する在宅医療専門の診療所が乱立してもよいのかということを含めてそのあり方が問われているといえる．誰もが長生きし，最後は心身の虚弱な状況を経て死に至るという時代においては，本来，患者と家族が求めれば，外来診療を行っているかかりつけの医師が，かかりつけの患者に対して在宅医療も担当するのがあるべき姿である．したがって，在宅医療は，かかりつけ医とは別に在宅専門の診療所だけが担当するという形が固定することは好ましくな

い．ましてや，都市の一部地域では，事実上，事業者が在宅医療専門の医師をオペレーションするという問題が生じてきており，地区医師会の下でのかかりつけ医を基本とする健全な地域医療の体制の中で，在宅医療専門の診療所が適切な形で位置づけられるべきと考える．

　したがって，かかりつけ医を中心とする主治医―副主治医制といった合理的なグループ化を基本とした上で，複数の医師の体制を持った在宅医療専門の診療所が難しい症例を担当したり，かかりつけ医の在宅医療のアドバイザーになったり，かかりつけ医のやむを得ない場合のバックアップにまわるといった形でお互いに補完関係に入ることが理想的な形態として考えられる．この場合，地区医師会がその秩序を司るということが必要と考える．超高齢社会においては，在宅医療が，病院医療と併せてシステムとして必要であり，このために，地区医師会の役割が基本的に重要となるのである．何らかの形で，地区医師会が関与する形の診療報酬体系を導入し，主治医―副主治医制等の下でかかりつけ医のグループ化を誘導することも必要であろう．

　柏プロジェクトでは，まず医師会主導で，主治医―副主治医制を基本においたグループ化を確立することをめざしている．さらに最新のモデルとして，今述べたようなかかりつけ医と在宅医療専門の診療所を組み合わせたシステムが可能かどうかも，今後の課題である．最も大切なことは，柏市医師会が，かかりつけ医中心の在宅医療をめざしているということであり，今後のさらなる取り組みの中で，柏プロジェクトが進化していくことを期待している．

　第3に，在宅医療を含む地域包括ケアの連携システムを確立するためのコーディネートの方法のモデル化である（第6章第1，2節参照）．

　現在の介護保険には，ケアマネジメントのシステム（ケアプラン及びケアマネジャー）が導入されているが，医療関係3職種（医師，歯科医師，薬剤師）以外の職種による看護・介護サービスに限定されている．このため，在宅医療を含むサービスの連携についての調整主体や調整システムが制度としては，曖昧なままとなっている．これは，制度上の欠落点であり，そのあるべき姿をモデル的に明らかにする必要がある．

　柏プロジェクトにおいては，医師をはじめとする多職種の代表者の協議組織をおき，モデル的な取り組みを行い，この調整システムを明らかにしようとし

在宅医療を推進するためには，行政（市町村）が事務局となり，医師会をはじめとした関係者と話し合いを進めることが必要
　→システムの構築を推進するために，以下の5つの会議を設置

(1) 医療WG
医師会を中心にWGを構成し，主治医・副主治医制度や病院との関係を議論

(2) 連携WG
医師会，歯科医師会，薬剤師会，病院関係者，看護師，ケアマネジャー，地域包括支援センター等によるWGを構成し，多職種による連携について議論を行う

(3) 試行WG
主治医・副主治医制度や多職種連携について，具体的ケースに基づく，試行と検証を行う

(4) 10病院会議
柏市内の病院による会議を構成し，在宅医療のバックアップや退院調整について議論

(5) 顔の見える関係会議
柏市の全在宅サービス関係者が一堂に会し，連携を強化するための会議

図9　柏市における在宅医療推進の体制

ている．具体的には，在宅医療は医師が取り組まないと始まらず，一方，在宅医療を含む地域包括ケアシステムは，介護保険の体系であり，その調整は，介護保険者の責任である．そこで，介護保険の保険者である柏市役所と地区医師会がまず話し合い(医療ワーキンググループ)，ついでその他の関係職種に働きかけて，協議組織(連携ワーキンググループ)を作り，その下で，モデル的な取り組み(試行ワーキンググループ)を行うという手法をとることとした(図9).

このような作業を行う中で，主治医―副主治医の組み合わせのセット，それと訪問看護など多職種との組み合わせのセットなどをどのように行うかという話し合いがなされた．当初は，地区医師会にその調整組織を置くことも検討されたが，結論として，事業の継続性を含めてその公的な責任を考慮すると，市役所の業務としてこれを位置づけることとされた．そして，これを地域医療拠点とし，①退院患者等在宅医療を必要とするが，在宅医療を担当する医師の決まっていない者に対し，在宅医療を含めた多職種のサービスをコーディネートする機能，②在宅医療及び多職種連携の研修機能，③在宅医療を含む在宅ケア

に関する住民啓発機能などを担うこととされた．この方針は，市役所と医師会が真剣に話し合って決められたものであり，このような意思決定をされた関係者に心から敬意を表したい．奇しくも，この拠点の機能は，国の提案した「在宅医療連携拠点」にも指定されるに至った．

本拠点は，豊四季台団地に移転される三師会(医師会，歯科医師会，薬剤師会)の会館の一角におかれることとなり，その正式発足に向けて，連携ワーキンググループの話し合いと試行ワーキンググループにおけるモデル実践が重ねられ，柏市の在宅医療を含む多職種連携の「在宅医療・介護多職種連携柏モデルガイドブック」作成という作業を以って結実した．

第4に，在宅医療を含む多職種連携を支える情報システムの開発である(第6章第3節参照)．

在宅医療を含む多職種の連携を円滑に行う上で，情報の共有は，不可欠である．とりわけ，在宅医療を担当する医師に関しては，平素のバイタルサインなどの情報は重要だが，大変忙しく，多職種からの情報の受け取りなどにはお互いに困難を伴う．多職種にとっても，様々な情報を共有しつつ，医師がどのような判断をとっているかを知ることができるかどうかは，極めて重要である．そこで，医師を含む多職種の間でICT(Information and Comunication Technology)を通して情報を共有することは不可欠である．この作業はいずれかの民間の企業のICT開発との協力体制が必要であることから，東京大学としては民間公益法人の研究費助成を受けて，そのノウハウを持った特定の企業と共同研究契約を結び，情報共有のフォーマット(情報共有事項やその様式など)の標準化に取り組んだ．

この作業は，医師を含む多職種が実際に情報システムを試行し，評価する必要があることから，柏プロジェクトの試行ワーキングの場を活用している．一方，医師を含む多職種の連携の場において，このようなICTによる情報システムが，互換性のない形で乱立すると，基本的に主治医と主治医の連携システムであるカルテのICTシステムと違い，多職種の情報連携そのものが進まないという致命的な状況が生ずる懸念がある．このため，東京大学の共同研究によるフォーマットだけでなく，現在取り組まれている他のものも含めて，全体のフォーマットの標準化とシステム間の互換性を可能とする情報インフラの整

備が必要であり，柏プロジェクトの枠組みを超えて，このための作業が行われている．

　第5に，在宅医療に関する住民啓発である（第6章第4節参照）．

　在宅医療の背景には，看取りという大きな問題がある．日本においては，急速に病院死亡率が増え，今や，死ぬ場所は病院というのが常識になった観がある．一方において，日本においては早死には大きく減り，老いて死ぬというのが普通になったにもかかわらず，いわば死と戦うことを主眼とする病院で亡くなることだけで幸せなのかということが，社会的に論じられるようになってきている．

　在宅医療は，本人や家族が求めれば，在宅の看取りも行うというのが本来の姿であるが，今の日本人は家で死にたいという願望を持つ者も多い一方，家でなくなるのが怖いといった意識も強い．ましてや，在宅医療という選択肢があることを知らない人も多い．

　このような基本的な課題を地域住民が学ぶ中で，在宅医療が普及していくものと考えられることから，住民啓発が基本的に重要である．このことは，在宅でなければならないという押し付けがましい考え方であってはならない．あくまでも何が幸せかということがスタートポイントであって，ましてや，介護が困難な状況にあってまで求めるものではない．今後，より本格的に普及するには一人暮らしの高齢者に対する24時間対応の本格的な看護介護体制の整備などを待つ必要がある．現在の在宅医療は，それが可能な環境にあるものについてのものである．

　このような前提で，地域住民の意識啓発の手法の開発が極めて重要である．ただ単に，パンフレットを配布するといった手法では，到底，住民の意識が変わるものではない．そこで，柏プロジェクトでは，住民が自らの問題として在宅医療のことを学ぶという手法を開発するとともに，できる限り早く広く啓発が進むにはどのような展開方策が良いかという課題に取り組んでおり，是非これらの手法をマニュアル化し，問題提起することとしている．

(2) 在宅医療施策の推進に向けたプロセスの構造

　柏プロジェクトにおける在宅医療推進の構図と展開の大まかな流れは以上述

べた通りである．ここでは，その展開の流れを参考としながら，在宅医療施策の推進に向けたプロセスの構造について問題提起を試みる．

市町村単位での在宅医療の推進に向けて，キャスティングボードを握っている主体は，実際に訪問診療を行う医師の職能団体である地区医師会と，介護保険制度の保険者として多職種のとりまとめ役となる市町村行政であるといえる．実際の展開の形としては，次のようなパターンが考えられる．

まず第1は，市町村行政として，地域包括ケアシステム構築の必要性を十分認識して推進しようとしている場合である．市役所，地区医師会ともに，高い認識を持っていたということでは，柏市の場合はこのパターンと考えられる．

この場合は，地域包括ケアシステム構築に向けて，「在宅医療」を含めた施策の推進の必要性について，市役所内外で十分な共通認識を持つことが必要になるものと思われる．具体的には，当該市町村保健福祉担当部局内での担当組織を明確化し，地域包括ケアシステムに関係する施策の進捗状況を体系的に整理するとともに，国の施策動向を把握し，入院患者や在宅療養患者の現状把握や推計などを通じた地域医療の将来予測を行い，方向性を示して，市町村行政内部の全庁的な理解を得ることが必要と考えられる．その上で，地区医師会へそれらの状況認識を示し，協力の要請を行うことが必要と考えられる．

もちろん地区医師会としても，柏市の場合のように積極的に取り組みたいという意向であれば，スムーズに推進できるものと考えられるが，必ずしもそうでない場合は，地区医師会の多くの会員が集まる場での行政側からの率直な説明は有効であると考える．これらの過程の中で，外部の有識者等を活用するということも考えられる．

第2に，地区医師会や，地区医師会内の有志のグループが在宅医療を地区医師会のシステムとして推進したいと考えている場合である．地区医師会が先導したパターンとしては，例えば，釜石市（岩手県）での取り組みなどがあげられる．

この際には，第一義的には，市町村行政に対して，働きかけることが想起されるが，第1の場合と同様の作業を行って認識の共有化を図ることが必要であり，それに向けて，医師会が主導し，市町村が事務局役となって，地域の実情の把握や共有化に向けた多職種関係団体も含めた話し合いの場の設定が発射台

になるものと思われる．この場合，地区医師会と市町村が共催する形で医師を含む多職種連携の研修をまず試みる方法は有意義であると考える．

第3に，地区医師会，市町村行政ともに，在宅医療の推進に向けて認識が高まっていないという場合である．

当事者の認識が高まることが必要であり，少し時間を設けて認識の高まりを待つということも考えられるが，国が在宅医療推進の方針を示しているので，広域調整の観点から都道府県行政が市町村や地区医師会へ上記のような取り組みを促すことも必要であると思われる．地区医師会は在宅医療の重要性を十分認識していたので，この場合に当てはまらないが，当初より広域調整の観点から都道府県が積極的に支援を行ってきた取り組みとして，福井県庁の坂井地区（坂井市，あわら市）に向けての取り組みなどがあげられる（各在宅医療連携拠点等の取り組み状況は，第6章第1節で詳述する）．

このようにいろいろな経過を経て，実際の取り組みがはじまることになるが，その検討の過程では，概ね次のような流れを辿ることが考えられる．

まず「STEP 0」として，「自治体内での検討体制づくり」を行うことが考えられる．医療に関する行政事務は，都道府県の担当という認識が強い現状の中では，担当部署が決まらないケースも多く，当面の検討体制を構築していくことが，まず必要と考えられる．柏プロジェクトにおいては，柏市保健福祉部内に介護保険制度における企画機能を持った「福祉政策室」が整備されている．

次に「STEP 1」として，当然であるが，「地区医師会と市町村行政との話し合い」の場を設けることが必要となる．この際に，柏プロジェクトにおいては「医療ワーキンググループ」という会議体を設置しているが，「STEP 2」の事前の打ち合わせのような形で行われるケースも考えられる．

地区医師会と市町村行政との基本認識のすり合わせを行った後に「STEP 2」として，「各職能団体の代表の意見交換と意思決定の場づくり」として，いわゆる在宅医療推進協議会が設置されることとなる．柏プロジェクトにおいては，「連携ワーキンググループ」として，多職種連携のルールづくり等の施策合意の場として，設置されている．

各職能団体の代表の間に，その後の取り組み方策を共有したのちには「STEP 3」として，「幅広い従事者による課題共有，多職種連携研修」等を行

【在宅医療施策推進に向けた地域の現状把握】
①市町村行政として，地域包括ケアシステム構築の必要性を十分認識して推進しようとしている場合
　⇒「在宅医療」を含めた施策の推進についての必要性の認識を高める必要性がある
　　→医療・介護をはじめとした地域資源を把握する
　　→地域包括ケアシステムに関係する施策の進捗状況について，体系的に整理する
　　→入院患者や在宅療養患者の推計等による地域医療の将来予測や国の施策動向についての理解を高める
　　⇒全庁的な理解を得ながら，地区医師会への働きかけを行う。必要に応じて，外部有識者を活用
②地区医師会（または地区医師会内の有志のグループ）として在宅医療をシステムとして推進したい場合
　⇒市町村行政に，地域の実情の把握や共有化に向けた多職種の話し合いの場の設定を求める
③市町村行政，地区医師会ともに，施策推進の必要性についての認識が高まっていない場合
　⇒広域調整の観点から都道府県が市町村や地区医師会へ国の方針を踏まえて上記の現状把握等を通じて，施策推進の必要性の認識を高めてもらえるように働きかける

検討の流れ	柏プロジェクト推進の流れ
STEP0　自治体内で検討体制づくり	柏市保健福祉部内に，介護保険制度における企画機能を持った「福祉政策室」を整備
STEP1　地区医師会と市町村行政との話し合い	医師との合意形成を図るため，「医療WG」という会議体を設置
STEP2　各職能の代表の意見交換と意思決定の場づくり	多職種との連携が不可欠であり，各職能の代表による「連携WG」を設置し，連携の施策合意の場とした
STEP3　幅広い従事者による課題共有，多職種連携研修	・幅広い課題共有を図るため「顔の見える関係会議」を定例的に開催 ・具体的に連携を進めるための動機づけとして，「多職種連携研修」を実施

図10　在宅医療施策の推進に向けたプロセスの構造化

在宅医療推進プロセスの構造イメージ

(1)かかりつけ医コーディネート
(2)多職種コーディネート
(3)市民啓発を通じたインフォーマルケア推進

(1)かかりつけ医コーディネート機能

在宅医が少ない	動機づけのための在宅医療研修
	同行訪問研修
在宅医の負担が大きい	在宅医のグループ化（在宅メイン診療所との連携手法を含む）
病院との連携に課題	市町村を事務局とする医師会と病院との連携会議
患者と在宅医がつながらない	在宅医のコーディネート

(2)多職種コーディネート機能

多職種間での連携に課題	在宅医療推進協議会（意思決定の場）
	顔の見える関係会議（初動期）
	地域ケア会議（症例検討の場）
多職種間での情報交換が非効率	多職種連携におけるルール形成
	フェイスシートの多職種での合意
	ICTの活用（情報システム）
利用者と在宅ケアがつながらない	在宅医連携拠点（相談窓口）
	地域包括支援センターとの役割分担

(3)市民啓発を通じたインフォーマルケア推進

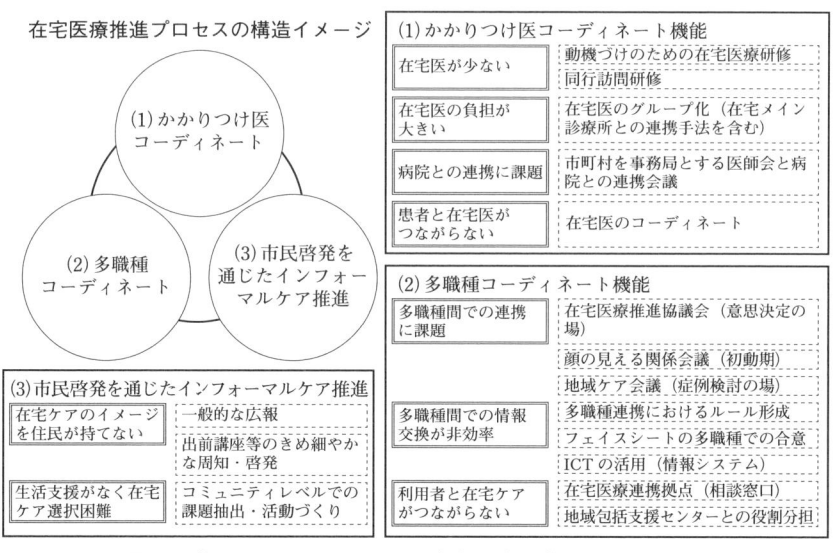

在宅ケアのイメージを住民が持てない	一般的な広報
	出前講座等のきめ細やかな周知・啓発
生活支援がなく在宅ケア選択困難	コミュニティレベルでの課題抽出・活動づくり

図11　柏プロジェクトからみる在宅医療推進プロセスの構造
（課題に応じたプロジェクトの推進）

っていくことが必要である．柏プロジェクトにおいては，医師の動機付けと多職種のチームビルディングのための多職種連携研修に当初に関わった医師の方々が，その後のプロジェクトの推進に活躍しており，この多職種連携研修の実施がかなりの効果をあげているものと思われる．また，柏市では幅広い従事者による課題共有の場として，「顔の見える関係会議」を定例的に開催し，従事者同士が顔の見える関係を構築するとともに，柏プロジェクトにおける取り組み内容について広く共有が図られている．

在宅医療推進に向けた初動期のプロセスとしては，上記のような構造と考えられる(図10)．

(3) 課題に応じたプロジェクトの推進

前述のように，在宅医療推進に向けて端緒についた後に，どのように課題を整理し，プロジェクトを進めるかが，次の展開として重要となる．そこで，柏プロジェクトにおける取り組みのイメージ図(図8参照)も念頭に置きながら，①かかりつけ医コーディネート，②多職種コーディネート，それに加えて，住民への働きかけとして，③市民啓発を通じたインフォーマルケア(地域における見守りや助け合いなどの活動)の推進(第6章第4節参照)に分けて課題と取り組みを整理したのが，図11である．

図10，図11のように，それぞれの地域の実情に応じて，現状を分析し，広く課題を共有し，それに対応したプロジェクトを進めていくことが，在宅医療を含めた地域包括ケアシステムの構築に向けて重要と考えられる．

第5章
多職種連携の土台づくり
2つの取り組み

1　多職種連携研修

　在宅医療を含む地域包括ケアシステムの土台は，医師を含む多職種の連携であるといえる．わが国の専門職は，大きく分けて医療系の法制度，福祉系の法制度，介護保険系の法制度といったように異なる沿革と体系を持って位置づけられてきたことから，地域包括ケアという日常生活圏単位での在宅ケアを基本として職種間の連携を確立するというのは，新しい試みといってよい．柏プロジェクトにおいては，これまで述べたようにいわば手探りでそのあり方を模索してきた．ここでは，あらためて本節の「多職種連携研修」と第2節の「顔の見える関係会議」の2つの取り組みを多職種連携の土台づくりとして紹介したい．

(1) 構想段階
①着想

　千葉県地域医療再生計画の一環として，当初より柏プロジェクトにおいては，在宅医療従事者を対象とした研修プログラムの開発を構想していた．研修プログラム開発にあたっての基本的構図としては，国立長寿医療研究センターの大島伸一総長が主催する在宅医療推進会議研修部会の報告書や全国在宅療養支援診療所連絡会の関係者等在宅医療に取り組んでいる方々からの聞き取りなどを踏まえ，研修プログラムの構造的な概念として次の5点を念頭に置いていた．
　まず，①在宅医療の推進にあたり，在宅医療に従事するかかりつけの医師数の確保が優先課題であると判断し，主として地域の開業医を対象としたものを考えた．次に，②医師については実習を含むプログラムが効果的であると考え

たことから，同行訪問による実習を含むものを想定した．さらに，③多職種連携を促すコンテンツが必要という視点から，多職種連携のためのプログラムを含むものとし，④現場への応用可能性の高い実践的な内容とするため，在宅医療の現場の第一線の従事者が講師を務めるものを想定した．最後に，⑤これまでの医局制度のもとで養成された日本の開業医は，元来在宅医療に取り組む基本的な知識・技術を習得しているか，あるいは自己学習によりそれらを習得する素養を持ち合わせているという前提に立脚し，「適切な動機付けさえ付与できれば在宅医療に取り組むことができる」との仮説を設定したため，知識・技術の習得以上に「動機付け」に主眼を置いたものとすることとした．

なお，当初は在宅医療に取り組む医師の養成に主眼があり，後述する「概ね市町村程度の範囲を開催の単位とする」，「地区医師会や市町村行政を運営の中心に据える」等の「地域の多職種連携の機運づくり（チームビルディング）」という効果を企図するような考え方はそれほど自覚されていなかった．このような効果は，実際の研修会開催を通じて認識され，市町村を単位とする地域包括ケア政策の潮流とも相まって，最終的には本研修プログラムの基本的な構図の1つとして追加，強調されていったものである．

②開発体制

研修プログラムの開発は，本機構に設置された在宅医療研修プログラム作成小委員会（以下，小委員会という）と多職種連携研修プログラム作成委員会（以下，多職種委員会という）において中心的に行われた．小委員会は，2010年7月以降，概ね月1回程度の頻度で開催され，研修の目的を実現するために必要なプログラム構成の企画や普及戦略の策定を主として担当した．多職種委員会は，多職種連携の促進を主眼に置いた教材の作成を分担し，領域別のサブワーキンググループを設けつつ，概ね半年に1回程度の頻度で開催された．両委員会のメンバーは表1の通りである．

また，上記2委員会に加え，千葉県全県レベル及び全国レベルの識者による「在宅医療研修プログラム開発委員会」を組織し，開発されたプログラムに対して幅広い視点から意見を得る機会を設けた（表2）．同委員会は2011年3月に1回開催されたのみであったが，その後も国立長寿医療研究センターの大島伸一総長や土橋正彦千葉県医師会副会長をはじめとする中心的メンバーには研

表1 研修プログラムの開発体制

(1) 在宅医療研修プログラム作成小委員会メンバー
　　飯島　勝矢(東京大学高齢社会総合研究機構准教授)
　　大西　弘高(東京大学大学院医学系研究科医学教育国際研究センター講師)
　　川越　正平(あおぞら診療所院長)
　　辻　　哲夫(東京大学高齢社会総合研究機構特任教授)
　　平原佐斗司(東京ふれあい医療生協梶原診療所在宅サポートセンター長)
　　藤田　伸輔(千葉大学医学部附属病院地域医療連携部診療教授)
　　西永　正典(-2011年8月まで．前東京大学高齢社会総合研究機構特任准教授)

(2) 多職種連携研修プログラム作成委員会メンバー
　　安西　順子(宅老所・デイサービスひぐらしの家／となりんち代表)
　　飯島　勝矢(東京大学高齢社会総合研究機構准教授)
　　一戸由美子(河北総合病院家庭療療学センター長)
　　苛原　　実(いらはら診療所理事長)
　　大石　善也(大石歯科医院院長)
　　小野沢　滋(北里大学病院患者支援センター部副部長)
　　川越　正平(あおぞら診療所院長)
　　木村　琢磨(北里大学医学部総合診療医学診療准教授)
　　鈴木　　央(鈴木内科医院副院長)
　　田中　弥生(駒沢女子大学人間健康学部健康栄養学科准教授)
　　辻　　哲夫(東京大学高齢社会総合研究機構特任教授)
　　戸原　　玄(東京医科歯科大学大学院医歯学総合研究科准教授)
　　沼田　美幸(日本看護協会政策企画部)
　　野原　幹司(大阪大学歯学部附属病院顎口腔機能治療部助教)
　　平原佐斗司(東京ふれあい医療生協梶原診療所在宅サポートセンター長)
　　藤田　伸輔(千葉大学医学部附属病院地域医療連携部診療教授)
　　堀田富士子(東京都リハビリテーション病院地域リハビリテーション科科長)
　　山口　朱見(あおぞら診療所)
　　西永　正典(-2011年8月まで．前東京大学高齢社会総合研究機構特任准教授)

修会への参加を依頼するなどして，個別に頂戴した意見をプログラムに反映させている．

　③開発の系譜(主なもの)

　研修プログラム開発の経過は，本章を通読いただくことによって把握可能であるが，表3に主だった経過を示す．

(2) 試行段階：柏在宅医療研修試行プログラム

　前項の経緯により開発されたのが，試行的な研修プログラムとしての「柏在宅医療研修試行プログラム」(以下，試行プログラムという)である．2011年

表2 在宅医療研修プログラム開発委員会(2011年1月開催)メンバー

- 秋下　雅弘(東京大学大学院医学系研究科准教授)
- 浮谷　得子(千葉県歯科医師会広報調査委員会幹事)
- 大石　善也(柏市歯科医師会)
- ○大島　伸一(国立長寿医療研究センター総長)
- 小田　文子(千葉県薬剤師会柏支部理事)
- 金江　清(柏市医師会会長)
- 川越　正平(あおぞら診療所院長)
- 木村　清一(柏市保健福祉部部長)
- 小林　弘幸(柏市介護支援専門員協議会理事)
- 権平くみ子(千葉県訪問看護ステーション連絡協議会会長)
- 真貝　和江(柏市訪問看護連絡会会長)
- 高林克日己(千葉大学医学部附属病院教授)
- 辻　哲夫(東京大学高齢社会総合研究機構教授)
- 土橋　正彦(千葉県医師会副会長)
- 長瀬　慈村(柏市医師会副会長)
- 西永　正典(東京大学高齢社会総合研究機構特任准教授)
- 平野　清(柏市医師会理事)
- 牧野　道男(千葉県介護支援専門員協議会副理事長)
- 眞鍋　知史(千葉県薬剤師会副会長)
- 山崎晋一朗(千葉県健康福祉部健康づくり支援課課長)

注:所属・職名は当時のもの，○:委員長．

5–10月にかけて開催された．

①受講対象

　試行プログラムの受講対象は，柏市医師会の推薦による現役開業医6名と，他の関係団体の推薦等により選定された多職種24名，計30名である．なお，ここでいう「多職種」には，歯科医師，薬剤師，訪問看護師，介護支援専門員，病院退院調整部局スタッフが含まれる．多職種によるグループワークを設けたことから，いずれも概ね同数ずつとなるよう，各職種の人数バランスに配慮した．

②特徴

　以上のような流れで行われる本試行プログラムの特徴を表4に示す．研修内容のみならず，受講者の選定方法にまで言及している意図は，例えば「③同一市町村内の多職種を受講対象としたこと」については，研修受講後の実際の多職種連携への連続性を担保すること，「②受講者を地区医師会等の地域の関係団体から推薦してもらったこと」については，特定個人や法人を超えた地域という単位で，研修受講という経験と知識を伝播させることのできる立場(すな

表3 研修プログラム開発の系譜

年	月	内容
2010	5	国立長寿医療研究センター大島伸一総長とプログラム開発構想について事前打ち合わせ
	7	在宅医療研修プログラム作成小委員会を組織
	12	多職種連携研修プログラム作成委員会を組織
2011	1	在宅医療研修プログラム開発委員会を開催
	5	柏市第1回(試行プログラム)開催
2012	3	柏市第2回(動機付けコース)開催
	5	柏市指導者養成研修開催
	8	(株)ケアネット動画配信サイトにて柏市第2回(動機付けコース)の研修映像を無料配信開始
	10	平成24年度多職種協働による在宅チーム医療を担う人材育成事業 都道府県リーダー研修(国立長寿医療研究センター主催)にて傍聴案内を配布
	12	「在宅医療推進のための地域における多職種連携研修会」プログラム完成
	12	松戸市第1回開催(全国からの傍聴を受け入れ)
	12	大田区大森地区第1回開催
2013	1	柏市第3回開催(全国からの傍聴を受け入れ)
	3	「在宅医療推進のための地域における多職種連携研修会」ホームページ開設(http://www.iog.u-tokyo.ac.jp/kensyu/)：研修資料，司会進行読み上げ原稿などを他地域で活用できるように掲載
	6	柏市第4回開催
	10	「在宅医療推進のための地域における多職種連携研修会」研修運営ガイド(国立長寿医療研究センターとの共同名義)の作成
	10	平成25年度多職種協働による在宅チーム医療を担う人材育成事業 在宅医療・介護連携推進事業研究会(国立長寿医療研究センター主催)にて研修運営ガイドを配布
	11	厚生労働省ホームページにて研修運営ガイドのリンク掲示
	12	研修運営ガイドの共同名義に日本医師会，厚生労働省を追加
―現在		ホームページを通じて，研修開催を計画している各地域からの相談・問い合わせに対応

わち地域の関係団体)を介することにより，当該地域における研修の実施効果ができる限り地域全体に波及効果を発揮することを期待したこと(各個人・法人が個々の判断だけで研修を受講したのでは，研修修了者がその後地域においてどのような役割を果たしていくかといった視点まで至らない)にある．すなわち，職種や立場を超えて，在宅医療の充実のために「地域の従事者が一丸となる」ことを促す仕掛けが埋め込まれている．この考え方は，柏市というまとまりで実施したいという柏市医師会等，柏プロジェクト関係者の意見が原点となって見出されたものである．

③**構成**

図1にプログラムの構成を示す．延べ8.0日(開業医以外は3.5日)の研修を

表4 開発された試行プログラムの特徴

	特　徴	設定の意図
構造	①郡市医師会と市町村行政が連携して研修会運営の中心を担う	・郡市医師会は地域の医療を面的に支える上で必須の存在(各医療機関をつなげる存在)であるため ・市町村行政は地域包括ケアシステムの構築を担う介護保険の保険者であるため ・上記二者が連携することにより、「医療」を含む真の地域包括ケアシステムが形成されるため
	②受講者は原則地域の関係職種団体の推薦を経てリクルートする	・団体を介在させることにより、個人の意識を育てるのみならず、団体の意識を育てることにもつながり、地域の医療・介護を面的に支えることができるため
	③原則として同一郡市内の多職種を受講対象とする	・郡市程度の範囲で開催することにより、地域のチームビルディングに寄与し、受講後の実際の連携につながるため
内容	④医師(現役の開業医)が実習に赴く ⑤研修中にグループごとの多職種による議論の場が意図的に埋め込まれている	・他の医師の臨床場面に同行することは現役開業医にとっては稀有な機会であり、教育効果が高いと見込まれるため ・開業医が在宅医療に取り組むにあたり「地域には頼りになる多職種がいる」という意識を与えることができるため(なお、この効果を最大化するためには、特に訪問看護師とケアマネジャーについてはある程度熟達した者を受講者とすることが望ましい)

約5カ月の期間で受講する構成となっている．当初かなり長期の本格的な研修を行い確実な効果をめざし，次にそれをどの程度まで短縮するかを検討するという手順を念頭に置いたものだった．

受講者はまず，最初の1.5日の集中オリエンテーションにおいて，在宅医療が必要とされる社会的背景等について課題意識を共有した後，在宅医療に必要な知識をコンパクトな講義の連続により集中的に学習するとともに，グループワーク等を通じてともに学ぶ他の受講者との顔の見える関係づくりを行った(図2)．1.5日の最後には，約5カ月間の研修におけるそれぞれの目標を設定した．

その後，月平均2回×4カ月間の在宅実地研修(1回あたり3-4時間，開業医のみが対象)と，月平均1回×4カ月間の多職種連携研修(1回あたり3-4時間，全職種が対象)が並行して継続された．在宅実地研修では，がん，認知症，神経難病，小児など多様な疾患をもつ患者への訪問診療同行を1回あたり平均5-6症例経験するとともに，回によっては受講者の希望に応じ，訪問看護，緩和ケア病棟回診，介護保険のサービス担当者会議等への同行も行われた．いず

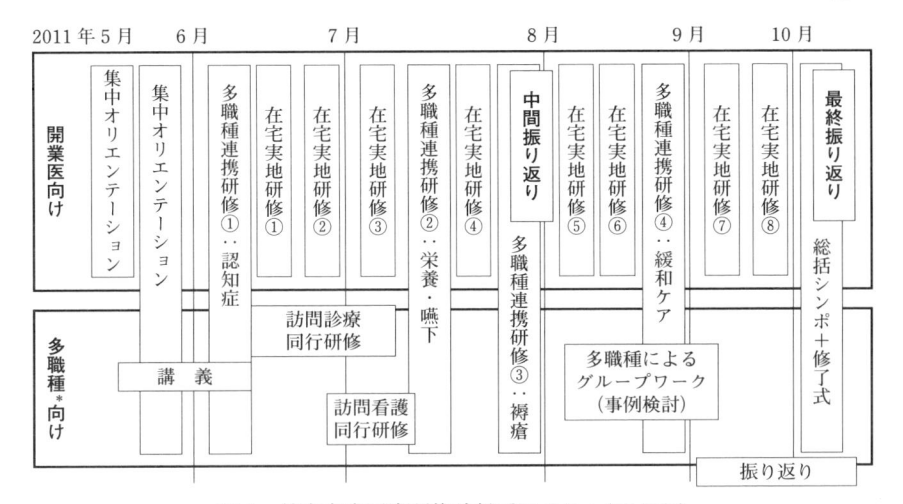

図1 柏市在宅医療研修試行プログラム（8.0日版）

注＊：歯科医師，薬剤師，訪問看護師，介護支援専門職員，病院退院調整部局スタッフ．

2011年5月21-22日

○目標
1．プログラムの目標設定：コンピテンシーの議論を通じて，めざすべき在宅医像を明らかにし，プログラムでの目標を設定する
2．集中的知識学習：研修のプログラムの学習効率を高めるため，基本的な事項について集中レクチャーを行う
3．チームビルディング：研修を共にする医師およびコメディカルとのチーム形成を図る

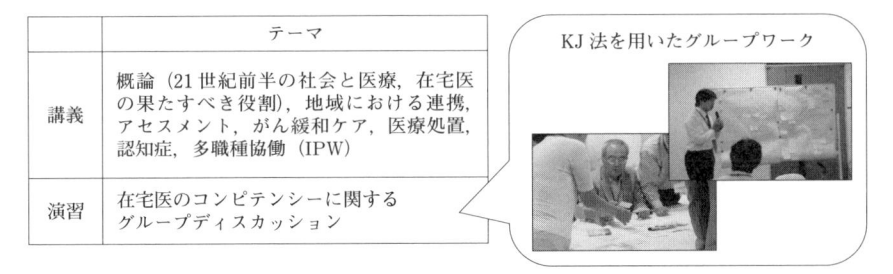

	テーマ
講義	概論（21世紀前半の社会と医療，在宅医の果たすべき役割），地域における連携，アセスメント，がん緩和ケア，医療処置，認知症，多職種協働（IPW）
演習	在宅医のコンピテンシーに関するグループディスカッション

KJ法を用いたグループワーク

図2 集中オリエンテーションの概要

2011年 6-9 月

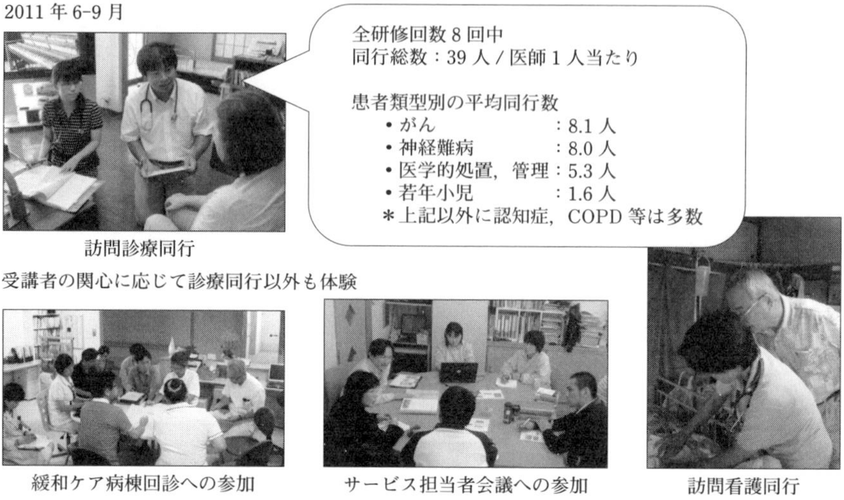

全研修回数 8 回中
同行総数：39 人／医師 1 人当たり

患者類型別の平均同行数
・がん　　　　　　：8.1 人
・神経難病　　　　：8.0 人
・医学的処置，管理：5.3 人
・若年小児　　　　：1.6 人
＊上記以外に認知症，COPD 等は多数

訪問診療同行

受講者の関心に応じて診療同行以外も体験

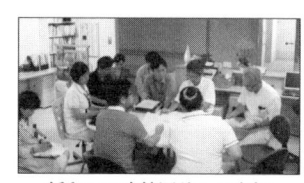

緩和ケア病棟回診への参加　　　サービス担当者会議への参加　　　訪問看護同行

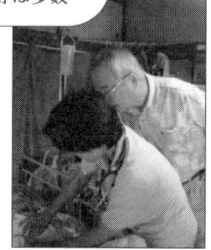

図 3　在宅実地研修の概要

れの場合にも，同行後には所定の様式による振り返りの時間が設けられ，当日の学びを自覚・蓄積できる構造とした．また，これに加え，全 5 カ月間の中間地点と最終日には，開業医の受講者のみを対象とした振り返りの時間が設けられ，在宅実地研修で経験した内容を相互に共有するとともに，各受講者が地域に臨む態度等について語り合う時間を設けるなど，少数による濃密な議論の場を設定した(図 3)．

　中間・最終の振り返りにおける受講医師からの意見・感想の主なものは，①「学んだこと」として，「在宅診療と外来診療との差．家族を含めてのサポート体制，相互関係を確立させてゆくことの難しさ．また，歯科，訪問看護，薬局との関係，ケアマネジャーの重要性」，「在宅医療の量，質ともにかなり幅が広がっている．従来の往診とはかなり変化している」，「在宅診療では外来診療とは異なる診療スタイルを要求される．これから起こりうることを，在宅では外来で話す以上に説明している印象を受けた」といった感想があった．

　②「今後の展望」としては，「現在，訪問診療を必要としている人たちの手伝いが出来るようにしたい」，「在宅研修システムをより効果的に発展し，柏市医師会に在宅医療を広げていきたい」，「昼休みの往診件数を，無理のない程度に増やしながら，外来＋往診の診療形態にシフトしたい」といった意見があった．

2011年6月4日／7月9日／7月23日／8月27日

①認知症	
テーマ	
講義	BPSD，薬物療法，成年後見 終末期の意思決定支援
演習	症例検討1：昼夜逆転 症例検討2：認知症終末期

②栄養・嚥下	
テーマ	
講義	栄養管理の基礎，嚥下評価
演習	症例検討：低栄養 実習1：身体計測 実習2：水のみ＆フードテスト

③褥瘡	
テーマ	
講義	褥瘡のケア
演習	グループワーク：褥瘡ケアにおける自職種・他職種の役割 実習：体圧測定，ポジショニング

④緩和ケア	
テーマ	
講義	オピオイドローテーション，終末期の輸液，看取り期の薬物療法・家族対応，他
演習	症例検討1-4：導入－看取りまで

図4　多職種連携研修の概要

多職種連携研修では，在宅において多職種による連携協働が必要とされる典型的な内容として，「認知症」，「栄養・嚥下」，「褥瘡」，「緩和ケア」という4つのテーマを設定した．いずれのテーマにおいても，必ず講義とグループワークの双方を内包する構造とし，受講者間の能動的な議論を促した．模擬症例を用いた事例検討が多用され，各職種の役割が明示されやすいよう症例の設定が工夫された（図4）．

そして，約5カ月の研修を総括する意味で，最終日に総括シンポジウムと修了式を設けた．各職種の代表者が，それぞれの立場から地域に臨む態度等について，所信表明とも言える発表を行い，全ての受講者がその内容を共有した．

④実地研修受け入れ機関からのコメント

当初の研修プログラム開発の構造的な概念として「知識・技術の習得以上に「動機付け」に主眼を置いたもの」とあるにもかかわらず，現役開業医が5カ月間のうちに計8.0日を研修受講に割く負荷の大きい構成になっている理由は，先に述べたように，本プログラムが「試行」のためのものであり，評価を受けてブラッシュアップされる前提で開催されたことから，最終的な着地点に比してボリュームを多めに設定したという経緯がある．

一般開業医が同行研修に参加することの意義について，受け入れ機関の立場からあおぞら診療所の川越正平医師より次のようなコメントが寄せられている．

　受講医師は在宅医療の経験は乏しくても，すでに開設者の立場で診療責任を果たしている確固とした開業医であり，通常の診療については新たに学ばなければならないことが山積しているというようなことはない．しかし，在宅医療に従事するにあたっては，担当する診療の範囲が全科診療的になる可能性があること，通常なら専門診療科の受診にゆだねるような状況であっても，通院が困難であるがゆえにある程度の範囲まで在宅医療の主治医として自ら対応しなければならない場面もありうる点が異なると言える．

　そういう意味でも，この同行研修を通じて，がん，認知症，神経難病，若年障害の患者など，通常の外来診療ではあまり担当することのない疾患群の患者について，在宅診療に同行する形で診療現場に直に触れることは開業医にとって貴重な機会となる．そして，外来診療とはやや勝手が異なるものの，在宅医療の場でも身体診察や問診に大きな違いはないことを確認することができることは，受講医師にとって安心感につながる．

　一方で，生活動線や家屋構造についてのアセスメントが大きな意味を持つこと，家庭ごとに生活背景や受療に対しての考え方に大きな違いが存在する現実，そして患者だけでなく家族が診療方針や療養生活のあり方に深く関与することなどを垣間見ることによって，人の生きざまや在宅での暮らしを支えるための医療のあり方や家族関係に触れることになる．なお，この実地研修を経験した医師たちは，生活面を深く考慮する視点や家族丸ごとをその対象と捉える医療のあり方などが，自身の外来診療のスタンスにも少なからず好影響を及ぼしていると異口同音に強調していることを特筆しておきたい．

　言うまでもなく，開業医の在宅医療への取り組みについて，この研修が大きな効果をもたらしたことは数多くの受講者の実感として語られ，さらに在宅医療の診療実績や在宅看取り数の増加という点でも現実のものとなっている．この在宅実地研修の意義を周知するために，国立長寿医療センターの企画のもと，全国汎用化に向けてその実際の場面を収録した映像教

材が企画され，その製作を2012年に当院が担当した．この映像教材「在宅医療の風」を当院ホームページ上で一般公開している．閲覧はもとより，研修会等での活用も可能である（URL：http://aozora-clinic.or.jp/）．

　受講医師には在宅実地研修に加えて，他職種同行研修も推奨している．具体的には，訪問看護同行，介護支援専門員同行，緩和ケア病棟回診，サービス担当者会議，退院時共同指導への同席の中から受講者の希望を踏まえ調整する．多職種協働の意義を理解するためにこの他職種同行研修が重要な意味を持つことを強調しておきたい．

⑤受講者の声

試行プログラム開催後，6名の開業医に対しては個別にインタビューを実施し，それ以外の24名の多職種に対しては研修最終日にグループインタビューを実施した．その結果，各職種・立場から多様な意見が寄せられ，次項で述べる短縮版プログラムの開発の根拠となった．

(3) 短縮版の開発：動機付けコース

試行プログラムの評価を受けて開発されたのが，その短縮版である「在宅医療総合研修プログラム　動機付けコース」（以下，動機付けコースという）である．2012年3-4月にかけて開催された．

①受講対象

動機付けコースの受講対象は，基本的に試行プログラムと同一である．ただし，試行に比べると本格実施の色彩が強いため，受講者数を増やした場合にどのような運営上の変化が生じるか試す意味も込めて，定員を2倍に増員した．具体的には，開業医8名，病院医師3名，多職種49名，計60名である．

②開発

前項の「受講者の声」に示した受講者からの評価をもとに，小委員会で議論を重ね，さらに在宅医療研修プログラム開発委員会委員の意見を得て，試行プログラムを改変した．変更点の概要は表5に示した通りである．延べ日数を8.0日から2.5日（開業医以外は3.5日から1.5日）に圧縮したのが最たる変更点である．この大幅な短縮は，次項で主に解説する「汎用化」を見越し，他地域でも開催ができるよう，全体のボリュームを抑える配慮をしたというのが主な

表5　受講者からの評価に基づく研修プログラムの変更点

	柏在宅医療研修試行プログラム	更新版の短期研修プログラム
期間	約5カ月間	約1カ月間
講義・グループワーク日数	計3.5日	計1.5日
(再掲)うち多職種連携グループワーク	90分×4回	80分×2回
新規追加の講義		実務・報酬・制度
実地研修日数(訪問診療同行)	0.5日×約6回	0.5日×1回
実地研修日数(他職種同行)	0.5日×約2回	0.5日×1回

理由である．この場合，本研修プログラムの肝とも言える「在宅実地研修」，「多職種によるグループワーク」という2点は確実に残すこととし，前者の実地研修は回数を8回から2回に圧縮し，後者の多職種研修は，テーマを在宅医療の臨床で遭遇する場面の多い「認知症」と「がん緩和ケア」の2つに絞ることとした．

また，現役開業医にとっては，在宅医療に取り組むにあたり，診療報酬や制度を知ることは必須であるという意見が複数寄せられたため，唯一「実務・報酬・制度」に関するコンパクトな講義を追加した．

③構成

前述の変更を経て作成された動機付けコースの構成を表6に示す．試行プログラムに比べ，表6のように知識・技術の習得以上に『動機付け』に主眼を置いたことを強調したものとなったことが，「動機付けコース」の名称の由来である．

なお当時，小委員会では，徐々に「汎用化」，すなわちこの取り組みを他地域に広げていく可能性を模索し始めていたため，この動機付けコースの講師・指導者を養成することを目的とした1.0日間の「在宅医療総合研修プログラム　動機付けコース　指導者養成研修」（以下，「指導者養成研修」という）を，動機付けコースの開催1カ月後に開催した．この指導者養成研修については，目的や受講対象が動機付けコース本体とは全く異なるため，次に記載する．

(4) 指導者養成研修の開催

動機付けコースないしそれに類する研修会を他地域でも開催してもらい，プログラムを汎用的に活用してもらうことを目的として，動機付けコースの講

表6 動機付けコースの構成

1日目:2012年3月25日(日)9:30-18:00(開場9:00)

時刻	タイトル	主な講師	分類	時間
9:30	開会の挨拶	―	他	10分
9:40	在宅医療が果たすべき役割	辻　哲夫	講義	30分
10:10	在宅医療の導入	川越　正平	講義	20分
10:30	休憩			10分
10:40	がん疼痛緩和に必要な知識	川越　正平	講義	40分
11:20	事例検討:がんの症状緩和と多職種による在宅療養支援(前半)	川越　正平	演習	60分
12:20	昼食			60分
13:20	事例検討:がんの症状緩和と多職種による在宅療養支援(後半)	川越　正平	演習	60分
14:20	認知症の基本的理解とマネジメント	平原佐斗司	講義	40分
15:00	休憩			20分
15:20	事例検討:認知症患者のBPSDへの対応と意思決定支援	平原佐斗司	演習	120分
17:20	在宅医が知っておくべき報酬や制度	川越　正平	講義	20分
18:00	(終了)			

2日目:2012年4月22日(日)14:15-18:30(開場14:00)

時刻	タイトル	主な講師	分類	時間
14:15	挨拶	―	他	5分
14:20	在宅ケアにおいて何故IPW(専門職連携協働)が必要なのか?	平原佐斗司	講義	20分
14:40	在宅療養を支える医療・介護資源	川越　正平	講義	15分
14:55	グループ討論1:在宅医療への期待(同職種)	川越　正平	演習	45分
15:40	休憩			10分
15:50	グループ討論2:地域で求められる在宅医療とは(多職種)		演習	75分
17:05	目標設定:在宅医療実践に向けて	平原佐斗司	演習	15分
17:20	目標発表と総括		他	40分
18:00	修了証書授与	―	他	20分
18:20	来賓挨拶	―	他	10分
18:30	閉会の辞	辻　哲夫	他	10分
	(終了)※有志による懇談会			

師・指導者を養成することを目的とした指導者養成研修を開催した．受講対象は事前に千葉県医師会等と相談した結果，柏市を擁する二次医療圏である東葛北部保健医療圏の地区医師会在宅医療担当理事，ならびに同圏域にて在宅医療に積極的に取り組んでいる開業医等とした．当日は，柏市，松戸市，流山市，我孫子市，野田市などで活動する医師計23名が出席した．指導者養成研修の受講にあたり，前提として動機付けコースの内容を把握していないと議論が難しいため，指導者養成研修の受講者は，動機付けコースを受講・傍聴することを原則とした．

表7 指導者養成研修の構成

2012年5月13日(日)10:00-18:00(開場9:30)

時刻	タイトル	主な講師	分類	時間
10:00	開会の挨拶	辻　哲夫	他	10分
10:10	ガイダンス：本研修における指導者の役割	川越　正平	講義	15分
10:25	よい指導者とは	大西　弘高	講義	30分
10:55	アイスブレイク：自分にとって一番印象的だった指導者	大西　弘高	演習	30分
11:25	休憩			10分
11:35	ワークショップ・グループワークの進め方とファシリテーターの役割	平原佐斗司	講義	20分
11:55	グループ討論：効果的な多職種参加型事例検討会とは	平原佐斗司	演習	50分
12:45	昼食			50分
13:35	在宅実地研修における指導者の役割	川越　正平	講義	15分
13:50	ロールプレイ：振り返りシートを活用したフィードバックの体験	川越　正平	演習	60分
14:50	全体討論	川越　正平	演習	20分
15:10	休憩			15分
15:25	在宅療養を支える医療介護資源マップの作成方法	川越　正平	講義	15分
15:40	グループ作業：医療介護資源マップの作成	川越　正平	演習	50分
16:30	全体討論	川越　正平	演習	25分
16:55	休憩			10分
17:05	まとめ	川越　正平	他	50分
17:55	閉会の挨拶	—	他	5分
18:00	(終了)			

　指導者養成研修の構成は表7に示した通りである．グループワークのファシリテーション手法を学ぶセッション，実地研修における指導をイメージしたロールプレイ，各地域の医療介護資源マップを作成して地域を量的に理解するセッションなどを設けた．

　指導者養成研修の成果として，概ね半年後の2012年12月に，松戸市医師会主催による第1回「在宅医療推進のための地域における多職種連携研修会」の開催に至ったことがあげられる．一方，すべての参加地域が研修会を開催するには至っておらず，主催者となる医師会や市役所の体制，あるいは当該地域の特性(高齢化の見込みなど)によっては，動機付けコースそのままの形で開催することは難しい場合がある可能性も示唆された．

　なお，指導者研修開催後は，次項で述べる「在宅医療推進のための地域における多職種連携研修会」の汎用的資料の整備に注力したため，指導者養成のプログラムはいったん中断したが，国立長寿医療研究センター等との協調のもと

資料整備が一定程度済んだことから，再び「在宅医療研修モデル地域養成検討会」と称した主催者・指導者向けプログラムを企画した．

(5) 汎用化：他地域への展開を見据えた資料の整備
①「在宅医療推進のための地域における多職種連携研修会」
2012年12月，前項に示した動機付けコースを基本的に踏襲する形で，計2.5日間の研修プログラムを確定させ，松戸市で実施された．呼称は，「在宅医療の推進」，「地域単位」，「多職種連携」というキーワードを網羅する形で，「在宅医療推進のための地域における多職種連携研修会」とした．

②傍聴受け入れを通じた全国への周知
2012年10月，国立長寿医療研究センター主催により，厚生労働省平成24年度多職種協働による在宅チーム医療を担う人材育成事業に基づく「都道府県リーダー研修」が開催された．この中で，松戸市(2012年12月)，柏市(2013年1月)で開催される研修会の傍聴案内を行い，全国からの傍聴を募った．傍聴案内の意図は，実際の研修受講場面・運営場面を各地の関係者に見てもらい，自地域に持ち帰ってもらうことを狙ったものである．

結果は，松戸には66名，柏には74名の傍聴者が訪れた．この傍聴者の中には，本プログラムを参考にしつつ，その後自地域で適宜改変を加えた研修会を開催した者も一定数含まれる(坂井地区広域連合，浦添市医師会，東京都北区，京都府など)．

③汎用的教材のホームページ公開
この研修プログラムの完成後，2013年3月には本機構において「在宅医療推進のための地域における多職種連携研修会ホームページ」を開設し，表8に示したような資料を一式掲載した(詳細は，ホームページを参照(http://www.iog.u-tokyo.ac.jp/kensyu/))．

(6) 研修運営ガイドの作成
上記「在宅医療推進のための地域における多職種研修会」の運営手順を可視化するべく，「在宅医療推進のための地域における多職種連携研修会　研修運営ガイド」(以下，運営ガイドという)を作成した．運営ガイドは，図5に示し

表8 在宅医療推進のための地域における多職種連携研修会ホームページのコンテンツ

○概要
　・本研修会に寄せて：国立長寿医療研究センター大島伸一総長より
　・本研修のねらい
　・プログラムの特徴
　・プログラムの構造
　・基本開催例
　・応用開催例
　・受講効果
　・国の事業との関わり
　・研修運営ガイド
　・開発体制
○資料
　・研修会の配布資料一式
　・研修動画((株)ケアネットと提携)
○予定・実績
　・各地の開催実績を掲載
　・研修プログラムに関する発表実績を掲載
○領域別セッション
　・計120分で構成される講義・グループワークを含めたテーマ別の教材を掲載予定
　・掲載テーマ：認知症，がん緩和ケア，摂食嚥下・口腔ケア，栄養，褥瘡，リハビリテーション，医療処置(現在決まっているもの)
○主催者・講師向け
　・主催者が研修会を企画・準備する際に必要な各種書式を掲載
　・研修当日の司会原稿，講師原稿の参考例を掲載
　・研修当日に講師が使用するスライド(パワーポイント)を掲載

た通り，研修会の開催を念頭に，数カ月前から行うべき準備をチェックリスト形式で記載した冊子である．また，チェックリストとあわせて各種様式を掲載しているため，それを地域の状況に合わせて一部改変するだけで自地域の研修会の準備を効率的に進めることができる．これら資料を含め研修プログラムに関する動向等は全て前述のホームページに掲載されている．

　なお，この運営ガイドについては，国の在宅医療推進施策をリードするナショナルセンターである国立長寿医療研究センターと東京大学の共同名義により発行した．そして，厚生労働省2013年度多職種協働による在宅チーム医療を担う人材育成事業「在宅医療・介護連携推進事業研修会」(2013年10月22日開催，国立長寿医療研究センター主催)にて運営ガイドを配布し，全国に向けた周知をはかった．

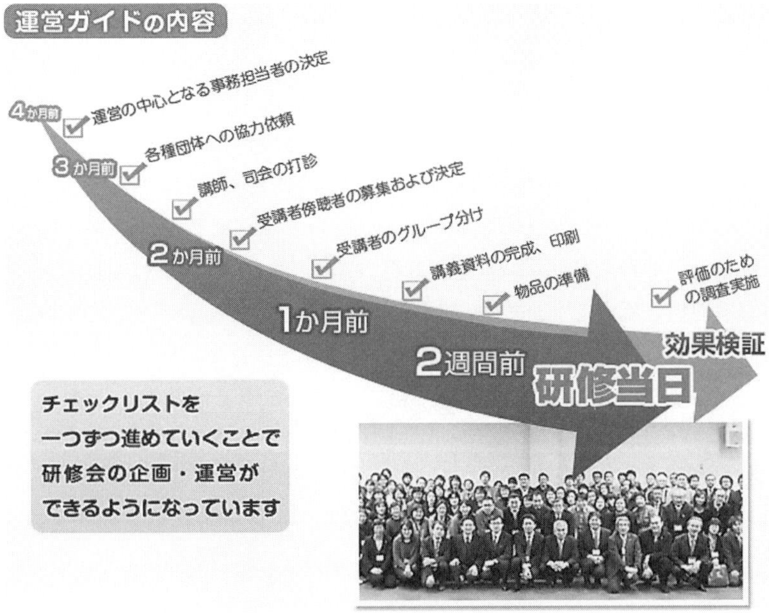

図5 研修運営ガイドの内容(概要)

　その後，2013年11月には厚生労働省「在宅医療の推進について」のホームページ内に，地域における在宅医療推進支援ツールの1つとして，運営ガイドが掲載されるに至っている(http://www.mhlw.go.jp/stf/seisakunitsuite/bunya/kenkou_iryou/iryou/zaitaku/index.html)．また，2013年7月に「第1回在宅医リーダー研修会」を開催した日本医師会とも歩調を揃えるべく，運営ガイドの共同名義に日本医師会，厚生労働省を加え，四者による冊子として全国に周知頒布を行った．

(7) 評価：受講者の変化

　2011年5-10月の試行プログラム，2012年3-4月の動機付けコース，2012年12月及び2013年1月の在宅医療推進のための地域における多職種連携研修会という経過をたどり，柏市における開催経験を主たる材料として研修プログラムの構成が確定してきたところである．当初の試行プログラムの実施時から，受講者を対象としたアンケート調査を実施し，意識や行動の変容など，研修効

果の検証を行っている．開催時期が異なるため，研修後のフォローアップの状況は回によって異なるが，現時点で集計されているものを示す．

①意識変容

「在宅医療に対する関心」，「在宅医療を実践したい気持ち」等の在宅医療に対する全般的な意識を尋ねる4項目を設定し，それぞれ「1．まったくない」から「6．非常にある」の6段階の尺度を用いて尋ねた．その結果，試行プログラムを受講した開業医（6名）・多職種（17名）共に，いずれの項目も前向きな方向に平均値が推移していた．また，全受講者を対象とすると「在宅医療を実践してみたい気持ち」において，受講前後で有意な意識の向上が見られた．また汎用版を受講した開業医（19名）では，いずれの項目も前向きな方向に平均値が推移し，多職種（142名）では「在宅医療に対する具体的なイメージ」においても有意な改善が見られた．

②行動変容

研修を受講することが受講者の意識変容だけではなく行動変容に結びついているかを検証するため，開業医と多職種間の連携活動の状況と在宅医療に関連する診療報酬点数の算定状況（開業医のみを対象）についてのアンケート調査も同時に行った．

試行プログラムを受講した開業医と多職種間の連携活動状況の変化は，開業医における多職種との連携活動には大きな変化はなかったが，多職種における開業医との連携活動では，「開業医の専門の把握」，「開業医が主催する事例検討会などへの参加」等が改善していた．また2.5日の汎用版においても同様に多職種における開業医との連携活動に変化があり，「開業医の役割・機能についての情報収集」，「開業医の専門の把握」等が最も改善幅が大きかった．試行プログラムのみならず，2.5日の汎用版であっても，研修を受講することは多職種が開業医を理解する機会となっていると考えられた．

診療報酬点数の算定状況の推移は，ある程度長期的に変化を追う必要があると考えられるため，1年後までのフォローアップが終了している試行プログラムの結果のみを示す．在宅患者訪問診療料の算定状況は，プログラム受講前と比較して1年後に件数が増加していたのは開業医6名中5名であり，うち2名はプログラム開始前には算定がなかった．また在宅時医学総合管理料も同様に

6名中4名の算定件数が増加した．さらに訪問看護師との連携を図る指標として訪問看護指示料の算定件数は，6名中5名が増加（うち2名はプログラム開始前に算定件数0件）していた．対象人数が少なく一般化は困難であり，今後対象人数を増やした検証が必要であるが，試行プログラムを受講した開業医においては行動変容が見られていた．

2　顔の見える関係会議

　第4章第4節でみたように，多職種間の構造的なギャップを乗り越えてコミュニケーションを深める場を設けることが必要であり，そうした場として，柏プロジェクトにおいては，顔の見える関係会議を開催してきた．ここでは，多職種間でのルールづくりを視野にいれた，その前段としての，共感を育むコミュニケーションプログラムである，顔の見える関係会議についての具体的な会議運営手法[1]について論じていく．

(1) 顔の見える関係会議の組み立て：共感を育む会議運営

①グループワークを基本とすること

　まず関係者が集まり，文字通り顔の見える関係づくりを図ることが重要である．コミュニケーション量を増やすためには，（ア）なるべく少人数でテーブルを囲み，（イ）お互いの本音を話し合いながら，（ウ）抱えているタスクの課題や可能性を話し合うことである（この点で，最も有効なのは飲食を伴う懇談会であるかもしれない）．小規模な自治体ではチームを形成する個人については，「高校の同級生」であるとか，「〇〇さん家の息子さん」といったように関係性がすでに構築できているところもあるだろう．そうであっても，職種間の構造については理解がされていないことがあるため，グループワークの手法を用いて職種間の構造を理解することが有用であると考える．

②少人数でのグループをつくること

　1つの話し合いについて30–45分程度とすると，グループを構成するメンバ

---

[1] 本プログラムの組み立てには，杉崎和久氏（京都まちづくりセンター）の多大なる技術提供によるところが大きい．

図6　顔の見える関係会議

ーは6-8人程度がちょうど良いメンバーである．たとえば6-8人であれば30分のグループワーク中に，1人4-5分程度の持ち時間となり，自分の意見や気持ち，相手への共感等を簡潔に伝えるのにちょうど良い．これ以上多くなると，各人の対話の時間が減り，また相手の意見を聞いて「自分もそうだな」，「そういう悩みがあるのか」と相手の話を反芻する時間が少なくなってしまう．まずはコミュニケーションの量を増やすことを目標としているのであるから，なるべく少人数でのグループ形成を努めることが望ましい．

③意見を表明し，会議をスムーズに進める工夫

　そうはいっても，初対面同士のグループワークを非常に好むという方も稀にいるが，大半の方はグループワークそのものにプレッシャーを感じ，なるべくなら避けて通りたいと考えているのではないか．具体的には「まず何を他の職種に伝えていいかわからない」，「一方的に話をされて不快だった」，「私の職種では黙って聞くしかない」という，およそ共感を育むとは程遠い会議運営が行われていることがある．そこで意見を表明し，会議をスムーズに進める工夫が

求められる．大きくは 2 点，会議運営の工夫とプログラムの工夫が考えられるが，まずは会議運営の工夫について整理する．

ア．アイスブレーキングの実施

まず初対面同士のグループワークでは，相手の人となりがわからず，警戒心が強い．そこで 10 分程度でよいので会議の前に，リラックスできるアイスブレーキングを行うことを心掛けたい．特にグループワークの前には，団体の代表らによる挨拶や基調講演などが含まれることが多々あり，固い話のなかで，出席者も難しいことや気の利いたことを言わなければならないと思いこみやすいものである．簡単なアイスブレーキングとして，1 人 1 分程度の自己紹介などがある．この際は名前と所属，職種だけでなく，一言，その人の人となりがわかるエピソード，たとえば「お勧めの休憩スポット」，「お勧めの喫茶・レストラン」，「最近感動した本や TV 番組」などを述べてもらうと良い．すこし高度な方法としては，クイズやビンゴなど簡単なゲームをする方法もある．

イ．話し合いの基本ルール

次に大切なのは話し合いの基本ルールである．オズボーン[2]による「ブレーンストーミング」のルールというものがあり，これによると話し合いに必要なルールは「質より量・自由奔放・批判厳禁・便乗する(結合改善)」というものである．異なる専門職種が多数集まる場面で，質の高い発言，責任感のある発言等をしようと思えば思うほどコミュニケーションは深まらない．他方で異なる職種から一方的な批判を受ければ，専門職としては不快である．顔の見える関係会議は，意思決定の場面ではないことから，様々な意見を出し合い，共感する意見には便乗し，win-win をどうめざせるのか，を考えながら話し合うことを基本とすることが良い．

ウ．意見を表明しやすくするために付せん紙を使う

会議で発言するのは苦手な方が多い．特に他の職種がいると緊張してしまい話をうまく切り出せないということがある．特に話題が専門的であればあるほど，話に入りにくく，せっかくの対話の機会が無駄になる．これを乗り越える

---

2) Alex Faickney Osborn, *Applied Imagination* (1979).

工夫として，付せん紙などをつかって，意見を「書き出す」という方法がある．もちろんチームワークがある程度できており，自由かつ対等に話し合えるのであれば，無理に付せん紙を使う必要はないが，記録も残ることからなるべく付せん紙を使うことが望ましい．

　エ．話し合いが見える工夫

　さらに話し合いが見える工夫もあると良い．こうすることで，議論の経過が見えることと，議論の成果を共有できることである．付せん紙に書き出したものをただ発表するだけではなく，これを整理しながら，議論を模造紙上でまとめていくのが一般的なやり方である．いわゆるKJ法[3]を活用した方法であり，付せん紙を用いて，グループ化や関連づけを行うことにより，ビジュアル的に構造化し，収束していく方法である．結論を出す会議の座長による取りまとめではなく，自由かつ多様な話し合いをフラットに行うことが狙いであるから，グループでどのような意見がどのように結びつき，新しい何かが生まれたり，皆で課題が共有できたということが重要である．

　オ．成果を確認する（振り返り）

　そして話し合いの最後には，到達点を確認する時間を設けることが重要である．前述のようにまとめた模造紙を読み返し，今日の議論が有意義であったことを確認すると良い．また不満等があるのであれば，振り返りのなかで，意見を表明したり，他の方の意見を聞いたりしながら，「なるほど同じ疑問を持っているのか」，「これは次の時に話題に挙げよう」ということをその場で行うことも有意義である．振り返りの手続きがないと良く見受けられるのが，会議室の出口付近で，「グループワークの意味がわからなかった」，「自分の想いとは違うが我慢した」といった，そもそものコミュニケーションを否定する会話である．共感を育むためには，自分にとって良い意見も都合の悪い意見も出ると思うが，みな会議の中で納得する手続きを重ねることが重要である．

　④メリハリのある時間設定

　計画策定やルールづくりなどを行う場合のように，深い対話が必要ではなく，まずはお互いを知り共感を育むプログラムであるから，1回の会議の時間設定

---

3) 文化人類学者の川喜多二郎氏が開発した手法．

を長くすると，かなり作りこんだプログラムでないと，「間が持たない」といった声が聴かれるようになり，全体として盛り上がりに欠ける会になってしまう．グループワークは1単位を30-45分として，1回に2単位程度がちょうど良い時間設定であると考える．

　また行政が多職種を集めて会議を開催する場合，平日夕方に開催する場合は90分程度，土日などで長い時間がとれても3時間程度までが目安となる．特に患者（利用者）を抱えている職種を長時間にわたって拘束することは難しく，メリハリのある時間設定でないと，そもそも参加者が少なくなってしまうことが懸念される．

　⑤医師をファシリテーター役にすること
　ア．ファシリテーターの役割とは
　グループワークの進行をスムースに進めるために，ファシリテーターを置くことが重要である．ファシリテーターとは，「メンバーの参加を促しながら，グループを導き，グループの作業を容易にする人[4]」である．顔の見える関係会議は計画策定やルール作りなどの意思決定等が行われる会議ではないのでファシリテーターの役割はそれほど大きくはないが，次の点で欠かせない．まずやはり，双方向の質の高いコミュニケーションを図れる手助けをすることである．また医療職から介護職，場合によっては住民なども加わるために，より中立的な立場で会議の進行を行う必要がある．このような中で，人と人の信頼関係，対等な人間関係形成，当事者意識を生み出すことが求められている．

　イ．医師がファシリテーターとなる
　横井真人氏によれば，ファシリテーターの基本姿勢として次の3点があげられている[5]．（ア）地位・年齢・経験にかかわらず，等しく参加者1人ひとりとその発言を尊重する．（イ）ポジティブ，かつフェアに運営する．（ウ）目的に対する参加者間の相互協力と議論の結果への納得を得ることをめざす．このようなファシリテーターの基本姿勢を踏まえると，医療・介護という権限と責任を伴う分野の多職種連携としては，今後在宅医療を含む地域包括ケアのチームを率いていく医師にこの基本姿勢で臨んでもらうとともに，行政側がサブファシ

[4) フラン・リース著／黒田由貴子ほか訳『ファシリテーター型リーダーの時代』（2002）．
5) 横井真人『感情マネジメントがあなたのファシリテーションを変える！』（2009）．

リテーターとして支えていく体制を築くことが，望ましいと考える．

⑥課題解決型プログラムと創造的な話し合い型プログラム

次に，顔の見える関係会議の具体的なプログラムについて述べたい．まずプログラムの検討にあたっては，大きく2つの方法がある．1つは課題解決型プログラムであり，この場合の議論の進め方は，まず課題設定をし，現状把握（分析）しながら目標設定をして，解決案（選択肢）を作成することである．場合によっては，この企画を実施してみて，事後評価をするところまでがプログラムである．他方，共感を育むという観点では，もう1つは，創造的な話し合い型プログラムがふさわしいと考える．これは課題等を皆で共有し，どんどん意見を出し合いまずは一度発散させて，いったんは混沌とした状況をつくりながら，どうしたら状況がよくなるかというプラス思考の観点から話題を収束させつつ，話し合ったことを共有・展開していく方法である．

⑦共感を育む顔の見える関係会議のプログラム

以上のことを踏まえると，共感を育む顔の見える関係会議のプログラム（話題として議論したいこと）としては，大きく次の2点が考えられる．

第1は何はともあれ，多職種が集まって医師をファシリテーターとしながら，それぞれがこれまでの連携の課題，隘路，トラブル，今困っていることについて，議論が発散することを覚悟で意見を自由に出し合い，お互いを知るプログラムである．

第2は，この発散し混沌とした（しかし相手の想いが理解できるようになった）意見を収束させるために，どのようなリソースがあるのかを皆で確認するプログラムである．ここで取り上げるリソースには大きく2つある．1つは人的資源であり，それは自分自身を含む各職種がどのような技能を持っているかということを知ることである．各職種の意見を聞いてみると，他の職種が何を得意とし，何を報酬の糧としているのか知らない場合が多い．連携をするにも相手が困る面を求めるのではなく，まず得意とする部分から始めるのが合理的である．

もう1つは地域資源である．地域の特徴，医療・介護資源，インフォーマルサービス，コミュニティの力など，個々には理解しているが地域として「面」で共有していることは少ない．たとえば認知症のケースなどでは，散歩しやす

表9 「顔の見える関係会議」

	日時・会場	テーマ	参加者数
第1回	2012年6月21日(木) 19:00-21:00 市役所別館4階大会議室	多職種連携「うまくいった点，いかなかった点」	144名
第2回	2012年9月26日(水) 19:00-21:00 ウェルネス柏4階研修室	多職種連携推進のために，各職種が在宅生活支援において何ができるか（お互いを知ろう）	158名
第3回	2012年11月28日(水) 19:00-21:00 市役所別館4階大会議室	多職種連携推進のために「地域資源を把握しよう」	174名
第4回	2013年2月6日(水) 19:00-21:00 市役所別館4階大会議室	多職種連携の課題の解決策について「連携の柏ルールを提案しよう」	157名

い公園，民生委員等の見守り活動などの情報を踏まえることで，より具体的な連携がしやすくなる．

第1のプログラムによりまずは本音を言い合い，お互いのことを良く知り，第2のプログラムでさらに構造的に他の職種の理解をし，さらに地域資源等を理解することで，一通り共感と連携の土壌が形成できる．こうして初めて，具体的な在宅医療・ケアのケースについて突っ込んだ検討をすることも可能である．ただ，顔の見える関係会議でのケース検討については，注意が必要である．それはあくまでもエビデンスのある答えの追求ではなく，患者(利用者)の生活の質・満足の向上という生活面での評価も含まれることから，何が正しい治療であったのかというような視点を押し出しすぎず，どのようにチームとして生活を支えられるかを話し合うことである．好ましくない例をあげると，医師が難しい薬の名称などを連呼し，医療職同士でどのような治療が正しかったのかを議論する場面が考えられる．こうなると介護職が話題についていけなくなることがあり，ファシリテーターは注意が必要である．

(2) 柏市における顔の見える関係会議の実施

このような問題意識を持って，柏市において，「顔の見える関係会議」を2012年6月から実施してきた．立ち上げ初年度の2012年度については，4回のプログラムを実施した(表9)．

①ファシリテーター講習（2012年6月1日）

　柏医師会の在宅プライマリケア委員会担当理事の古田達之医師（古田医院）を総合プロデューサーとして，ファシリテーターを行う医師に参加を呼び掛けて，顔の見える関係会議の事前打ち合わせ会を行った．医師をファシリテーターにということを念頭においていたが，すでに当日の参加者が100名を超えることが想定されていて，8名程度のグループで15テーブルを設置することが検討されていた．15テーブルに医師を1名ずつ配置することは難しく，日頃から連携がありグループワークになれた多職種（介護支援専門員，薬剤師，リハスタッフなど）にも協力を仰いで行った．

　ファシリテーター講習会は，前述の心構えと会議進行について，京都まちづくりセンターの杉崎和久氏を招き，実技指導を含めて，第1回のシナリオについて予行練習を行った．参加したファシリテーターからは，議事進行に不安があるといった意見も出されたが，杉崎氏から，実際の会議で議論が停滞するのはファシリテーターの責任よりもプログラムの責任が大きいこと，また顔の見える関係会議は「答えを導く」性質の会議ではないので，本日学んだことを頭の片隅にいれておき，一参加者として楽しむ姿勢であれば良いとのアドバイスがなされた．

②第1回顔の見える関係会議：「多職種の共感を育む」

　ア．第1回会議のねらい

　こうして第1回目の顔の見える関係会議が開催された．まず今年度の年間目標として，「多職種の共感を育む」ということを提示した．初回では，事務局である柏市役所から，次の2つの会議の目標が提示され，プログラムが進められた．

　1つは，「柏市内における多職種が柏モデルについて学ぶとともに，地域包括ケアに向けた意見交換，協力関係を構築するための，最初の一歩として関係者の交流機会を設ける」ということであり，もう1つは，「顔の見える関係会議は，計画づくりや具体的なアウトプットを求める作業ではない．多職種による対話を通して情報を共有し，日常的な連携のルールづくりや，日頃からスムーズにコミュニケーションが行えるような信頼関係を構築していくことがねらいである」ということであった．

イ．アイスブレーク：名刺交換タイムと自己紹介

当日は15テーブルが設置された．会場は柏市の3つの圏域ごとに5テーブルずつ区分けされた．まずアイスブレークとして，15分程度「名刺交換」というプログラムを行った．初めての取り組みで緊張する参加者の気持ちをほぐすために，名刺交換という挨拶したりお辞儀をしたりという動作を入れた点がポイントである．ここで，ファシリテーターに対して名刺交換ができていない人には積極的に知り合いを紹介するように指示をしている．総合プロデューサーの古田医師から，「顔の見える関係会議で大切なことは，多職種によるスムーズな連携であり，全く見ず知らずの人とは連携しにくい．あの人と名刺交換したことがあるというのは1つのきっかけになる」というアドバイスがあった．

次にグループワーク前のアイスブレークとして自己紹介を行った．自己紹介では名前，所属，職種だけでなく，「自分の趣味・特技」という話題が支持され，意外な趣味・特技をもつメンバーに笑いや驚きなどがあり，会場の空気も和らいだ．

ウ．メインプログラム：多職種連携がうまくいった点，上手くいかなかった点

第1回は，多職種連携がうまくいった点，うまくいかなかった点について，付せん紙にたくさんの意見を書いてもらうとともに，KJ法を使って意見交換を行った．このグループワークの狙いは，様々な意見をたくさん出してもらうことであり，「これは違うかな」と思うようなことでもどんどん書いてほしいと，ファシリテーターが促した．多くのアイデアが出され，それらが模造紙で整理されたところで，次に少し深掘りして議論を行う．この際，やはり会議が特定の職種に誘導されていないことを印象づけるため，テーブルごとに1人3枚のラベルシールを持ち，これから議論してみたいと思うテーマに投票して数の多いところから議論を進めていく方法をとった．テーブルごとに多職種の意見として，最も関心の高いところから順に議論をしてもらった．トータルで30分前後と，短い時間であり，前述のとおり議論が深まること自体を目的としていない．ここでの議論は，「議論し足りない，また次も来たいな」と思わせるのがコツである．無理せず，欲張らず，1つのテーマだけを話すのでも構わないと伝えた．そして最後に，振り返りの発表として，1班90秒の持ち時間で，全15テーブルが，本日話し合ったことを報告した．報告者はファシリテータ

ーに限らず，誕生日が近い人など，選出をテーブルごとにゆだねた．90秒ピッタリに話し終わった発表者には拍手が起きるなど，大いに盛り上がった会議であった．

　エ．参加者からの意見

　参加者の意見として，率直に「各職種の方とお話ができたのは大変良かった」という意見が多く見られた．また気づきとして「色々な職種によって欲しい情報が違うことが分かった」，「それぞれの立場で見方がちがうことを，あらためて知ることがでた」という意見が出された．薬剤師や栄養士という職種の参加もあり，他の職種からは「連携が不十分だったと反省した」という意見も出された．「初めての試みであったが，気づきや共感のある話し合いができた」との意見であった．全体の意見として，「各職種が実際にどのような業務をしているのか，グループワークで詳しく知りたい」との意見があり，第2回の会議へとつながった．

　③第2回顔のみえる関係会議：「多職種連携のためにお互いを知ろう」

　ア．第2回のテーマ

　まず第1回目の振り返りを行った．連続する会議では，前回の丁寧な振り返りがポイントである．前回の意見が丁寧に扱われているということが出席者のモチベーションになるためである．アンケート結果より「各職種が何ができるのかを知りたい」という意見が多かったことから，今回のテーマ「多職種連携推進のためにお互いを知ろう」ということになったことを報告した．

　イ．アイスブレーク

　前回のグループワーク（多職種連携の課題）での意見の中で，利用者や家族への情報提供（在宅医療・ケアがどういうものなのか）が不足しているという課題も挙がっていたことから，今後，市民への啓発活動は重要なテーマであると位置づけて，現在作成中のポスター案を見ながら，市民にわかりやすく印象に残りやすい「在宅医療推進のキャッチコピー」を次回までに考えてもらうこととした．

　ウ．メインプログラム：各職種が在宅生活の支援において何ができるかをプレゼンする

　「それぞれの職種が何ができるのか，何をしているのかがよくわからない」

という意見から，同じグループの他の職種のメンバーにわかりやすく自分達の業務についてプレゼンテーションを行うこととした．こうした場合，通常は，各職種の代表者が壇上に登り，職種紹介をするのであるが，これは一方的な情報提供になりやすい．ケアマネジャーとMSWは何が違うのか？などは，相互の比較を通して理解できるものである．そこで，今回の大きな工夫は，このような職種間での比較を通した意見交換が進むように，テーブルごとの職種自己紹介プログラムとしたことである．

　もちろん，参加者に突然，自分の専門とする職能の役割と意義について各々自己紹介をお願いしますといっても，それは難しい．そこでまず，参加者には同じ職種の方同士でグループを形成し，事前に作成した「自己紹介シート」を相互編集する作業を行ってもらった．シートの項目1は「業務内容，範囲」など基本的な事項で，ここには，それぞれある程度の内容は事前に記載をしている．項目2は「こんなことができる」，「ほかの職種に伝えたいこと」，「自分たちを活用してもらえたらこんなにお得！である」という職種としてのアピールである．この項目1と2について，同職種のグループで，付け足すことがないかどうか，また，この後，多職種のグループに分かれたときにうまくプレゼンできるかどうかの「作戦会議」を実施した．

　最後に，項目3はプレゼンする人の自己PRである．個人的な「仕事・職種の魅力」，「在宅の魅力」，「柏をこんなまち（地域）にしたい」ということについて，書き込み，シートを完成させてもらった．とても印象深かったのは，職種により業務内の事前資料など準備状況が違うことである．特に訪問看護グループの事前準備力と作戦会議力は，他の業種から拍手が起きた．

　この作業を同職種間で行ったのちに，前回と同様の班に移り，多職種のグループに分かれて業種紹介・自己紹介を行った．事項紹介は，1人1項目につき1分で，計3分の発表とともに，今回は「イイネ！」シールという星型のシールと付せん紙を用意し，発表の後に良いと思ったことに「イイネ！」シールを，またもっと詳しく聞きたいと思ったことを付せん紙に記入して，貼り付けるという作業を行った．一巡したところで，付せん紙を眺めながら，共通点や異なる点などについて，フリートークをしていった．多少のゲーム性を持ちながら，内容を確認し，業種間の理解を深めることとなった．

エ．参加者からの意見

また，会議の参加者が増え職種が増えたことにより，「議論の時間が短く，もっと多くの時間がほしい」という意見が出された．また各職種から業務内容の紹介により，「実際のケースをもとにどのような支援を行っているのか詳しく知りたい」という声が出ており，他の職種への共感及び関心が深まっていることが分かった．

④第3回顔の見える関係会議：「地域を知ろう」

ア．第3回目のテーマ

第3回目のテーマは「地域を知ろう」である．今回は地域単位での検討を意識して，地域包括支援センターの7圏域ごとに班をつくり，地域資源マップをつくりながら，各職種の知っている情報を出し合い，情報共有と連携の重要性を理解してもらうことがねらいである．

イ．アイスブレーク

今回のアイスブレークは，在宅医療推進のキャッチコピーづくりを行った．柏市の在宅医療の取り組みが，イメージできるようなキャッチコピーとポスターを作成していくためのアイデア出しである．アイスブレークであるため，遊び心のある内容を書いてくださいとお願いした．まず各人でキャッチコピーについて考える．キャッチコピーそのものでも良く，短いキーワードだけでも良しとした．1人1分で自己紹介をするとともに，キャッチコピー案，キーワード，イメージなどを順次発表した．全員のイメージを聞き終わったところで，あらためて，自分のキャッチコピーを修正し，各人が一押しするキャッチコピーを確定した．この用紙（約10人分）について，その班で良し悪しを議論するのではなく，隣の班に手渡し，自分たちの班以外の（誰が検討したかわからない状態をつくり）キャッチコピーについて，自由に意見交換をしてもらった．同一班内で議論して1つを選ぶ作業は，時として批判的になったり，職種の顔色を見たりするので，あくまでもフラットな議論を印象づけるためのアイスブレークである．

ウ．メインプログラム：多職種連携の推進のために「地域資源を把握しよう」

前回はお互いの業種・業務内容について知り合い，つながりづくりのきっかけとなった．今回は同じエリアで活動している多職種・他事業所の所在やエリ

ア内の様々な資源を可視化し,さらに効果的な連携につなげていくために,「地域資源把握」演習を実施した.参加者は,地域包括支援センターの7圏域を目安にグルーピングした.該当圏域を含むゾーンの白地図,シール,ふせん(各種),各圏域ごとの医療資源一覧(在宅療養支援診療所,在宅療養支援歯科診療所,訪問薬局)・介護サービス事業者一覧等を各テーブルに用意しておきながら地図上でもマッピング作業を行った.この作業もマップづくりそのものが目的ではなく,お互いに情報を伝えあう作業の大切さを理解してもらうものである.マップの完成度については問わない.

次に,各地域の特徴・状況について,地域包括支援センター職員から紹介を行った.圏域内で「単身高齢者が多い地区」,「サロン活動が盛んな場所など」各地域の特徴,魅力,現状についてプレゼンを行った.そのほかに各圏域のデータ(人口,高齢化率,世帯状況,介護保険認定率,その他の特徴など)も説明され,より具体的な地域像をイメージしてもらった.

これらの作業が整ったところで,マッピングの結果から見える地域の特徴について話しあった.初めて気づいた・知った点,今後の連携において役立ちそうな情報など,地区診断として,地図に情報をまとめながら議論を行った.特に今回は,オブザーバーとして,町会長(豊四季台地域),民生委員等が数名参加しており,住民目線でのインフォーマルサービスや地域実態などが話され,みな真剣に議論を聞いていた.

エ.参加者からの意見

医師からは「地域包括支援センター及び民生委員が地域を支えていることが良く理解できた」という意見が出された.薬剤師や訪問看護師からは,「マッピングにより地域資源が明確になり,今後の細かな連携につながる」という意見が出された.介護支援専門員からは,これらマップと実態を聞いて「ニーズと資源がマッチングしていない事がわかった.色々な課題がみえてきた」という意見が出された.全体として,自らの職種だけではない様々な地域資源が積み重なって地域を支えていることを全員で共有することができた.

⑤第4回顔の見える関係会議:「連携の『柏ルール』を考えよう」

ア.第4回目のテーマ

第4回目のテーマは「連携の『柏ルール』を考えよう」である.これまで3

回は，本音を語る，お互いを知る，地域を知るという取り組みであったが，いよいよ第4回目で具体のケースを取り上げての議論を行った．もちろん，これは，どのような治療が正しいか？ということではなく，顔の見える関係会議であるので，職種ごとに，患者さんのためにどのようなことができるか？というアイデアを出し合い，お互いの連携を深めることが狙いであった．

　イ．アイスブレーク

　ケース検討は医療職やケアマネジャーなどは日々実施しているところであるが，そのほかの職種にとってはあまり慣れたことではない．ケース検討という話題だけで，「自分には難しいのではないか」と不安に思う人も多い．そこで，今回はあくまでも連携のために「患者さんのためにどのようなことができるか」を皆でアイデアを出す作業を行うことを印象づけるため，アイスブレークでは自己紹介に加えて在宅ケアの魅力紹介をするという点を付け加えた．在宅ケアの魅力についてプラスの意見を出し合うことで，その後の事例検討でポジティブな議論ができるような導入として実施した．まず，持ち時間3分を使って，各人が在宅ケアの魅力紹介文を作成した．「在宅ケアを自分の家族・友人・知人に勧めるとしたら」というテーマの下，説明・PR文を考え，用紙に記入する．もちろん，在宅ケアに対して懐疑的・疑問を持っている方もいると思うが，今回は人に勧める立場で検討をお願いした．アイスブレイクでは，PR文の紹介と自己紹介を行った．

　ウ．メインプログラム：事例検討「多職種連携による在宅療養支援」

　このように参加者の気持ちをほぐしながら，具体の事例検討に進んだ．まず症例検討で重要なのは，症例の紹介である．総合プロデューサーの古田医師より，事前作成しておいた模擬事例の紹介が行われた．

　次にこの症例に対して，自らの専門職の立場でどのような支援ができるか，必要な支援を付せん紙に書き出す作業をした．いきなり意見交換を始めると，どうしても慣れている職種が議論を進めがちになることを抑えるための工夫である．そして，ファシリテーターの進行により，1人ずつ付せん紙を模造紙に貼り出しながら，自分の考える支援案を発表してもらった．

　その上で，古田医師より，全体に対して当該事例に必要な支援の視点を説明した．これも各班の検討が，顔の見える関係を築くよりも，症例の良し悪しに

偏ってしまわないための工夫であり，議論の方向性を示すものである．各テーブルでは，ファシリテーターの進行により，古田医師の説明を踏まえながら，付せん紙全体を見渡し，効果的な支援策，方向性を，グループ内で議論・検討する．このような作業の中で，これまでの議論を踏まえて，このようなルールで連携をしたらうまくいくのではないか，実際こうやってうまく進めているという話題を付せん紙に書いてもらい，当日の議論をまとめていった．班によっては，ルール形成まで行きつかないものもあったが，それはそれでよく，とにかくアイデアを出し，お互いの得手不得手を理解して連携を模索するケース共有を行った．

　エ．参加者からの意見

4回目にして，お互いの職種のこと地域のことが理解できたうえでのケース検討であり，参加者からは「満足の高いグループワークができた」との意見が出された．医師からは「良い検討ができた．大変に熱気に溢れすばらしい検討であった」との意見，病院看護師からは「同じ症例をみて意見交換をしているのに，グループごとの職種が違うために異なる意見が出ており，あらためて勉強になった」という意見であった．さらに「事例検討会などを通して，各職種からの視点がわかるようになってきました」という意見や，「医療・介護メンバーだけでなく，民生委員などもくわえて地域の目線での検討をしてはどうか」といった，在宅医療を含む地域包括ケアを志向した意見が出された．

　⑥ 2013年度の顔の見える関係会議の取り組み

こうした2012年度の取り組みを通じて，後述するが柏市において，多職種間での顔の見える関係が構築されつつある．この関係を継続的に維持していくために，2013年度については，前年度の取り組みを活かしながら，実際に症例を使った取り組みを中心に，開催されている（表10）．

(3) 顔の見える関係会議の評価

①出席者数

各回140名を超えての出席であった．15テーブルを設けたが，1班あたりが10名程度になり，好ましい人数の6-8人を上回っているのが課題である．会場の関係でテーブルを増やすことは難しく，今後は会場を変えるか，たとえば

表10　2013年度の取り組み

	日時・会場	テーマ	参加者数
第1回	2013年7月4日 19:00–21:00 市役所別館第4会議室	退院時共同指導について	186名
第2回	2013年9月26日 19:00–21:00 市役所別館第4会議室	(症例検討)看取りについて学ぶ	166名
第3回	2013年12月5日 19:00–21:00 市役所別館第4会議室	(症例検討)認知症の方を支えるサービスについて	162名
第4回	2014年2月5日 19:00–21:00 市役所別館第4会議室	(症例検討)様々なサービスや地域と連携して在宅療養者を支える	178名

表11　参加者の内訳

医師(病院,診療所)
歯科医師,歯科衛生士,薬剤師
看護師(訪問看護,病院・診療所)
病院地域連携室職員
ケアマネジャー,地域包括支援センター職員
管理栄養士(在宅,病院),理学療法士・作業療法士
介護サービス事業者,介護老人保健施設・特別養護老人ホーム・ふるさと協議会・民生委員児童委員等市民
その他(他市診療所,東京大学高齢社会総合研究機構,行政職員等)

地区ごとなどに分けて開催するなど工夫が必要である．職種については，ホームヘルパー以外の職種はほとんど出席したことになり，文字通り多職種での顔が見える関係会議を作り上げることができた(表11)．

②顔の見える関係会議に参加しての多職種連携の変化

まず「連携する機会が増えた」「多職種との連携がとりやすくなった」と回答した人が合わせて37%であった．また，「在宅支援に対する視野が広がった」と回答した人が38%であった．「大きな変化がない」という人は3%程度であり，未記入者を除けば，着実な成果を生んでいることがわかる(図7)．

③在宅医療・介護の連携の実現可能性

2回以上出席した人(96名)に，会議を通して在宅医療・介護の連携が実現できると思うかとの質問を行った．「回数を重ねれば可能」「実現可能」と回答した方は，全体で78%に上った．特筆すべきは，全4回参加した人(41名)が

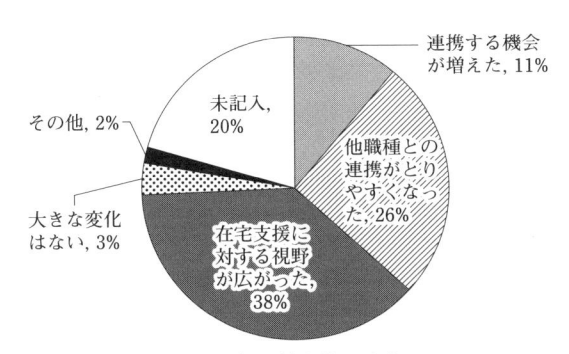

図7 多職種連携の変化

（円グラフの内容：連携する機会が増えた 11%、他職種との連携がとりやすくなった 26%、在宅支援に対する視野が広がった 38%、大きな変化はない 3%、その他 2%、未記入 20%）

「実現は可能」「回数を重ねれば可能」と回答しており，特に「実現が可能」と回答した人が「回数を重ねれば可能」を上回る結果となったことである．初回でお互いの本音を話し合い，2回目でお互いの職能のことを良く学び，3回目で地域資源を理解して，4回目に生活を支える観点でのケース検討を行ったこのプログラム自体の成果が表れた結果であると考えられる（図8，図9）．

④出席者からの評価と今後の展開についての意見

まず，医師からは，「地区によりチーム編成をして，会議のプログラムを完成させていってはどうか」との意見が出た．

次に，訪問看護師からは，「様々な事例の検討で継続開催し，各職種の『出番』をバランスよく演出していくことが重要ではないか」，「事例検討で重要なことは『多様な意見があげられること』であり，必ずしもグループ分けは地域割でなくてもよさそうである」，「地域割ではメンバーとともに意見が固定化する恐れもあり，様々な人と議論できた方が有用である」といった意見があった．

次に，ケアマネジャーからは，「名刺交換の時間が毎回あるとよいのではないか」，「地域でのグループになっているので，他の地域，特に病院・医師とネットワークを持ちたいと思う」，「継続して会議を行うことが大事ではないか」，「班分けも地域別だけではなく，様々な方法で分けると，さらにたくさんの方と交流できる」との意見が出された．

次に，地域包括支援センター職員からは，「大きな医療機関の参加が増えていることがとても心強く感じられた」，「第4回で事例検証などをしてみて，それぞれの思いや考え方を聞くことができたので連携しやすくなると思った」と

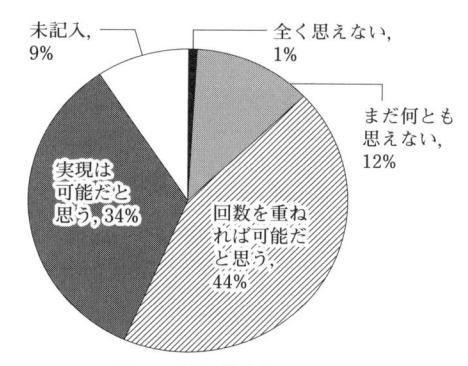

図8 多職種連携の可能性

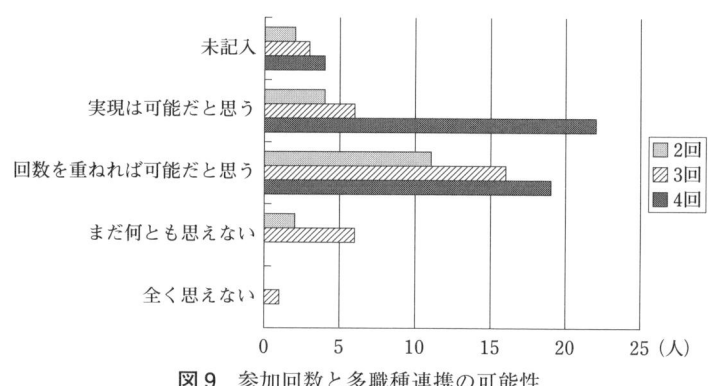

図9 参加回数と多職種連携の可能性

の意見があった.

次に，特別養護老人ホーム職員からは，「現状ではどちらかというと医療職の参加が多いので，訪問介護などの事業所の参加が増えると，具体性があるものになるのではないか」，「やはり参加することによって，各職種の内容がよくわかってきた」，「顔を合わせることで，距離も縮まり，それだけでも連携しやすい関係になっていると感じた」との意見があった.

以上の通り，各職種からも前向きな提案が出され，顔の見える関係会議が成功したと評価できる.

⑤福井県坂井地区での取り組み

なおこのプログラムと同様の流れにより，本機構のもう1つのフィールドで

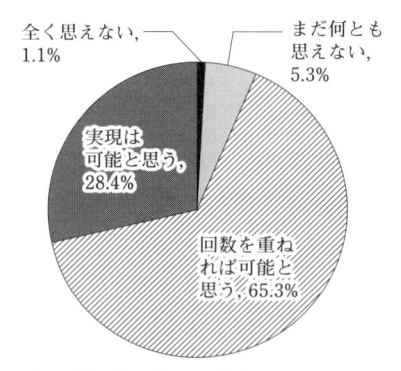

図10　多職種連携の可能性（福井県坂井地区）

- 全く思えない，1.1%
- まだ何とも思えない，5.3%
- 実現は可能と思う，28.4%
- 回数を重ねれば可能と思う，65.3%

ある福井県坂井地区においても「顔の見える関係者カンファレンス」を行っている．内容としては，柏市での取り組みの第1回-第3回までを2回に分けて，休日の午後を使い，1回あたり約3時間のプログラムとして実施した．柏市同様のアンケートを行ったところ，多職種連携の可能性については，「全く思えない」，「まだ何とも思えない」をあわせても1割に満たず，参加者の大多数が多職種連携の可能性を感じていた．回数が2回と短いことから「回数を重ねれば可能と思う」との回答が多い（図10）．今後も継続的に実施し，地域の中で動態的に深化させていくことが重要であると評価できる．

(4) 顔の見える関係会議のこれから

①どのような範囲で実施することが適当か

地域包括ケアを見据えると，やはり地域包括支援センターのエリア単位で実施することが基本であると考えられる．医師をファシリテーターにしながら，その地域に関係する多職種，行政や市民等を巻き込みながら，日々の悩み事や困難ケースの共有などを行う．これを繰り返すことにより，連携のルールが形成されていくと考えられる．しかしながら，これは日常生活圏域での各業種・職種のモチベーションなどにも影響されるものである．人数が多くて会議が成立するところもあれば，いつもの固定メンバーで広がりがない場合もあるだろう．そこでまずは市町村単位で意識の高いメンバーに声をかけて開催し，多職種連携の雰囲気を醸成していく方法が有力な手段であると考えられる．

②何をめざすか

　顔の見える関係会議は，初期は共感を育むことが大きな狙いであるが，多職種間の共感はあくまでも手段である．真の狙いは，患者（利用者）が安心して在宅で暮らし続けられるように質の高いかつシームレスなサービスの連携をめざすことであり，そのためには職種間でのルール形成が重要である．行き着く先は，（ア）医師を中心的なコーディネーターにしながら行政がこれを支援し，（イ）多職種間での個々のケースの話し合いを通じて，（ウ）課題解決のための役割分担をしながら，（エ）質の高いかつ効率的なサービス提供を行う，（オ）チーム形成とルールづくりである．このような目標に向けて，柏プロジェクト全体の構図の中で，今後，さらに作業を深める中で，「顔の見える関係会議」と連携ワーキンググループ，地域ケア会議との関係性を整理していくことが課題である．

③顔の見える関係会議の運用から見た多職種の意義とは

　多職種連携においては科学的なエビデンスが求められるような個別の成果を追求することが必要であるが，まずは運用実態としてサービスの質が高まると多職種が実感できることが大切である．関係する職種の使命，権限，責任を理解し合いながら，最も合理的な手段について合意し，それぞれが役割分担していくことで，全体としてのサービスの質と効率性が保たれると考えられる．さらにこれらのことは，一朝一夕にできるものではなく，実際の連携とそれを振り返る多職種での会議の繰り返しの中で形作られるものである．これと同時に，多職種連携に関わる者は，患者（利用者）の生活の質の向上のために自分が他の職種から求められていることを理解し，自分の役割を果たすと同時に，互酬関係を意識し，能動的な信頼関係を構築することが大切であり，それが市町村を単位とする形で地域の力量にまで高められることが期待される．まさに顔の見える関係会議は，このような地域の力量を創り上げていくための土台として，地域の中で動態的に深化し，発展していく取り組みであると考える．

第6章
在宅医療普及のためのシステムの提案

1 地域医療拠点の整備

(1) 地域医療拠点の整備構想

　柏プロジェクトにおける在宅医療の推進に向けて，2009年11月にまとめられた千葉県地域医療再生計画の中では，当初，本機構では在宅医療における人材育成(研修)の実践研修部門の確保をめざすものとして，拠点となるティーチングクリニック(在宅療養支援診療所)，ティーチング訪問看護ステーション，居宅介護支援事業所，老人保健施設，地域啓発用の集会室等を包含した包括的在宅医療実践研修センターとして，在宅医療の拠点機能と教育研修機能を併せ持った拠点を設置することを検討していた．

　柏市医師会が柏市に対して2009年12月に行った10の提言(46頁参照)と同時期に，柏市医師会としては，医師会の事務所について課題を抱えていた．柏市医師会は，柏歯科医師会と柏市薬剤師会とともに，柏の現中央体育館管理棟に事務所を置いており，当時はさらに，保健所と夜間急患診療所が同一の建物内にあった．しかしながら，2010年4月のウェルネス柏の開設とともに，保健所，夜間急患診療所機能が移り，主として医師会，歯科医師会，薬剤師会の三師会の事務所のみとなってしまい，柏の建物を長期的に利用できるかどうかという課題を抱えた．

　こうした状況や建物の老朽化，柏市医師会の公益法人制度改革等の状況を考慮して，柏市医師会では，事務所移転の可能性が検討された．並行して柏プロジェクトが進んでおり，UR都市機構(以下，URという)の豊四季台団地建て替えの際の対応として，豊四季台団地内の土地の有効利用の可能性を探ること

となった．柏市医師会は，10 の提言の中でも述べていた多職種連携が重要との認識から，同じ場所に事務所のあった歯科医師会，薬剤師会も含めて，豊四季台団地内へ事務所を移転し，その際には在宅専門の診療所を設置するとともに，多職種で集まれるスペースを確保する地域医療の拠点を整備することについて検討しはじめた．当時，医師会副会長であった金江現医師会長は，柏プロジェクトをはじめるにあたって，医師会として，①ウェルネス柏の建設に伴う医師会事務局の移転問題，②医師会としての公益法人制度改革に伴う財産の活用，③多職種連携を軸とした在宅医療の推進という 3 つの課題を同時に検討できる良いきっかけだったと考えていた．その後，在宅医療専門の診療所については，第 7 章で詳述するが，移転先の隣接地にサービス付き高齢者向け住宅と多機能型の在宅医療・介護サービス拠点を誘置することとなり，その中に包含されることとなった．豊四季台団地内の土地を活用する目途がたって以降，柏市医師会としては一定の財産を持っていたため，それを原資として，地域医療拠点を建設し，柏市に寄附する方向で，柏市医師会内で調整を図っていくこととなる[1]．

　こうして整備する方向となった地域医療拠点については，柏プロジェクトでは，在宅医療の推進に向けた具体的な取り組みとして，①在宅医療に対する負担を軽減するバックアップシステムの構築，②在宅医療を行う医師等の増加及び多職種連携の推進，③情報共有システムの構築，④市民への相談，啓発を掲げているが，これらを実現するための中核拠点と位置付けている．その拠点としての機能として，5 つの機能を担う方向で検討が進められた．1 つは，患者が病院から在宅に戻る際の調整支援機能として，主治医・副主治医の推薦とともに多職種のコーディネートを行うこと，2 つ目は，主治医の訪問診療を補完するバックアップ機能で，病院の短期受入れベッドの確保，専門医の紹介といった支援を行うこと，3 つ目は，医師・多職種による在宅医療・看護・介護の連携の管制機能，4 つ目は，在宅医療に係る主治医，副主治医及び多職種の研修機能，5 つ目は，市民からの相談対応，在宅医療に対する啓発機能である（図 1）．これらの機能については，地域医療拠点が開設される 2014 年 4 月以

---

[1] 公益法人制度改革に伴い社団法人柏市医師会は，2013 年 4 月に一般社団法人柏市医師会に移行した．

○地域医療拠点は在宅医療を推進し，地域医療機関をサポートする中核になる
○柏市における多職種連携の拠点
　・地域医療，がん対策を含めた医療・看護・介護関係職種の連携
　・市民との医療・看護・介護に関する連携
○医療・看護・介護の全情報の集積地
　→2014年4月に運営開始

| 地域医療拠点の機能 |
施策①：患者が病院から在宅に戻る際の調整支援機能等
　○主治医・副主治医の推薦
　○多職種の推薦（多職種のコーディネートを可能にする）
施策②：主治医の訪問診療を補完するバックアップ機能
　○病院の短期受け入れベッドの確保
　○専門医の紹介
施策③：医師・多職種による在宅医療・看護・介護の連携の管制機能
施策④：在宅医療に係る主治医，副主治医及び多職種の研修機能
施策⑤：市民への相談・啓発
　○市民からの相談の支援
　○市民の医療に対する啓発・教育機能

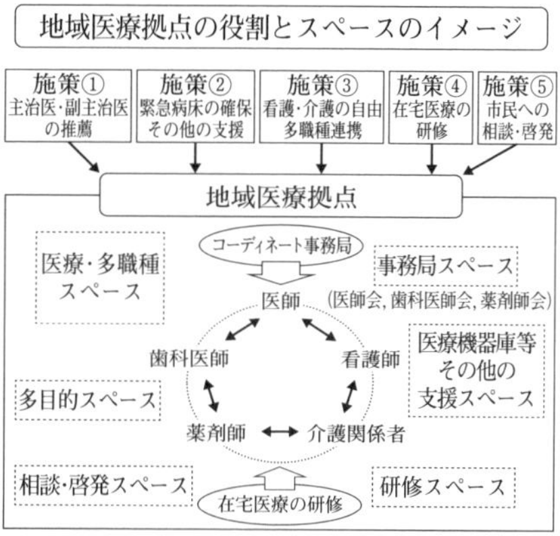

図1 地域医療拠点の設置(趣旨と機能)

降は，柏市役所が担うこととなった．

(2) 地域医療拠点開設後の運営について

　この地域医療拠点は，柏市全体を包括できることを念頭に置き，在宅ケアをサポートする中核として，さらに多職種連携の拠点として，多職種の従事者や，市民も利用できるものにしていくこととしている．

　柏市では2010年度，保健福祉部内に室長以下4名の職員で「福祉政策室」を設置したが，2012年度には室長の下に主幹(スタッフ職の管理職)を置いて在宅医療を含む多職種連携ルール確立のための試行とコーディネート機能の確立のための業務を担う「在宅医療支援担当」のラインと，それ以外を担う「政策担当」の2ラインの係制へと移行し，8名の職員となっている(国の在宅医療連携拠点事業が採択され，それに応じて，1名の社会福祉職の非常勤職員が雇用されている)．

　さらに2013年度には，翌年度の地域医療拠点の運営も見据えて，それぞれのラインに主幹を配置し，「在宅医療支援担当」のラインに保健師をさらに3

```
┌─────────────────────────────────────────────┐
│ 保健福祉部（介護保険部局）に専属の福祉政策室を設置し， │
│ 2012年度現在で9名の職員を配置                  │
└─────────────────────────────────────────────┘
```

保健所長 　保健福祉部長

福祉政策室長　　高齢者支援課長　　障害福祉課長

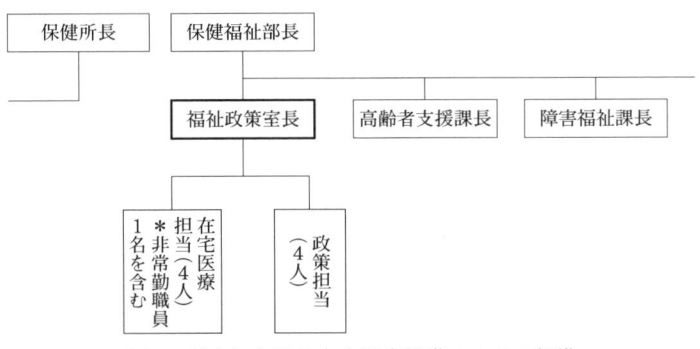

在宅医療担当（4人）＊非常勤職員1名を含む　／　政策担当（4人）

図2　柏市における在宅医療推進のための組織

名配置し，11名の職員と非常勤職員1名の12名の配置として組織整備が行われた．実際の患者を支援する多職種のチームのコーディネートを新たに3名配置した保健師が担うこととなる．このコーディネート業務については，医師会への委託を行うという手法も考えられるが，医師会の助言もあり恒久的に事業を継続するという観点では行政が業務の一環として実施した方が望ましいという判断がされている．

　このうち，2014年3月まで行われてきた各種会議(連携WG，試行WG，地域ケア会議，顔の見える関係会議等)の事務局や，具体的な症例を通した試行，市民啓発等を「在宅医療支援担当」のラインが職員7名と非常勤職員1名の体制で担っており，さらに組織の再編はあるものと思われるが，概ね2014年4月に開所される地域医療拠点の業務を担っていくこととなる．

　地域医療拠点が持つ機能は，まず，これまで述べたように，主治医—副主治医制という在宅医のグループ化を図って医師同士が助け合う仕組みの構築を前提とすることとなるが，これについては，長崎市医師会が行っている「長崎Dr. ネット」などが先進事例であるが，柏プロジェクトでは，24時間対応できる複数医師が配置された在宅医療専門の診療所が，最後はバックアップにまわることなどを検討しており，地区医師会の中の自治に基づいて，こうしたグループ化を行うことを模索している．

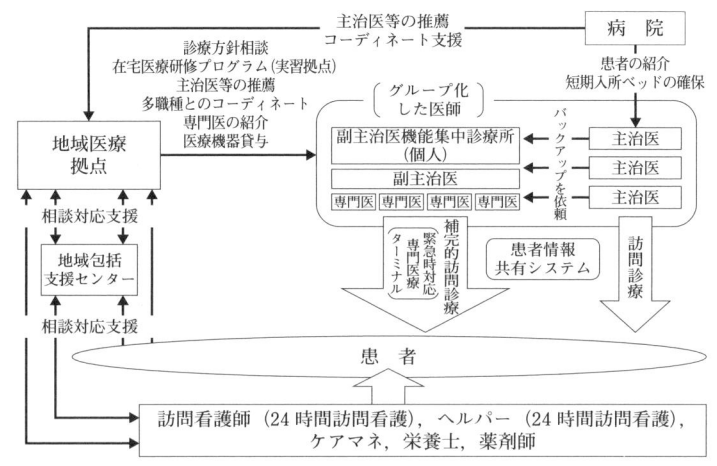

図3 地域医療拠点を中核に据えたシステムの具体的な動き

注：チーム編成の管制塔機能を地域医療拠点が担う．

　最終的には，柏市医師会でこうしたグループをつくり上げることをめざしている．例えば，退院するときには多くの場合に，在宅医療が必要なケースがあると考えられる．そうしたときに主治医がいないという場合は，地域医療拠点に連絡があれば，柏市のコーディネーターが患者等の相談に応じて医師会と一緒に対応を検討し，必要に応じて，かかりつけ医等を紹介するということを想定している．そのような形で，地区医師会と行政が組んで運営される拠点として，医療だけでなく，看護・介護も含めてすべてをつないでいくことをめざしている．地域医療拠点開設後については，従来の連携ワーキンググループの参加者に呼びかけて，地域医療拠点の運営委員会を立ち上げることとしている．

　前述した業務を推進していくために，運営委員会の下で，①情報共有システムや多職種連携ルールについて議論をしたり，必要に応じて個別症例の検討を行う「多職種連携・情報共有システム部会」や，②在宅医療多職種研修，顔の見える関係会議等の計画と実施，年間を通じた在宅医療・地域医療をテーマとした研修の企画・運営等を行う「研修部会」，③在宅医療をはじめとする地域医療に関して，市民に向けた普及啓発活動の方法の検討，広報・啓発ツールの作成と実践を行う「啓発・広報部会」の立ち上げを予定している．

　また，2013年11月に，市内の多職種の関係者からの意見を踏まえて，地域

(1) 在宅医療・介護多職種連携の会議体制

```
                    在宅医療・介護多職種連携協議会
                    ・多職種連携ルールの作成
  課題の抽出 ↗      ・行政施策への反映        ↖ 課題の抽出
           ↙                                  ↘
        ルールの浸透                          ルールの浸透

  顔の見える関係会議                              地域ケア会議
  ・多職種連携ルールの確認    ← 課題解決・共有 →  ・多職種による個別ケース検討
  ・多職種の関係づくり
```

(2) 地域医療・介護多職種連携協議会

```
  ┌─ 10 病院会議 ─┐   在宅医療・介護多職種連携協議会
  各団体の在宅医療・地域              
  医療担当委員会・部会等     医師会（診療所，病院），歯科医師会，薬剤師会，訪
  ・各職種ごとの連携体制の検証   問看護連絡会，ケアマネ協議会，地域包括支援センター，
  ・職種ごとの研修            リハ連絡会，在宅栄養士会，介護サービス事業者協議会，
                            社会福祉協議会，ふるさと協議会，千葉大学，東京大学，
                            都市再生機構ほか
                            柏市（事務局）

   多職種連携・情報           研修部会              啓発・広報部会
   共有システム部会
  ・情報共有システムや多職種連携ル  ・在宅医療多職種研修，顔の見える  ・在宅医療を始めとする地域医療に
   ールについて議論           関係会議等の計画と実施      関して，市民に向けた普及・啓発
  ・必要に応じ個別症例の検討    ・年間を通じた在宅医療・地域医療   活動の方法の検討
                            をテーマとした研修の企画運営   ・広報・啓発ツールの作成と実践
```

図4　柏市の在宅医療・介護多職種連携の体制

医療拠点の名称を「柏地域医療連携センター」に決定した．

(3) 市町村が運営する在宅医療連携拠点等における機能の比較について

①本機構がサポートして実践している市町村等の取り組み

本機構では千葉県柏市とともに，福井県坂井地区（坂井市，あわら市），岩手県釜石市とも連携した取り組みを実施している．まず，それらの取り組みの概要を述べたい．

　ア．坂井地区広域連合の取り組み

福井県坂井地区では，2008年度に，坂井地区医師会で，在宅医療のあり方を検討し始め，①自宅に帰りたいという入院患者に在宅医療に対応する医師をつなぐ取り組みと，②医師1人では在宅医療をカバーしきれないという問題意識の下，副主治医をつける取り組みの2つを柱に，「在宅ケアネット」という

事業を立ち上げている．

その後，2010年度に，福井県と本機構による協働研究事業がスタートし，これを契機として，坂井市，あわら市，坂井地区広域連合なども積極的に関わるようになり，介護保険者である広域連合が地区医師会のノウハウを活かしながら，福井県のサポートも得て，医療・介護連携に積極的な役割を果たしていくこととなる．

そして，坂井地区において，在宅ケアの体制構築を図ることをめざし，2012年度には，「坂井地区在宅ケア将来モデル推進協議会」を立ち上げ，坂井地区の医師会・歯科医師会・薬剤師会の役員，介護保険事業者ネットワークさかい（坂井地区管内約200事業所で構成）の役員，あわら市，坂井市，福井大学，東京大学がメンバーとなり，福井県と広域連合が事務局を担う形で取り組みが進められている．この協議会では，①坂井地区医師会が主体となり，在宅主治医をカバーする副主治医選定ルールと坂井地区7病院によるバックアップ体制を組み合わせた在宅医療システムの構築，②福井県が主体となり，医療・介護の多職種間で活用可能な坂井地区統一の患者記録様式の利用とITを活用した患者情報共有システムの試行運用，③広域連合が主体となり，地域包括支援センター単位での医療・介護連携の強化，④坂井市，あわら市が主体となり，市民が自発的に在宅ケアを学ぶための普及啓発の4つの点で検討が進められている．具体的な取り組みについては，表1を参照されたい．

イ．「チームかまいし」の取り組み

2011年3月11日の東日本大震災により，人的被害のみならず，家屋や産業資源，多くの医療機関，介護関連施設も被災した．こうした中で，被災地における地域包括ケアの実現に向けて，被災高齢者特有の課題を包含した健康を支えるための仕組みづくりが求められていた．そこで，2012年11月に，釜石市医師会が中心となって，「地域包括ケアを考える懇談会」を立ち上げている．この懇談会では，医師会のほか，釜石広域介護支援専門員連絡協議会，市社会福祉協議会，すずらん・ふれあい会（有償ボランティア），市老人クラブ連合会，市シルバー人材センター，東京大学（工学系研究科，本機構）がメンバーとなっている．そして，約4カ月の検討を通じて，2013年2月に，「生きる希望にあふれたまちづくり」というまちづくりに関する提言を釜石市長に行っている．

提言の中で「復興を内包した地域包括ケアのまちづくり」をめざすとしているが，これは「これまでの地域包括ケアに対する取り組みを継続しつつも，震災により失われた社会的健康を再生していくプロセスに他ならない．コミュニティを再生し，生活環境を整え，やりがいの仕組みをつくり，地域に開かれ孤立することのないまちづくりを実現すること」をめざすものと位置付けている．

こうした取り組みを契機として，在宅医療・介護の連携に向けた取り組みとして，拠点機能を持った「チームかまいし」を市役所内に設置して，取り組みを推進している．

ここでは，柏市（千葉県），坂井地区広域連合（福井県），釜石市（岩手県）の3カ所の具体的な取り組みについて，表1のように比較した．

②アンケート調査からみる市町村行政等の取り組み状況

これまで，柏市における在宅医療連携拠点（地域医療拠点）の立ち上げ経過を中心に，本機構が連携して取り組んできた2地区の取り組みの概要を述べてきたが，ここでは，全国の他の市町村等が運営する在宅医療連携拠点等について概観したい．本機構では，2012年12月に，①在宅医療連携拠点事業を概ね1年以上実施している市町村等と，②都道府県独自に同様の取り組みを実施している東京都の「在宅療養環境整備支援事業」[2]をモデル事業段階から実施している区市にアンケート調査を実施し，合計20カ所[3]から回答を得て，その回答をもとに，現在市区町村行政等がどのような機能を担っているかを比較分析した．

まず，在宅医療連携拠点事業等を始めたきっかけとしては，約半数（55.0％）が市区町村行政等で在宅医療を推進するために呼びかけたというものであった（図5）．また，事業の立ち上げにあたって調整が難しかった点があったかどう

---

2) 東京都では，医療保健政策区市町村包括補助事業として，住民に身近な保健・医療・福祉サービスを担う区市町村の主体的な取り組みを進めるため，「在宅療養環境整備支援事業」を実施し，医療・介護に係る関係者や行政，住民代表等による「在宅療養推進協議会」の設置や，地域の病院や診療所における「在宅療養後方支援病床」の確保，入院医療から在宅療養への円滑な移行等を調整するための「在宅療養支援窓口」の設置について支援を行っている．

3) 釜石市（岩手県），横手市（秋田県），市川市（千葉県），柏市（千葉県），上市町（富山県），大野市（福井県），坂井地区広域連合（福井県），須坂市（長野県），高浜市（愛知県），名張市（三重県），近江八幡市（滋賀県），熊本市（熊本県），（以下，東京都）新宿区，墨田区，大田区，世田谷区，豊島区，国立市，調布市，小平市の20カ所から回答を得た．

表1 三地域における取り組みの特徴

	柏市(千葉県)	坂井地区(福井県)	釜石市(岩手県)
1. 在宅医療推進協議会の設置方法と検討事項	「在宅医療委員会連携ワーキンググループ」(市と多職種とで在宅医療・介護の具体的な連携ルールづくり)	「在宅ケア将来モデル推進協議会」(推進方策の進捗管理，調整等を実施)	「在宅医療連携拠点事業推進協議会」(復興を内包した地域包括ケアのまちづくりに向けた検討)
2. 在宅医療連携拠点の設置形態と実施事業	地域医療拠点内，行政直営(8名，非常勤1名)，①研修，②コーディネート，③市民啓発を実施	坂井地区広域連合から地区医師会へ委託し，コーディネーター看護師(2名)を配置．①コーディネート，②啓発を実施	市役所内に「チーム釜石」を設置し，医師会から医師の派遣受け入れ，①多職種連携，②啓発を実施
3. 人材育成(研修)	医師の動機付けのための多職種連携研修を年1-2回程度実施中	既存の研修会を活用しながら，多職種による動機付け研修を実施中	地域包括支援センター研修，介護版死亡症例検討会等を実施
4. 顔の見える関係会議	「顔の見える関係会議」を年4回開催(地域資源把握，症例検討等)	「顔の見える多職種連携カンファレンス」を開催．地域包括支援センター単位で連携	「多職種合同研修会」を開催
5. 主治医—副主治医制の実施状況	副主治医を固定して試行を行い，本格稼働に向けて手法を検討中	コーディネーター看護師による副主治医選定	副主治医を在宅療養支援部会の医師に固定し，主治医をバックアップ
6. 他の医師負担軽減策	原則，退院元病院によるバックアップをルール化	協定を結び，病院によるバックアップ体制の構築	市保健福祉センター内の病院・診療所等と連携
7. ICTの利活用等	ICTを活用した試行症例検討を実施し，システム改修に反映中	坂井地区情報連携シートを作成し，ICTを活用した患者情報の共有を実施	ネットワークシステムの試験的運用
8. 住民啓発	「市民啓発委員会」，地域団体との意見交換，市民集会，地域づくり支援等	「住民啓発実施チーム」，在宅ケア出前講座，DVD，寸劇，市民集会等	「チーム釜石」を中心に，「広報かまいし」からの情報提供，研修会，出前講座等

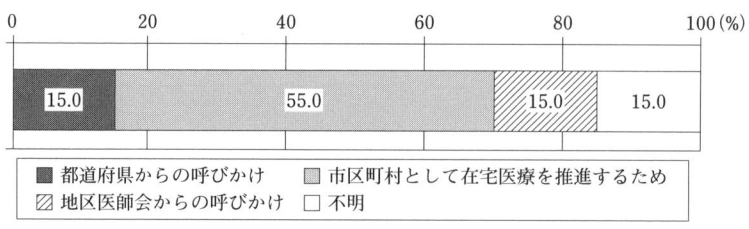

図5 在宅医療連携拠点事業等を始めたきっかけ(n=20, 単数回答)

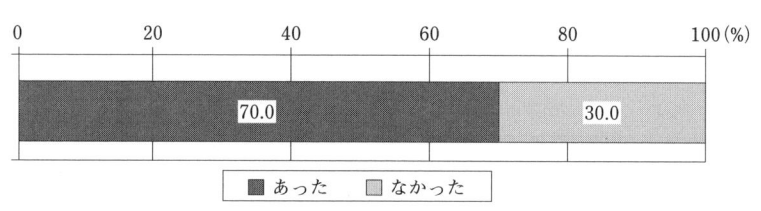

凡例: ■都道府県からの呼びかけ　■市区町村として在宅医療を推進するため　▨地区医師会からの呼びかけ　□不明

- 都道府県からの呼びかけ: 15.0
- 市区町村として在宅医療を推進するため: 55.0
- 地区医師会からの呼びかけ: 15.0
- 不明: 15.0

図6 在宅医療連携拠点事業等を始めるにあたって調整が難しかったことの有無(n=20, 単数回答)

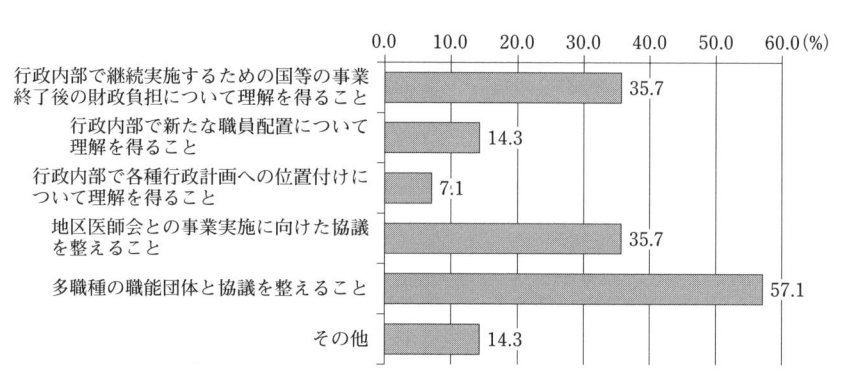

- あった: 70.0
- なかった: 30.0

図7 在宅医療連携拠点事業等を始めるにあたって調整が難しかった点 (n=14, 複数回答)

- 行政内部で継続実施するための国等の事業終了後の財政負担について理解を得ること: 35.7
- 行政内部で新たな職員配置について理解を得ること: 14.3
- 行政内部で各種行政計画への位置付けについて理解を得ること: 7.1
- 地区医師会との事業実施に向けた協議を整えること: 35.7
- 多職種の職能団体と協議を整えること: 57.1
- その他: 14.3

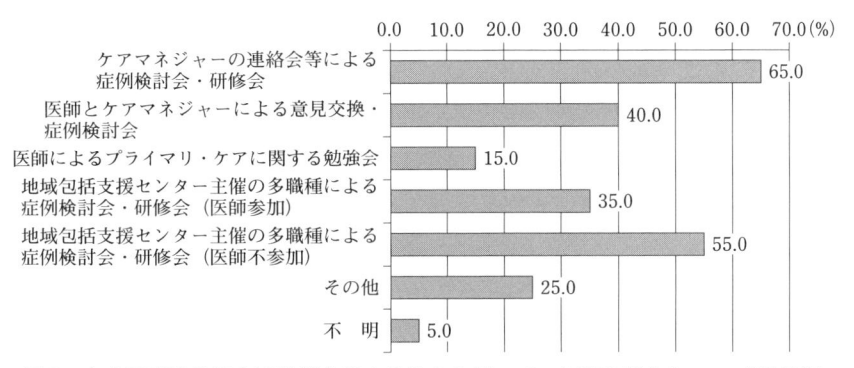

図8 在宅医療連携拠点事業等を始める前から行っていた取り組み(n=20,複数回答)

項目	%
ケアマネジャーの連絡会等による症例検討会・研修会	65.0
医師とケアマネジャーによる意見交換・症例検討会	40.0
医師によるプライマリ・ケアに関する勉強会	15.0
地域包括支援センター主催の多職種による症例検討会・研修会(医師参加)	35.0
地域包括支援センター主催の多職種による症例検討会・研修会(医師不参加)	55.0
その他	25.0
不明	5.0

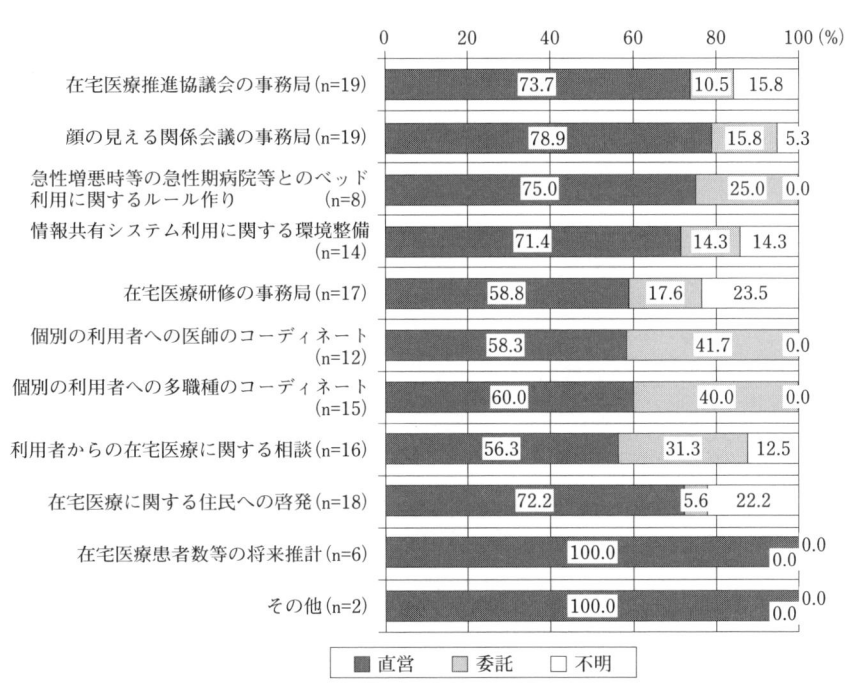

図9 在宅医療連携拠点等として市区町村が行政として行っている業務の直営・委託の状況(単数回答)

業務	直営	委託	不明
在宅医療推進協議会の事務局(n=19)	73.7	10.5	15.8
顔の見える関係会議の事務局(n=19)	78.9	15.8	5.3
急性増悪時等の急性期病院等とのベッド利用に関するルール作り(n=8)	75.0	25.0	0.0
情報共有システム利用に関する環境整備(n=14)	71.4	14.3	14.3
在宅医療研修の事務局(n=17)	58.8	17.6	23.5
個別の利用者への医師のコーディネート(n=12)	58.3	41.7	0.0
個別の利用者への多職種のコーディネート(n=15)	60.0	40.0	0.0
利用者からの在宅医療に関する相談(n=16)	56.3	31.3	12.5
在宅医療に関する住民への啓発(n=18)	72.2	5.6	22.2
在宅医療患者数等の将来推計(n=6)	100.0	0.0	0.0
その他(n=2)	100.0	0.0	0.0

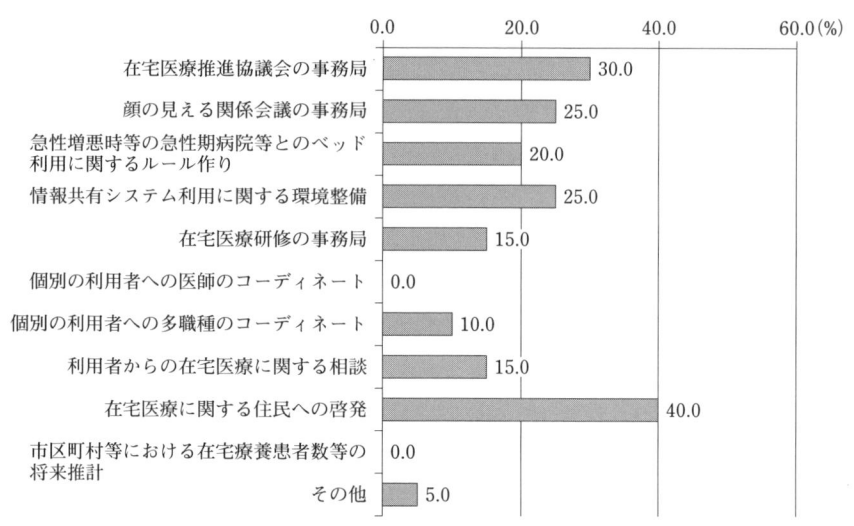

取り組み	割合(%)
在宅医療推進協議会の事務局	30.0
顔の見える関係会議の事務局	25.0
急性増悪時等の急性期病院等とのベッド利用に関するルール作り	20.0
情報共有システム利用に関する環境整備	25.0
在宅医療研修の事務局	15.0
個別の利用者への医師のコーディネート	0.0
個別の利用者への多職種のコーディネート	10.0
利用者からの在宅医療に関する相談	15.0
在宅医療に関する住民への啓発	40.0
市区町村等における在宅療養患者数等の将来推計	0.0
その他	5.0

図10 今後全国で在宅医療を推進していく中で重点的に取り組むことが有効だと考えられる取り組み(2つまで選択)

かについては,「あった」という回答が70.0%で(図6),その内容としては複数回答であるが,行政内部での調整よりも,最も多かった回答が,多職種の職能団体との協議(57.1%)で,続いて,地区医師会との協議(35.7%),行政内部で継続実施するための財政負担について理解を得ること(35.7%)という結果であり(図7),医療・介護に関わる従事者の職能団体との調整が円滑に進むかどうかが1つのポイントになっているものと考えられる.

さらに,在宅医療連携拠点事業等を始めるにあたっては,すでに,在宅医療・ケアに関する症例検討会や研修会を行っている市区町村等が多くを占め,特に,医療・介護の連携という視点では,「医師とケアマネジャーによる意見交換・症例検討会」を行っていたところが,40.0%を占めていた.したがって,比較的既存の取り組みの延長線上で,在宅医療連携拠点事業等を開始している市区町村等が多かったという傾向がうかがわれる(図8).

また,市区町村等が行政として直接行っている業務を見てみると,在宅医療推進協議会や顔の見える関係会議の事務局,住民への啓発等は,概ね行政として直接行っているが,在宅医療研修,利用者への医師や多職種のコーディネー

ト業務や，利用者からの在宅医療に関する相談については，行政が直接行っているところと委託により実施しているところ(委託先の多くは地区医師会である)が，約半数ずつに分かれており，地域の実情に応じた対応がみられる(図9)．

さらに，今後の在宅医療の推進に向けて，重点的に取り組むことが有効と考えている取り組みとしては，住民への啓発が最も多く(40.0％)，在宅療養の推進に向けて，市区町村等が主体となって進めていくべきと考えている事業としては，住民の意識啓発の重要性が確認された(図10)．

2 地域医療拠点運営のための多職種連携モデル事業

(1) 試行ワーキンググループの立ち上げ

在宅医療を推進するためには，医療と介護の連携を推進するためのコーディネートの拠点が必要と考えられ，柏市においては，地域医療拠点(名称：柏地域医療連携センター)の整備を図ってきた(前節参照)．

この場合，具体的な連携を進めるためには，地域の病院，開業医，訪問看護ステーション，居宅介護事業所等がネットワークを築き，柏市において在宅医療を推進するために，多職種で合意形成を図り，ローカル・ルールを構築することが必要であり，こうした取り組みを通じて，在宅医療システムを構築することをめざした．

疾病を治療するという捉え方を基本とした「治療モデル」から，疾病を障害と捉えて，残された機能を積極的に生かしながら，生活全体の質を高めていくという「生活モデル」への移行は，患者の退院時など，急性期医療から長期療養・緩和ケア中心の場へと移る際などに特に課題とされることが多い．そうした移行期には，医師や看護師等の医療職とケアマネジャーやヘルパー等の介護系の職種の間で意思の疎通がスムーズに行われないケースが多くなることが考えられる．こうした多職種間での意思疎通をスムーズに行い，患者(利用者)の生活の質を高めていくためには，医師を含めた多職種間できっちりと役割分担・情報共有を行い，協働・連携して対応することが重要と考えられる．

こうした取り組みを進めるため，まず，医師を含めた多職種が集まって，症

例検討を行うことからはじめることとした．すでに，全国では先行してこうした取り組みが行われているケースもあると考えられるが，ここでは，在宅医療を推進するためのシステムづくりを主眼におき，次のような視点で，症例検討を行うこととした．

まず，前述のとおり，一人開業のかかりつけ医の在宅医療の負担を合理的に軽減することが必要である．そのため，開業医同士のグループ化を進めるための「主治医―副主治医制」の仕組みと，医師を含めた多職種で連携することにより，お互いの強みを活かして，効果的に在宅療養患者のケアを行うための「多職種連携」の仕組みをどう構築するかという視点で，症例検討の場づくりを進めた．また，これらの仕組みの構築と並行して，医師を含めた多職種間で，情報の共有をスムーズに行うための情報共有システムの開発も同時にめざした（次節参照）．

この症例検討の場づくりに向け，2011年11月に，症例を通じた試行を実施するための試行ワーキンググループを立ち上げた．以下では，「主治医―副主治医制」をはじめとした，わが国における在宅医の負担軽減に向けた取り組みを概観し，柏市において，具体的にどのように試行ワーキンググループを中心に，実際の仕組みづくりを行ってきたかを述べる．

(2) わが国における在宅医の負担軽減に向けた取り組みについて

わが国においては，開業医がグループ化し，24時間365日の対応を円滑に実施できるようにしようとする取り組みを先行的に行っている地域が見受けられる．ここでは，それらについて，概観したい．

これらの取り組みについて，大きく分けると，①柏市においても試行している「主治医―副主治医制」が考えられる．これは，主治医が対応できない場合の補佐役として開業医間で副主治医を決めるもので，「長崎Dr.ネット」（長崎市）の取り組みや，「坂井地区在宅ケアネット」（福井県坂井地区），京都府乙訓地区医師会での取り組みなどがあげられる．なお，「長崎Dr.ネット」については，柏プロジェクトをはじめた当初（2010年），連携ワーキンググループに，取り組みを中心的に進められてきた白髭豊医師（白髭内科医院）に講演を依頼した．

次に，②バックアップ医師の「輪番制」が考えられる．これについては，千葉県匝瑳市医師会の取り組みや，輪番制の変形であるが，情報システムを活用してバックアップ医師の呼びかけを行っている「在宅医ネットよこはま」（横浜市）の取り組みなどがあげられる．

また，直接，医師同士がグループ化をするというわけではないが，尾道市医師会の取り組みのように，退院時の「15分ケアカンファレンス」として，多職種による情報共有に重点を置いた取り組みや，緊急時のコールを訪問看護ステーションで受けて，訪問看護師と連携した「玉名在宅ネットワーク」（熊本県）の取り組みなどがある（表2）．

この中で，2013年3月に柏市及び本機構でヒアリング調査を行った「長崎Dr. ネット」での取り組みを紹介したい．

取り組みをはじめたきっかけとしては，医療制度の改正等により病院での長期入院が難しくなってきたことや，介護保険の普及等により，在宅医療のニーズが増してきたことがあげられる．こうした中で，一開業医としては，重症の患者を多く診ることは，負担感も大きく，実際に，積極的に，訪問診療を実施している開業医が多いとはいえない状況があった．そこで，在宅医療に関心のある医師が集まり，診診連携や病診連携の形を整え，その中でグループ診療を行うことで，患者や病院側に対して，在宅医療の受け皿となり，開業医にとっては，個人の負担の軽減を図れる仕組みを構築しようと考えられた．

取り組みを推進する中で，2003年3月には，「認定NPO法人長崎Dr. ネット」として事務局の法人化を図っている．具体的な取り組みとしては，病院側から，事務局（白髭内科医院）に患者の意向が伝えられるところからはじまる．そして，事務局からメーリングリスト宛てに主治医を募るメールが送られ，該当地区の会員に手をあげてもらうという仕組みである．そして，主治医とともに副主治医を決定し，両者で相談しながら訪問診療をはじめている．これらの仕組みを実践されている在宅医を「連携医」とし，2013年1月現在で71名がいる．また，皮膚科，眼科，精神科などの専門性の高い領域の医師も，「専門医」という形で関わっており，会員としては171名で運営をされている（2013年1月現在）．

運用としては，長崎市内を5つの地区に分けて，それぞれに経験豊富なコー

表2 在宅医療推進に向けた在宅医のグループ化に

項 目	長崎県長崎市 (長崎在宅Dr.ネット)	熊本県玉名郡市 (たまな在宅ネットワーク)	広島県尾道市	福井県坂井地区 (坂井地区在宅ケアネット)
1 対象エリア	長崎市全域	玉名市,玉東町,和水町,南関町,長洲町	尾道市全域	坂井市,あわら市全域
2 地勢 (面積,人口,高齢化率等) ※2013年10月1日現在	面積406.46km² 人口:439,408人 高齢化率:26.6%	面積364.10km² 人口:113,096人 高齢化率:30.2%	面積284.85km² 人口:145,352人 高齢化率:32.0%	面積326.90km² 人口:123,709人 高齢化率:24.9%
3 推進主体	認定NPO法人	玉名郡市の在宅医療に関わる有志(医師会が全面的に支援)	医師会	医師会(坂井地区医師会)
4 参加職種	連携医,専門性の高い診療科の協力医,病院医師	医師,看護師,歯科医師,薬剤師,介護支援専門員,社会福祉士,行政,地域包括支援センター,社協,他	医師,看護師,薬剤師,ケアマネジャー,介護職,民生委員等	病院,医師,薬剤師,看護師,ケアマネ,介護職等
5 取り組み実施の経過	H14:多職種による「在宅ケア研究会」発足 H15:在宅に熱心な医師がDr.ネットを発足(当初13名) H20:NPO法人として認証・登録 H22:認定NPO法人 現在:連携医76名	H19:町に1カ所の診療所医師が在宅医療に取り組む診療所間での協力を呼びかけ,10名の医師と3つの訪問看護ステーションで発足.H24に在宅医療連携拠点事業を受託したことを機に医師会立病院である玉名地域保健医療センター医療連携室に事務局を移管	H3:救急蘇生委員会により病院と診療所医師が連携し好循環.また,介護保険の勉強会も通じて,その延長で取り組みを推進	H20.11に「坂井地区在宅ケアネット」として相談窓口を設置し,主治医,副主治医の紹介等を行うH22.10より福井県と東京大学でジェロントロジー共同研究事業を実施.H24.9に「坂井地区在宅ケア将来モデル推進協議会」を立ち上げ
6 在宅医療推進の具体的手法	・長崎在宅Dr.ネット事務局が中心となり,主治医の斡旋,在宅医の支援・教育,地域のネットワークづくりを実施 ・連携への参加医師は,基本的に24時間365日対応可能で,メールや携帯電話による連携が可能であることが前提	・訪問看護の24時間365日の緊急時訪問看護体制を基盤に訪問看護への連絡をファーストコールとして,医師のみの24時間365日体制を補完.担当の訪問看護師が緊急時のコールを一旦受け,必要があると判断した場合,主治医に連絡する	・H11:尾道医師会方式ケアカンファレンス実務研修を実施後,ケアカンファレンスの実施を徹底 ・主治医機能を中核とした,病診連携,診診連携,多職種連携を推進.急性期病院,一般病院,診療所の医師,薬剤師,ケアマネジャー,民	・在宅ケアネット事務局がコーディネーター(在宅医療コーディネーター1名を配置)となり,登録医から主治医を決定し,副主治医を主治医が決定.地区内7病院が緊急時の受入.副主治医を選定する際には,患者・家族にも周知

向けた先進的事例の取り組み状況　　　　　　　　　　　　　　　　　　　　　　　　　　（2014年1月現在）

京都府乙訓地域	神奈川県横浜市 （在宅医ネットよこはま）	千葉県柏市	千葉県匝瑳市
長岡京市，向日市，大山崎町	横浜市全域を東西南北の4ブロックにして活動中	柏市全域	匝瑳市全域
面積：32.8km² 人口：149,999人 高齢化率：24.2%	面積：434.98km² 人口：3,714,187人 高齢者率：21.7%	面積：114.90km² 人口：403,783人 高齢化率：22.3%	面積：101.18km² 人口：39,322人 高齢化率：27.2%
医師会，有志の医師（医師のグループ化）	東西南北ブロックの代表世話人と歯科医師世話人による代表世話人会で運営	医師会，市役所	医師会
医師	会員は医師と歯科医師．様々な形で多職種との研究会を実施 医療従事者と介護従事者によるサポーター会員制度準備中	医師，歯科医師，薬剤師，看護師，介護職	医師，看護師，後方支援病院等
H7：医師会が行政と共同で在宅療養手帳を作成 H19：医師会において，医師の現状把握を行い，在宅かかりつけ医制度を開始．退院支援を実施	H15：在宅を積極的に行ってきた医師が「在宅医ネットよこはま」を立ち上げ．横浜において，行政区と医師会の枠を超え，積極的に行おうとしている在宅医を支援し，より質の高い在宅医療を提供できるよう在宅医同士のネットワークを形成することを目的として設立	H21.6，豊四季台における市，UR，東大による高齢社会総合研究会立ち上げを契機として，在宅医療についても検討．H22.5には具体的な施策を進めるため三社協定を締結	S63に在宅ケア委員会設置，H11年から在宅患者24時間支援システムを開始．H13にオリジナルの情報システムを構築WEB上で対応可能に
・在宅療養手帳の作成・活用，認知症ネットワークの構築等を行い，地域全体で在宅医療に取り組む体制を推進 ・在宅療養手帳の作成・活用方法について検討するため，関係者による在宅療養手帳委員会を定期的に開催．医師会，歯科医師会，薬剤師会，行政，地域包括支援センター，訪問看護ステー	・メーリングリストを用いて在宅医同士の疑問や相談にみんなで対応 ・不在時には連携医師による代診など出来るように会員同士で連携している ・専門外診療が必要な場合に同行往診やアドバイスをもらえる関係作り	・医師会と市が連携して，副主治医を固定して主治医―副主治医制を試行するとともに，他職種連携を目的とした試行を実施 ・症例を通じて病院と在宅医療チーム間で共有すべき情報を整理．さらに在宅医療チーム内での情報	・医師会が中心となり，主治医が患者を最期まで見ることを基本として，主治医が患者からの電話に出られない場合に24時間対応できる当番医に自動転送する

表2 在宅医療推進に向けた在宅医のグループ化

項　目	長崎県長崎市 (長崎在宅Dr.ネット)	熊本県玉名郡市 (たまな在宅ネットワーク)	広島県尾道市	福井県坂井地区 (坂井地区在宅ケアネット)
6 在宅医療推進の具体的手法(続き)	・自宅療養を希望する入院患者の主治医が見つからない場合には，事務局が窓口となって主治医，副主治医を紹介	・玉名地域保健医療センターは，強化型在宅療養支援病院となっており，24時間入院を受け入れるバックアップ病院としても機能．同時に医療連携室MSWが実際の在宅医療に関わるケースのコーディネーターの役割を担う	民生委員等の関係者によるネットワークを構築	・H25.1より，坂井地区と地区内の7病院が協定を締結し，在宅医療の受入体制を構築
(1)医師のグループ化	・市内5地区にコーディネーターを置き，病院地域連携室から事務局へ連絡．ネット上で主治医・副主治医を募集し決定 ・連携医は，主治医として治療に当たる者と，これを補佐する副主治医からなる ・協力医は専門性の高い診療科の医師からなり，連携医からの医療相談に応じる．必要に応じて往診も行う ・病院医師は，病診連携を実践し，専門的な立場より助言等を行う	・かかりつけ医師が出張等で当初より不在が判明している場合はメーリングリスト等を通じて不在時の対応可能なDrを依頼．事務局で調整を図っている	・主治医が専門開業医に随時相談可能な診診連携を推進．専門開業医もケアカンファレンスに参加	・坂井地区(坂井市・あわら市)を6ブロックに分けブロック内，または隣接するブロックとの連携により主治医一副主治医制を採っている ・副主治医の選定条件は，高齢者の居住地域で活動，家まで確実に往診できる等
(2)多職種連携	・多職種による退院前カンファレンスを実施 ・独自の管理栄養士派遣システムを構築．各診療所で常勤の管理栄養士の雇用が難しいため診療所間でシェアし栄養指導を実施した．これから現在長崎県栄養士会の派遣システム長崎栄養ケアステーショ	・「たまな在宅ネットワーク」定例カンファレンスを月1回実施．医師，看護師，ケアマネジャー等が参加．症例検討，症例を通じて挙げられた課題について議論．課題を踏まえた新たな企画提案も実施 ・「双方向・参加型」を基本方針とする研修会を多数開催	・15分ケアカンファレンスを実施．主治医の参加を基本とし，参加者は事前にアセスメントやケアプランの内容を把握するなど，事前準備により短時間での開催を可能に．本人や家族も参加し，その場で意思確認も行う ・社会福祉協議会，民生委員児童委員協	・「顔の見える多職種連携会議」等を通じて，連携を促進 ・「顔の見える多職種連携会議」は，地域包括支援センター単位で，多職種連携カンファレンスを開催．これまでなかった高齢者に関わる全ての職種が集まる機会を設定．グループワーク等を実施

に向けた先進的事例の取り組み状況(続き)

京都府乙訓地域	神奈川県横浜市（在宅医ネットよこはま）	千葉県柏市	千葉県匝瑳市
ション，ケアマネジャー，グループホームなど多職種が参加 ・中核医療機関である済生会京都府病院に開放病床を設置．入院，退院後に診療所の主治医と病院医師の間で，患者に関する情報をスムーズに共有できるシステムを構築		共有のあり方を検証	
・医師会が在宅医療推進の取り組みを行う中，有志の医師で自主的にグループを作り，グループ内で互いに連携 ・医師グループの1つに「チーム・ドクター・ファイブ」がある（H18に結成）．5名の医師が連携し，副主治医を設ける取り決めを行っている．患者からの往診依頼に主治医が対応できない場合に備え，平日は3名，週末や祝日は2名をバックアップとして予定表を作成．事前に患者へ配布．各自の症例を持ち寄り，治療方法や緊急時の処置の打ち合わせを重視	・現在，100名程度の医師が登録し，北，東，南，西部に分かれて，活動中 ・会員の在宅医の名簿を作成．在宅医同士で連絡を取れるよう支援	・多職種連携による動機づけ研修会を開催し，医師会として，グループ化を模索 ・主治医の負担軽減のための副主治医の役割及び医師のグループ化のあり方について，医師会の「在宅プライマリケア委員会」が主体となり検討し，引き続き症例検証と制度の全市展開に向けたルールづくりをめざす	・在宅医療を積極的に行っている11診療所で，24時間対応する当番医を持ち回りで実施する（1週間ごとの輪番制）
・医師会における「在宅療養手帳」作成時より，医師と福祉・介護職との情報共有化が進む．その土壌を活かし，訪問看護ステーション，ケアマネジャー，ヘルパー，訪問調剤薬局等と連携．診療情報も提供．病院の地域連携室にも患者の診療情報を提供．いざというときの体制を整備	・胃ろう勉強会，緩和ケア勉強会，口腔ケア勉強会など，医療従事者と介護従事者が一緒に勉強できる体制を構築．地域で患者を支えることをめざす 「胃ろう勉強会」には病院医師，病棟看護師，診療所看護師，在宅医，歯科医師，訪問看護師が参加．マニュアルも作成 ・在宅主治医と病院主治	・連携WG，顔の見える関係会議等を通じて，連携を促進 ・医療・看護・介護の関係団体が，多職種連携のルールづくり等について議論するための会議を開催多職種団体が参加することで，効果的に関係づくりやルール作りが可能 「試行WG」では，21	・多職種連携の講習会などを定期的に実施 ・後方支援病院，訪問看護ステーションとも連携

129

表2 在宅医療推進に向けた在宅医のグループ化

項　目	長崎県長崎市 (長崎在宅Dr.ネット)	熊本県玉名郡市 (たまな在宅ネットワーク)	広島県尾道市	福井県坂井地区 (坂井地区在宅ケアネット)
(2)多職種連携(続き)	ンができた．現在医師会より派遣 ・医師(連携医，協力医)，ケアマネジャー，訪問看護師，病院主治医による症例検討会を定期的に開催．多職種連携の課題，有効な方策について検討	各種団体と協議しながら企画・開催 ・ケアマネジャー，MSWを対象に医師とのコミュニケーション講座を開催．利用者情報を的確に伝えるための視点への理解を促進	議会，公衆衛生推進協議会等とも連携 ・多職種協働のもと，病院，主治医が連携し，在宅緩和ケアの実現をめざす「尾道方式」に取り組む．退院前に訪問看護師や多職種によるカンファレンスを行い，在宅緩和ケアでの看取りを在宅チーム医療で実施	・坂井市のケアマネジャーは医療機関とのコミュニケーション促進を目的として，連絡を受けやすい「ケアマネタイム」を公表
(3)情報共有	・様々な形態のメーリングリストを活用 「全体ML」：全会員が参加 「連携医ML」：在宅主治医・副主治医を担う連携のみのML 「理事ML」：理事のみのML 「プチML」：1人の患者に関わる医療・介護の関係者で構成する小規模のML ・プチMLは，医師，訪問看護師，ケアマネジャー，地域連携室の担当者，訪問薬剤師，訪問リハビリ師，病院の担当看護師，ヘルパー等，多職種が参加．症例単位で作成し，症例によりMLのリーダーが変わる．通常は医師だが，介護度が高い症例の場合はケアマネジャーなど	・主治医以外の医師が往診に対応する場合，担当の訪問看護師が同行することで，患者に関する必要な情報を共有 ・事務局である玉名地域保健医療センターにおいて，たまな在宅ネットワークを利用できる患者情報を一元管理 ・メーリングリストを活用し，多職種間で密に情報交換 ・効率的な情報共有の取り組みとして，地域連携パスの作成，地域の在宅医療・介護関係者の連絡様式・方法の統一を実施	・H23：総務省の日本版HERモデル事業で「医療介護連携」を受託．患者情報に薬剤，介護などの情報を一体化 ・H24より「尾道地域医療連携推進特区」の指定を受け，「ICTを活用した在宅医療等支援モデル事業」を実施中．急性期病院，診療所，薬局，介護保険事業者等が参加する情報共有システムにおいて，電子カルテ，電子処方箋を共有	・福井県が主体となり，医療・介護の多職種間で活用可能な統一の患者様式を作成．副主治医が診察する際などに，患者の状況を短時間で把握できるようにすることを目的としている(H24.10より試用) ・医療と介護の患者情報をITで共有する「在宅情報共有システム」の試行運用を開始(H25.2より)．医師会と地域包括支援センターが管理者となり，クラウド上で情報を共有 ・各高齢者の掲示板を設け，関わる専門職で閲覧・記載を行い情報を「共有」．掲示板には高齢者本人も書き込みが可能．タブレット端末も用意

に向けた先進的事例の取り組み状況（続き）

京都府乙訓地域	神奈川県横浜市（在宅医ネットよこはま）	千葉県柏市	千葉県匝瑳市
	医が連絡を取り合い，患者の継続した医療を推進（W主治医体制）	の症例の試行を行い，病院と在宅医療の連携を促進するために効果的な退院時共同指導の進め方等を検証．「試行WG評価チーム」では多職種連携の「ルールの種」を抽出	
・「在宅療養手帳」において，治療や介護情報，介護者や事業所に関する情報を本人，家族を含めた，関わる人全てで記入・共有．保健，医療，福祉のいずれかのサービスを受けていれば，制限なく配布．手帳は本人または家族が保管．情報は本人とともに移動する ・「チーム・ドクター・ファイブ」では，主治医から副主治医に，予め患者の診療情報を記載した「在宅患者に関する情報提供」という用紙を渡している．病状や治療に関する情報を共有	・クラウドコンピューターシステムによる情報共有を推進．在宅主治医がクラウドコンピューターに「患者さんの部屋」を作り，患者情報を掲載．連携医やケアマネジャー等の関係者に「ID」と「パスワード」を知らせることで「患者さんの部屋」へ「招待」．「招待」された関係者は，「患者さんの部屋」内で情報のやり取りが可能 診療所間連携では，予めIDとパスワードを知らせている連携医師はシステムにアクセスができ情報共有も可能となり，他院の患者の緊急連絡や往診依頼の際，その場で情報閲覧が可能．病院間連携では，救急外来を登録すると外来で患者情報を入手可能	・症例による試行を実施しているメンバーにより，情報共有システムを活用して，情報共有	・11診療所，3カ所の後方支援病院，2カ所の24時間対応訪問看護Stで情報共有システムを利用 ・かかりつけ医は「在宅患者24時間支援システム」への登録に同意した患者の最新情報を医師会のコンピュータに登録．かかりつけ医が不在でも，当番医の医師と情報を共有

ディネーター医師を位置付け，主治医，副主治医の決定時に，調整を行っている．病院でのバックアップとしては，長崎大学病院などと連携を図りながら進めており，比較的スムーズに行われている．

会員を増やすにあたっては，当初，メーリングリストをつくり，開業医にとって関心を持ちそうなテーマ（例えば，栄養指導等）での情報提供に努め，緩やかに，新規開業時に在宅に関心がある医師などを誘ったりしながら，メンバーの確保に努めてきているとのことであった．

こうした「長崎 Dr. ネット」の取り組みや，全国の先行的な取り組みを参考としながら，柏市においても後述するが，「主治医—副主治医制」の運用に向けた検討を進めてきた．

(3) 試行ワーキングにおける医師を含む多職種連携の検討の枠組みについて

2011 年 11 月 19 日に，柏市で在宅医療の経験が豊富であった平野清医師（平野医院）が医師会におけるスタート台的な役割を担われて，「試行ワーキンググループ」が立ち上がるが，当初から情報共有システムを活用した多職種チームの形成に重点を置き，前述のとおり，「主治医—副主治医制」，「多職種連携」について症例を通じて，システム化していくことをめざした．その中で，「主治医—副主治医制」については，試行段階では，平野清医師（平野医院）に副主治医を固定して，はじめることとなった．

具体的には，まず，柏市内の病院に依頼をして，実際の症例の提供を受け，症例を通じた試行を一定期間行っていくこととした．次に，試行症例の選定にあたっては，次のような4つの場合を想定した．①近々退院を予定しているものの，入院中の経過により通院困難な状況が発生している場合，②通院困難な状況にあるが病院から退院し，在宅で療養生活を開始しているものの，在宅主治医，介護サービス等の在宅療養体制が整っていない場合，③外来通院により在宅での療養生活を継続してきたが，通院困難な状況に至った場合，④訪問診療により在宅での療養生活を継続してきたが，状態変化等によって主治医のみでは対応が難しくなってきた場合の4つである．

症例による試行を続けながら，2012 年 7 月 13 日からはこれらの試行症例の自己評価を行うために，試行ワーキンググループの下に「評価チーム」という

表3 試行WG・評価チーム開催日程

2011年度

	開催日	主な議事
1	11月19日	・趣旨説明 ・使用予定機器及び情報システムの説明 ・第1例目の患者像イメージについて
2	1月19日	・平野モデル全体像と進捗の報告 ・掲示板機能の利用方法の紹介 ・face time 機能の使用 ・iPad 基本的操作の説明 ・個人情報の取扱方針について
3	3月15日	・平野モデルにおける情報共有システムの利用状況について ・多職種間の情報共有について ・情報共有システムの新機能に関する説明 ・平野モデルにおける情報共有システム実証

2012年度

	開催日	主な議事
4	5月18日	・情報共有システムの利用状況の報告 ・多職種間の情報共有について ・情報共有システムと業務システムの関係性
①	7月13日 (評価チーム)	・評価チーム作業の概要 ・試行WGの経過 ・各症例における情報共有及びコーディネートの流れの整理方法
5	7月20日	・最近の情報共有システムの利用状況と新たな議論① ・第1回評価チームの報告 ・多職種間の情報共有について ・情報共有システムの利用方法について ・柏モデルにおける地域医療拠点の運用に必要な事項と論点
②	8月17日 (評価チーム)	・第5回試行ワーキングでの検討事項の整理と進め方の検討 ・症例11のケアレポートに沿った検証 ・主治医―副主治医制について ・論点に関するアンケートの検討
6	9月21日	・最近の情報共有システムの利用状況と新たな議論② ・第2回評価チームの報告 ・情報共有システムの利用方法について
③	10月11日 (評価チーム)	・情報共有システムの利用状況 ・症例11のヒアリング結果の報告 ・症例の検証(症例2, 4, 6, 7) ・論点アンケートの中間まとめ(主治医―副主治医制)

④	11月16日 (評価チーム)	・試行の現状 ・症例の検証 ・論点アンケートの検討(主治医―副主治医制) ・試行に必要な症例の検討
⑤	12月21日 (評価チーム)	・試行の進捗状況 ・症例の検証 ・論点アンケートの検討(医科歯科連携)
7	1月18日	・情報共有システムの改良版の提示 ・評価チームの報告 ・多職種連携のルールの整理状況 ・柏市が行うコーディネート案
⑥	2月15日 (評価チーム)	・自己評価の進捗 ・症例の検証(症例 12) ・論点アンケートの検討(医科歯科連携の流れ,病院が退院までに行う確認事項)
⑦	3月15日 (評価チーム)	・ルールの種のまとめ(退院時に多職種間で行う確認事項,在宅療養中に多職種で行う確認事項)

2013年度

	開催日	主な議事
8	4月19日	・情報共有システムの改良版の提示 ・機能別のシステム活用をめざしたセッション
⑧	5月30日 (評価チーム)	・退院時の情報共有について ・未検証症例における新たなルールの種について ・在宅療養中の情報共有について ・今後の流れについて
9	7月19日	・試行WGの進捗状況 ・情報システムの新機能 ・評価チームの報告 ・今後の予定
10	1月28日	・試行WGの総括 ・試行の成果と課題

135

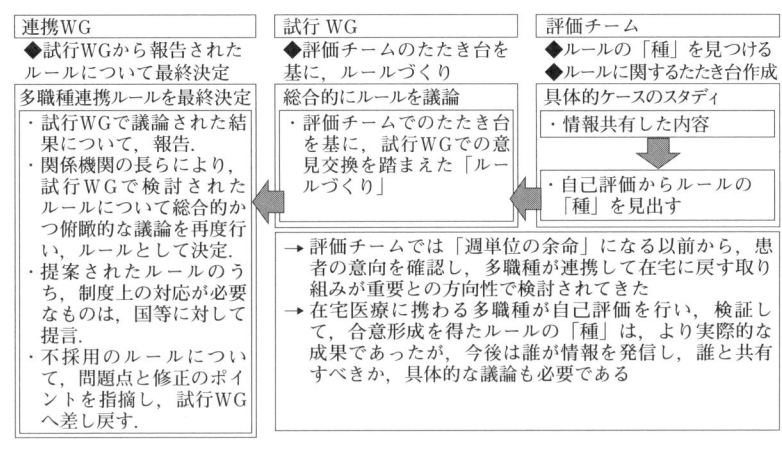

```
┌─────────────────────┐   ┌─────────────────────┐   ┌─────────────────────┐
│ 連携WG              │   │ 試行WG              │   │ 評価チーム          │
│ ◆試行WGから報告された│   │ ◆評価チームのたたき台│   │ ◆ルールの「種」を見つける│
│  ルールについて最終決定│   │  を基に，ルールづくり │   │ ◆ルールに関するたたき台作成│
├─────────────────────┤   ├─────────────────────┤   ├─────────────────────┤
│ 多職種連携ルールを最終決定│   │ 総合的にルールを議論  │   │ 具体的ケースのスタディ│
│ ・試行WGで議論された結│  ⇐│ ・評価チームでのたたき│  ⇐│ ・情報共有した内容  │
│  果について，報告．  │   │  台を基に，試行WGでの │   │        ⇩           │
│ ・関係機関の長らにより，│   │  意見交換を踏まえた「ル│   │ ・自己評価からルールの│
│  試行WGで検討された  │   │  ールづくり」        │   │  「種」を見出す    │
│  ルールについて総合的か│   └─────────────────────┘   └─────────────────────┘
│  つ俯瞰的な議論を再度行│    → 評価チームでは「週単位の余命」になる以前から，患
│  い，ルールとして決定．│     者の意向を確認し，多職種が連携して在宅に戻す取り
│ ・提案されたルールのう │     組みが重要との方向性で検討されてきた
│  ち，制度上の対応が必要│    → 在宅医療に携わる多職種が自己評価を行い，検証し
│  なものは，国等に対して│     て，合意形成を得たルールの「種」は，より実際的な
│  提言．              │     成果であったが，今後は誰が情報を発信し，誰と共有
│ ・不採用のルールについ │     すべきか，具体的な議論も必要である
│  て，問題点と修正のポイ│
│  ントを指摘し，試行WG │
│  へ差し戻す．        │
└─────────────────────┘
```

図11　多職種間で共有すべき情報のルールづくり

会議を立ち上げて，試行・評価を繰り返し，多職種連携のルールづくりを以下のような過程で進めていった．

具体的には，多職種間で共有すべき情報のルールづくりに向けた「種」を見つけ出すことからはじめている．ここで，多職種連携のルールづくりまでの検討作業の流れを整理すると，まず，①「評価チーム」において症例検討を通じてルールの「種」を見つけて，ルールに関するたたき台を作成し，②「試行ワーキンググループ」において，評価チームのたたき台を基にルールづくりを行い，③「連携ワーキンググループ」において，試行ワーキンググループから報告されたルールについて最終決定するという流れを作っていった（図11）．

(4) 実際の試行症例による検討

開始当初から2013年10月末まで，1カ月に数例発生する試行は30症例となった．症例の特徴は次のとおりであった．

試行の選択理由は，退院(70%)が約7割を占め，次いで通院困難(17%)であった（図12）．

男女比は半数ずつ，80歳代以上(34%)が3割以上を占め，年齢が高くなるほど症例数が多かった（図13）．

主な疾患はがん(57%)が半数以上を占め，次いで認知症，肺疾患等の慢性疾

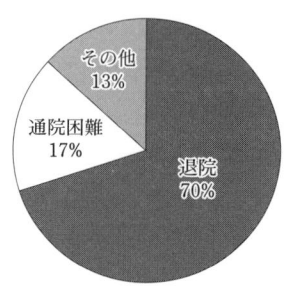

図12　試行の選択理由

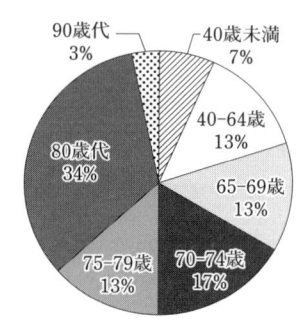

図13　試行症例の年齢

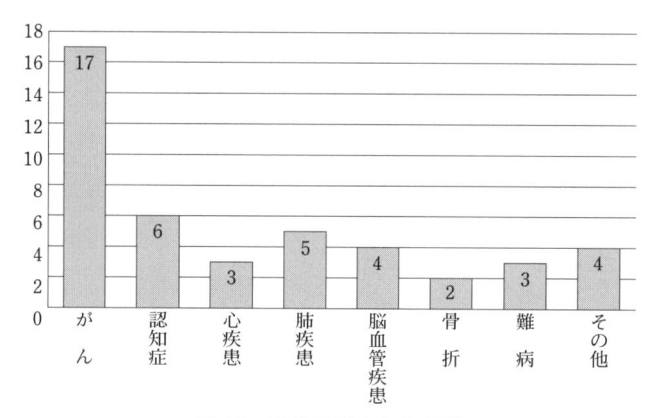

図14　試行症例の主な疾患

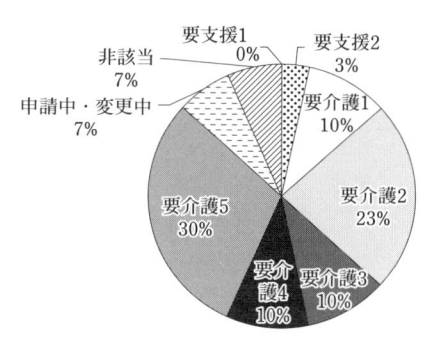

図15　試行症例の要介護度

図16 試行症例の医療処置管理

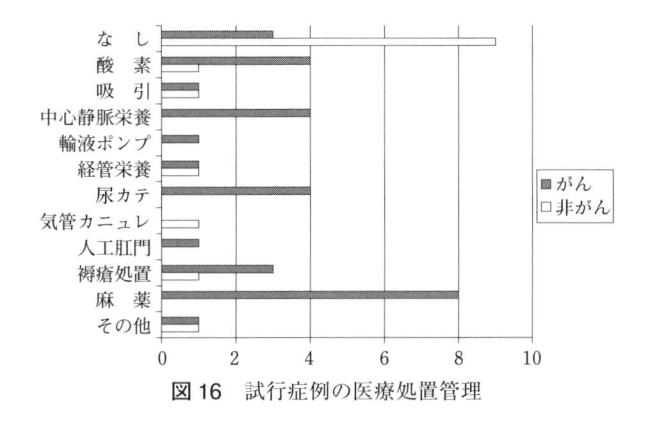

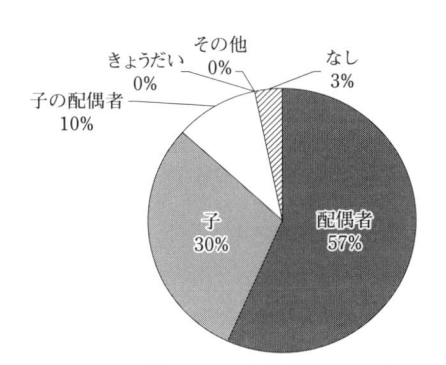

図17 試行症例と主介護者の関係

患を複数患っていた(図14).

要介護度は要介護5(30%)が3割と最も多く,次いで要介護2(23%)であった(図15).

医療処置管理は,麻薬,酸素等の医療処置管理(60%)が約6割を占め,複数の医療処置管理が必要な症例もあった(図16).

主介護者は配偶者(57%)が半数以上を占め,次いで子(30%)が約3割と多かった(図17).

終了した転帰のうち,自宅死亡(61%)が約6割と最も多く,次いで病院死亡(33%)であった(図18).

試行症例を担当した職種は次のとおりであった.チームメンバーは,主治医

図18 試行症例の転帰

図19 試行症例を担当した職種

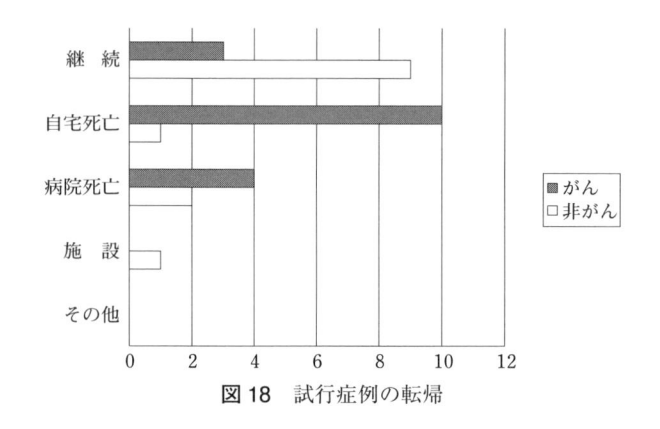

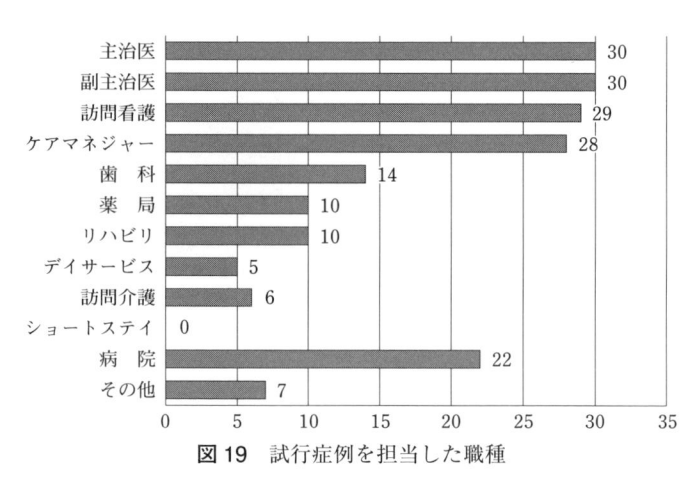

(30症例)と副主治医(30症例)に訪問看護師(29症例)と介護支援専門員(28症例)を軸として構成され，患者のニーズに応じて，病院ソーシャルワーカー，訪問看護師，薬剤師，歯科医師あるいは歯科衛生士でのチームメンバーで編成されていた(図19).

試行症例の特徴をまとめると，症例発生のきっかけは，在宅支援チームの編成が必要な患者についての，病院ソーシャルワーカーからの相談がある場合であった．それら患者の状態の多くは，高齢者で，がんや複合的な慢性疾患を併せ持ち，要介護度が高く，医療処置管理も必要としていた．また，主介護者は

図20 自己評価した職種

（凡例：■述べ人数　□実人数）

- 診療所医師(主治医)
- 診療所医師(副主治医)
- 介護支援専門員
- 訪問看護師
- 病院ソーシャルワーカー
- 歯科医師／歯科衛生士
- 薬剤師
- 理学療法士
- 地域包括支援センター職員

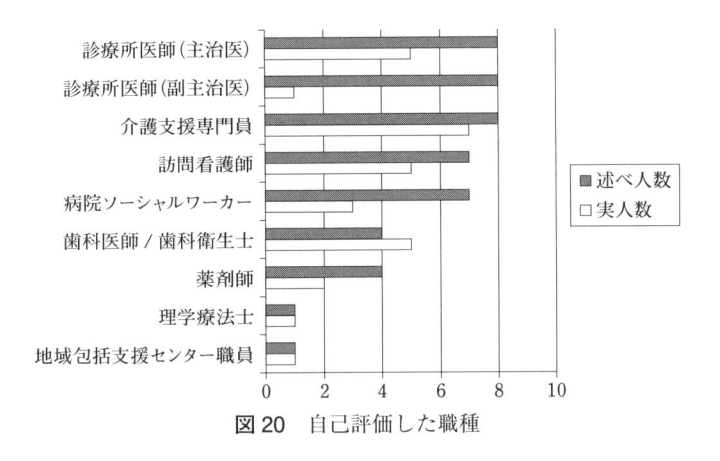

配偶者が多く，患者の多くが高齢者なので老老介護となり，診療と介護サービスの支援体制を整えるニーズがあった．また，多くは自宅で最期まで過ごすことができた．その過程を支えていた多職種は，在宅主治医，訪問看護師，介護支援専門員を軸として，患者のニーズに応じて，他の職種が組み合わせられていた．

こうした症例の自己評価を実施していくため，評価チームを設置している．自己評価の流れとしては，①情報共有システム上での事実の確認を始めとして，②情報共有システムを持っていなかった職種や，入力をしなかった事実を含めて収集し，③事実の確認に基づき，情報をやり取りした理由や，しなかった理由について，判断の根拠を確認し，自己評価につなげ，そこから，ルールの「種」を取り出すという作業を繰り返した．

次に，自己評価した職種，試行症例の概要，評価チームで創出されたルールの種を述べる．まず，自己評価を行った職種は次のとおりであった．主治医および副主治医と介護支援専門員を軸に，訪問看護師や病院ソーシャルワーカーで構成し，必要に応じて，薬剤師，歯科医師あるいは歯科衛生士でのチームメンバーで編成されていた．自己評価を評価チームにおいて実施した8症例に関わった職種は，医師，介護支援専門員，訪問看護師，ソーシャルワーカーら30名，延べ48名であった．また，診療所医師，介護支援専門員は8症例すべてに関わっていた(図20)．以上により，自己評価した職種もまた，試行症例と

図21 ルールの「種」の数

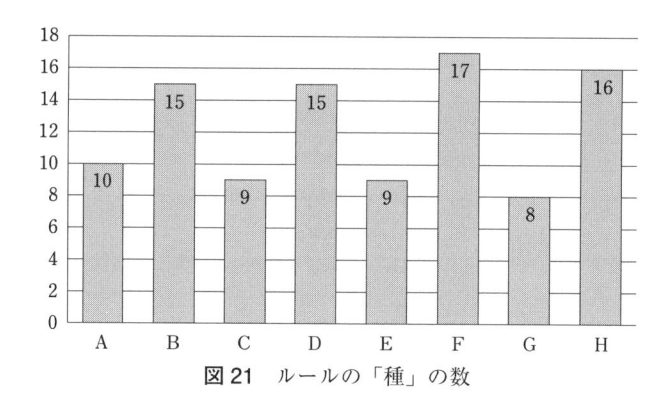

同様の特徴があった．

　評価チームで検証した8症例の概要は，次のとおりであった．試行の選択理由は，退院(7名)が多かった．男女比は男性が5名で，75歳以上の後期高齢者(6名)が最も多く，平均年齢は80歳であった．主病名はがん（末期）(5名)が最も多く，次いで肺疾患(2名)であった．要介護度は要介護5(4名)が最も多く，次いで要介護2(2名)であった．酸素療法や中心静脈栄養等の医療処置管理のある6名は，酸素療法，中心静脈栄養，尿道留置カテーテル，吸引器，麻薬のいずれか複数あった．主介護者は配偶者(4名)や子(3名)が最も多かった．主介護者のうち4名は，自身が精神疾患や認知症で治療をしながら介護をしていた．終了理由は死亡(7名のうち自宅が4名，病院が3名)が最も多かった．

　次に，評価チームで創出されたルールの「種」の数は，平均すると各症例に12事項であった(図21)．

　ルールの「種」は，①在宅療養移行相談時―カンファレンス時，②カンファレンス時―退院，④モニタリング・評価の時期(定期)，⑤容体の変化によるアセスメント時(随時)，⑥終結時(死亡・入院・入所)の5つの時期に分類できた．そして，時期別のルールの「種」の数は，在宅療養への移行の相談時から退院までが半数以上(57%)を占めた(図22)．

　以上により，ルールの「種」は，退院時と退院時以外と分けて検討することに課題があったことがわかった．また，連携における重点として口腔ケアも重視するとの方針も合意された．

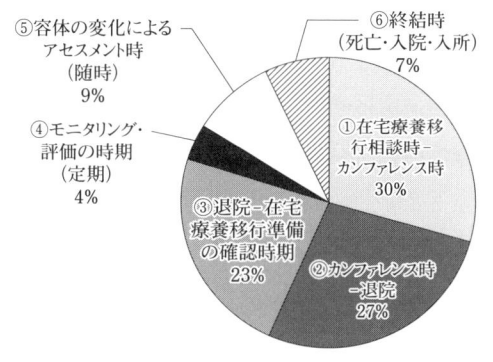

図22 時期別のルールの「種」

- ①在宅療養移行相談時－カンファレンス時 30%
- ②カンファレンス時－退院 27%
- ③退院－在宅療養移行準備の確認時期 23%
- ④モニタリング・評価の時期（定期）4%
- ⑤容体の変化によるアセスメント時（随時）9%
- ⑥終結時（死亡・入院・入所）7%

これらの議論を経て，ルールの「種」を見つけ，ルールに関するたたき台を作成した．ルールを決定する際には，各職能団体の代表者等により構成される連携ワーキンググループで，試行ワーキンググループで検討されたルールについて総合的かつ俯瞰的な議論を再度行い，ルールとして決定することとした．そして，決定したルールは，「在宅医療・介護多職種連携柏モデルガイドブック」づくりの中で，整理されていった．

(5) 4つの課題に対する検討

このようにして設定された，①主治医―副主治医制，②口腔ケア，③退院時の対応，④退院時以外の対応の4つの課題については，現在も継続して議論を重ねているが，これらの4つの課題に分け，現在までのルールづくりの過程を述べる．

①主治医―副主治医制の運用システムの検討と評価

主治医（患者を主に訪問診療する医師）と副主治医（主治医が訪問診療できない時の訪問診療を補完する医師）とが相互に協力して患者に訪問診療を提供するため，当初，柏市南地域において，柏市医師会の推薦する医師（平野医師）が副主治医となり，副主治医を固定する形で柏市医師会の会員である5名の主治医のコーディネートを行う試行をした．副主治医は，病院等から主治医のコーディネートの相談があったとき，主治医と患者宅との距離，候補となる主治医が選定時点でもつ在宅患者数等の条件を考慮して，主治医を選定した．こうし

て選定した主治医に依頼し，主治医が決定すると，副主治医とともに，患者に対し，専門医を含めた複数名の医師による診療体制を確保する試行を行った．その際，主治医と副主治医の役割分担，情報共有の場面，診療報酬のあり方，多職種や病院との連携について，試行症例を通じた試行により検討を行うこととした．

　主治医―副主治医制の試行に対する主な意見では，①副主治医が必要な場面として，夏季・冬季休診時，予定している外泊を伴う休日，学会出席で他地域に行く時，等への対応があげられた．次に，②専門医との連携としては，連携の必要な診療科目は神経難病，精神疾患，耳鼻科，眼科，皮膚科などで，専門医との気軽にやりとりできるネットワークづくり，訪問可能な専門医の登録が必要という意見があった．さらに，③主治医と副主治医の情報共有の時期として，退院時や急変時といった患者の病状のステージが変わるごとの節目，また治療方針の決定や変更，治療方針に応じた生活の場の変更などの患者家族の意思決定時などがあげられた．また，④主治医―副主治医制のあり方として，医師間で良好な関係性を構築し，それを保ちながら，多職種への指示内容が主治医・副主治間で一貫性をもつことなどの意見があった．

　これらの論点についての方策としては，①主治医―副主治医の役割についての指針，②専門医の登録システムやネットワーク，③適切なタイミングによる情報共有の場面やその内容の整理，④主治医及び副主治医の確保，地域のバランスを考慮した主治医・副主治医の組み合わせなどについて，取り決めを行い，ルール化することが必要と考えられた．

　一方において，試行で明らかとなったことは，副主治医の出動は極めて少なかったことである．これらの試行を踏まえ，在宅医療を行う医師数の増加をめざし，主治医―副主治医制を円滑に運用するシステムの構築をさらに推進するため，2013年5月より，月1回定期的に開催する柏市医師会在宅プライマリ・ケア委員会へと検討の場を移すこととなった．その際，在宅医の負担軽減に向けた他地域の先進的事例の取り組み状況，在宅医療に関する将来推計（入院患者数と在宅患者数，在宅看取り件数，在宅医療を行う主治医及び副主治医の必要数，バックアップ病床の必要数）を考慮しつつ，短期，中期，長期の展望を踏まえた検討が今後必要であることも確認した．

柏市医師会在宅プライマリ・ケア委員会では，在宅医療を担う医師をメンバーとして，中央地域と北地域へと試行の拡大をめざした．それは，副主治医の負担軽減と柏市内の他地域への拡大を求めるものであり，主治医同士のグループ化（主治医は副主治医にもなり，副主治医は主治医にもなりうる）も試行に取り入れることとした．その際，柏市医師会在宅プライマリ・ケア委員会の担当理事がグループの調整役を担い，柏市医師会在宅プライマリ・ケア委員会委員であるかかりつけ医が主治医―副主治医制に参加できることとした．その結果，現在では，主治医―副主治医制をとる試行症例の地域範囲は当初の南地域だけにとどまらず，中央地域と北地域へと拡大し，参加医師数は増加している．

②口腔ケアの取り組みに向けた議論

柏歯科医師会付属歯科介護支援センターでは，歯科衛生士による在宅における歯科介入の必要性のチェックや口腔ケア等を行い，必要に応じて歯科医師と連携し，対応している．この機能を活用しながら，試行と評価における議論を重ね，（ア）在宅療養が必要な人への口腔ケアチェックシートの活用，（イ）多職種や市民への口腔ケアの必要性の啓発について検討した．

まず，①在宅療養が必要な方への口腔ケアチェックシートの活用については，退院時の場合，退院が決まり次第，病棟看護師又は医療ソーシャルワーカーに実施してもらう．通院困難の場合，ケアマネジャーや訪問看護師等の訪問時に実施してもらう．その後，口腔ケアチェックシートにチェックが「2つ以上」ついた場合の連絡の流れについては，スクリーニング実施者から連絡をもらい，歯科介護支援センターに連絡する．歯科介護支援センターがスクリーニング実施者と調整し，口腔アセスメントを行う．さらに，アセスメント結果を歯科介護支援センターから本人，家族に直接伝え，歯科の介入が必要な場合はその理由を説明し，その後の流れも説明する．また，医師，看護師，ケアマネジャー等にも情報を共有する．そして，在宅で適切な口腔ケアを行うために，ヘルパーや訪問看護師の訪問に合わせて歯科医師と歯科衛生士が訪問し，実際に口腔内をみながらケアの仕方やポイントを説明する．また，ヘルパーや訪問看護師には，日々の口腔ケアが適切にできているかを確認してもらう．

次に，多職種や市民への口腔ケアの必要性の啓発については，「誤嚥性肺炎の予防」や「最後まで口で食べることへの支援」をめざし，多職種に口腔ケア

の重要性を説明する．例えば，病院では歯科介護支援センターのパンフレットを常設してもらい，病棟でのスクリーニング実施時や退院時共同指導で本人・家族に渡す．また，ケアマネジャーや訪問看護師にも常備してもらい利用者に渡してもらう．このような取り組みをもとに，スクリーニング実施者への研修，多職種への研修，退院時に限らない口腔ケアの普及啓発，介護する家族等への口腔ケアの必要性の啓発をめざしている．

以上のような方針の下で，歯科介入や口腔ケアの必要性を広く認識してもらうため，多職種が口腔ケアチェックシートを活用してスクリーニングを実施し，介入の必要な場合は歯科との連携につながるよう，多職種への理解を求めている．そのため，柏歯科医師会で作成した口腔ケアチェックシートが，多職種へ広く周知されるよう，現在も関係機関・団体への説明と議論が重ねられている．

口腔ケアの充実は，要介護高齢者の「食」に関する機能の改善やQOLの向上につながり，誤嚥性肺炎の予防や加齢による全身状態の低下を緩やかにするという「予防」への寄与が期待される．そのためには，歯科医療が要介護高齢者に対する地域の医療・介護システムに組み込まれていく必要がある．

③退院時における情報共有シートづくり

評価チームで検証したルールの「種」の特徴の1つには，在宅療養への移行の相談時から退院までが約半数を占めていたことであった（図22参照）．これは，患者の退院時に病院と在宅の間で「退院時の対応」の課題が明らかとなったことを示していた．そこで，ルールの「種」のうち，退院時に病院から在宅に提供してほしい情報を整理し，シートづくりを行った．このシートは，キーパーソン，退院時共同指導などの初回カンファレンスの開催日程，保険，病名，感染症，本人や家族の要望，薬剤処方や医療材料の準備，医療処置，看護指導等の事項を確認する様式となった．

様式化された情報項目は，退院時に病院と在宅の間でやりとりされる診療情報提供書，看護サマリー等の情報と重なっていた項目も少なくなかった．一方，柏市内の各病院の様式はそれぞれ異なっていたが，最終的には様式化された情報は，患者（利用者）を安全に在宅生活へ移行させ，そして在宅生活を継続するため，在宅側の従事者の視点から確認したい事項となった．例えば，「退院時共同指導後に入院中の患者に会った際，酸素吸入をしていることを初めて知り，

あわてて退院後の在宅酸素を準備した」，「退院後も酸素が必要であることを知らず，家族と患者にどう対応していいのか戸惑ってしまった」といった在宅側の自己評価があった．そのため，作成した様式に，入院中に酸素吸入をしている場合，酸素流入量を記載する欄を設け，退院前から在宅の支援チームメンバーが在宅での酸素の継続や準備を確認することができるようになった．同様に，胃ろう，褥瘡，尿道カテーテルといった医療処置に関する情報の記載欄を設け，医療が在宅での日常生活に馴染むよう，チームメンバーが一丸となって支援できるようにした．

さらに，「退院時共同指導での確認後から退院日までに変化があった場合，在宅側の従事者に連絡する」という確認事項が，見過ごされがちであった．例えば，「患者が発熱し，退院日が延期したことの連絡がなかった」，「退院までに何も連絡がないと，予定どおりの退院なのか心配になった」といった在宅側の自己評価があった．そのため，「退院日の決定から退院日までに，退院時共同指導等で確認した在宅での支援状況に変更があれば，病院は在宅の支援チームメンバーに連絡をする」というルールとして取りまとめた．これをルール化できれば，急性期と維持期の間の医療・看護・介護（福祉）のサービスをうまく連動させる仕組みとなる．

さらに，退院時における情報共有のためのシートづくりは，様式化した事項を確認する職種を明確にし，「在宅医療・介護多職種連携柏モデルガイドブック」に盛り込まれた．このシートは，退院時共同指導等の退院時に病院と在宅で確認する情報として整理し，各病院から在宅側に渡している診療情報提供書や看護サマリー等の書式と併せて，退院時に確認する事項とした．こうした事項をルール化するのにあたっては，病院側の意向とも十分に調整を図る必要があり，病院が活用できるシートづくりとシステムづくりをめざし，市役所が調整役となって10病院地域連携会議のMSW会議において調整が図られた．

作成した様式は，従事者自らが関わった具体的症例に基づき，在宅が病院に必要とする情報を求めた成果である．これは，在宅のニーズに合わせて病院と在宅で協働してルールを作り，それぞれの役割を確認し，これらを効率的効果的に運用していくためのツールを作り上げる過程であったといえる．このようにして，医療機関で治療を集中的に行う時期から在宅での療養生活へと移行す

表4 時期別の多職種間での確認事項

時期(留意するポイント)	多職種間の確認事項
①初回カンファレンス時 (カンファレンスで以前からの生活状況や意向と病状を把握して,医療を含めた支援体制を確認)	・在宅医とケアマネジャーが中心となって在宅の専門職は,患者,家族,病院専門職(医師・看護師・MSW等)と,病状と予後の説明,処方薬,医療処置管理と介護方法とその手技,日常生活動作(ADL),24時間連絡体制等の必要な支援を確認する
②処遇方針の決定 (初回カンファレンスの検討事項を確認し,修正が必要であれば検討)	・初回カンファレンス後,在宅医とケアマネジャーが中心となって,患者の容態,家族の様子,訪問診療や介護サービスを活用した自宅での生活状況を確認する
③モニタリング・評価 (医学的意見を含めたサービス提供の実施と修正の必要性を確認)	・サービス担当者会議等を活用して,治療や介護サービス提供時の生活状況,家族の様子等を共有し,在宅医とケアマネジャーが中心となって,治療やケアプランの修正を確認する
④容態の変化によるアセスメント時(急変時) (意思決定を支援し,その決定した内容を確認)	・在宅医が中心となって,予め取り決めておいた容体の悪化時の対応を再度確認し,その意思決定に基づき対処する
⑤終結時(死亡・入院・入所) (支援チームメンバーへの終結の連絡)	・在宅医やケアマネジャーが,死亡あるいは入院入所したことをチームメンバーに伝える

るタイミングで,在宅で必要な情報を確認できるツールとなった.

④在宅療養時のルール

在宅療養時における多職種間で情報共有すべきルールの「種」は,①初回カンファレンス時,②処遇方針の決定,③モニタリング・評価(定期),④容態の変化によるアセスメント時(随時),⑤終結時(死亡・入院・入所)の5つの時期において各症例のルールを整理した.

評価チームでは「末期」になる以前から,患者の意向を確認し,多職種が連携して在宅生活を継続する取り組みが重要との方向性で検討されてきた.退院時共同指導やサービス担当者会議等のカンファレンスを軸に,定期的なモニタリングと評価,急変時の容態の変化への対応,そして最後の終結時の時期を5つに分け,ルールを整理した.時期別に留意するポイントと多職種間の確認事項は,現時点では次のように整理できると考えている(表4).

①初回カンファレンス時では,カンファレンスで以前からの生活状況や意向と病状を把握して,医療を含めた支援体制を確認する.ここでは,在宅医とケ

アマネジャーが中心となって在宅の専門職は，患者，家族，病院専門職(医師・看護師・MSW等)と，病状と予後の説明，処方薬，医療処置管理と介護方法とその手技，日常生活動作(ADL)，24時間連絡体制等の必要な支援を確認する．

②処遇方針の決定では，初回カンファレンスの検討事項を確認し，修正が必要であれば検討する．ここでは，初回カンファレンス後，在宅医とケアマネジャーが中心となって，患者の容態，家族の様子，訪問診療や介護サービスを活用した自宅での生活状況を確認する．

③モニタリング・評価(定期)では，医学的意見を含めたサービス提供の実施と修正の必要性を確認する．ここでは，サービス担当者会議等を活用して，治療や介護サービス提供時の生活状況，家族の様子等を共有し，在宅医とケアマネジャーが中心となって，治療やケアプランの修正を確認する．

④容態の変化によるアセスメント時(随時)では，意思決定を支援し，その決定した内容を確認する．ここでは，在宅医が中心となって，予め取り決めておいた容体の悪化時の対応を再度確認し，その意思決定に基づき対処する．

⑤終結時(死亡・入院・入所)では，支援チームメンバーへの終結の連絡をする．ここでは，在宅医やケアマネジャーが，死亡あるいは入院入所したことをチームメンバーに伝える．

(6) 個別の試行症例を考察する

以下，代表的な事例を通して，時期別に留意すべきポイントと多職種間での確認事項を紹介したい．なお，症例については，実際の事例を本人が特定されないように加工したものである．

—事例A：自宅で最期を迎えたがん末期の高齢夫婦—
【事例概要】
・がん末期で余命わずかと告知を受けた高齢夫婦は，自宅で最期まで過ごすことを希望した．
・退院前に退院時共同指導を実施し，退院した．
・退院後，患者は住み慣れた自宅での生活を喜んでいたが，妻と娘は医療処置

管理や介護に不安があった．
・徐々に患者は痛みが増し，妻と娘は自宅で看取ることに不安が強くなっていったが，麻薬の使用効果で痛みの訴えが減り，自宅での生活を続けた．
・ある日，患者は家族の呼びかけに反応がなくなり，自宅で最期を迎えた．

【在宅医療の開始時の情報】
・患者／利用者
　年齢：60歳代後半，性別：男，主病名：胃がん（末期），介護度：要介護2，医療処置管理：中心静脈栄養（輸液ポンプ）
・家族
　同居家族：妻，近居家族：子（娘），主介護者：妻（67歳）
・診療・サービス提供者
　病院（病棟）：医師・看護師・ソーシャルワーカー，診療所：医師，居宅介護支援事業所：ケアマネジャー，訪問看護ステーション：看護師

【時期別の多職種間での確認事項】
①初回カンファレンス時
　利用者は，病院の医師から治療の効果は望めず，余命わずかと告知を受け，退院して，自宅で最期まで過ごすことを希望した．退院後も中心静脈栄養等の医療処置管理を継続して，退院後の支援体制を整えるため，退院前に退院時共同指導を実施した．介護は同居する妻と近居している娘が行うこととなった．これらの経過に伴って，症例の特性に応じた具体的な確認事項は，在宅医や訪問看護師が中心となって，病院に退院後の処方薬（内服や点滴等）や衛生材料の準備状況を確認すること，ケアマネジャーや訪問看護師が中心となって，病院に口腔や排泄等のケアの必要性やケアの確認をすること，在宅医と訪問看護師が，退院後の急変時等の24時間連絡先を確認することであった．

②処遇方針の決定
　利用者は，退院して，住み慣れた自宅で生活できることに心から喜んでいた．妻と娘は，患者の希望どおりに自宅で生活できたことに安心もしたが，医療処置管理や介護に不安があった．これらの経過に伴って，症例の特性に応じた具体的な確認事項は，在宅医やケアマネジャーが中心となって，退院時共同指導で確認した治療，医療処置管理，介護サービスが適切であるか確認することで

時　　期	患者／利用者の経過	症例の特性に応じた具体的な確認事項
①初回カンファレンス時	・病院の医師から治療の効果は望めず，余命わずかと告知を受け，退院して，自宅で最期まで過ごすことを希望する ・退院後も中心静脈栄養等の医療処置管理を継続して，退院後の支援体制を整えるため，退院前に退院時共同指導を実施する ・介護は同居する妻と近居している娘が行う	・在宅医や訪問看護師が中心となって，病院に退院後の処方薬（内服や点滴等）や衛生材料の準備状況を確認 ・ケアマネジャーや訪問看護師が中心となって，病院に口腔や排泄等のケアの必要性やケアの確認 ・在宅医と訪問看護師が，退院後の急変時等の24時間連絡先を確認
②処遇方針の決定	・退院して，住み慣れた自宅で生活できることに心から喜ぶ ・妻と娘は，患者の希望どおりに自宅で生活できたことに安心もしたが，医療処置管理や介護に不安がある	・在宅医やケアマネジャーが中心となって，退院時共同指導で確認した治療，医療処置管理，介護サービスが適切であるか確認
③モニタリング・評価	・痛みも増し，徐々にベッドで横たわっている時間が長くなる．その姿をみて妻と娘は，自宅で看取ることに不安が強くなる ・麻薬使用の効果で痛みの訴えが減り，自宅の庭に出ることができる日がある	・医師や訪問看護師は，痛みの緩和等の緩和ケアには薬物療法等の様々な方法を提示し，希望する適切なケアができることを確認 ・ケアマネジャーは訪問看護師からの助言も得ながら，介護サービスや福祉用具の変更を検討
④容態の変化によるアセスメント時	・終日寝ていることが多くなり，ある日，家族が呼びかけても反応がなく，家族は訪問看護師に電話をし，訪問看護師は訪問する ・訪問看護師は，死が近いことを家族に伝え，最期の別れをするように言う	・医師や訪問看護師は，予測される死期の兆候を何度も伝え，家族が準備できるよう支援を確認
⑤終結時	・訪問看護師から電話を受けた医師は訪問して死亡の診断を行う	・在宅医やケアマネジャーが，死亡したことをチームメンバーに連絡

図23　事例Aの時期別の多職種間での確認事項

あった．

③モニタリング・評価（定期）

　利用者は，痛みも増し，徐々にベッドで横たわっている時間が長くなった．その姿をみて妻と娘は，自宅で看取ることに不安が強くなった．麻薬使用の効果で痛みの訴えが減り，自宅の庭に出ることができる日があった．これらの経過に伴って，症例の特性に応じた具体的な確認事項は，医師や訪問看護師は，痛みの緩和等の緩和ケアには薬物療法等の様々な方法を提示し，希望する適切なケアができることを確認することであった．そして，ケアマネジャーは訪問看護師からの助言も得ながら，介護サービスや福祉用具の変更を検討した．

④容態の変化によるアセスメント時（随時）

　利用者は，終日寝ていることが多くなり，ある日，家族が呼びかけても反応がなく，家族は訪問看護師に電話をし，訪問看護師は訪問した．訪問看護師は，死が近いことを家族に伝え，最期の別れをするように言った．これらの経過に伴って，症例の特性に応じた具体的な確認事項は，医師や訪問看護師は，予測される死期の兆候を何度も伝え，家族が準備できるよう支援を確認することであった．

⑤終結時(死亡・入院・入所)

　訪問看護師から電話を受けた医師は訪問して死亡の診断を行った．これらの経過に伴って，症例の特性に応じた具体的な確認事項は，在宅医やケアマネジャーが，死亡したことをチームメンバーに連絡することであった．

―事例B：通院困難になった老老介護―
【事例概要】
・慢性の肺疾患により呼吸状態が悪化し，通院が困難となった．
・在宅医療の紹介を受け，訪問診療を受けながら自宅で過ごすことにした．
・初回の訪問診療後，サービス担当者会議を開催し，治療方針やサービス利用状況を確認したが，主介護者である妻は高齢だが，他の家族は介護は困難な状況であることがわかった．
・患者は肺炎で入退院の経験があり，肺炎予防に注意するように伝えていたが，肺炎となって入院し，そのまま入院先で死亡した．

【在宅医療の開始時の情報】
・患者／利用者
　年齢：80歳代後半，性別：男，主病名：慢性閉塞性肺疾患，介護度：要介護2
・家族
　同居家族：妻，近居家族：子(息子2人)，主介護者：妻(77歳)
・診療・サービス提供者
　病院(外来)：医師・ソーシャルワーカー，診療所：医師，居宅介護支援事業所：ケアマネジャー，訪問看護ステーション：看護師，薬局：薬剤師

【時期別の多職種間での確認事項】
①初回カンファレンス時

　利用者は，病院への通院が難しくなり，通院中の病院でケアマネジャーと在宅医を紹介してもらい，訪問診療を中心に治療を受けた．初回訪問診療後，支援体制を整えるため，サービス担当者会議を実施した．肺炎を繰り返しているので，肺炎予防のための治療や介護を行うこととした．これらの経過に伴って，症例の特性に応じた具体的な確認事項は，訪問看護師や訪問薬剤師が中心とな

って，処方薬(内服等)が管理できるかどうかを確認することであった．また，訪問看護師やケアマネジャーが中心となって，口腔ケア，水分や食事摂取への支援の必要性や住居環境を確認することであった．さらには，在宅医と訪問看護師が，緊急時の24時間連絡先や入院できる病院を確認することであった．

②処遇方針の決定

　利用者は，自宅に医師が訪問して，治療を受けられることに満足していた．内服，水分や食事摂取，排泄等は妻の介護であった．家族は医師に延命処置は望まないが，治療が必要となったときは入院を希望すると伝えていた．これらの経過に伴って，症例の特性に応じた具体的な確認事項は，在宅医やケアマネジャーが中心となって，サービス担当者会議で確認した治療やサービスが適切に行われているか確認することであった．

③モニタリング・評価(定期)

　利用者は，居室で移動中に転倒し，骨折等はなかったが，転倒予防のため手すりを備え付けた．臀部に発赤があり，食事摂取量も少ないため，褥瘡予防のためのベッドとマットに変更した．残薬があるため，一包化やカレンダーを使って服薬支援を行った．水分や食事摂取量が低下しているので，引き続き肺炎予防，内服管理，介護力を確認した．妻の介護負担が強く，他の家族の支援も難しいので，訪問介護サービスを導入した．これらの経過に伴って，症例の特性に応じた具体的な確認事項は，在宅医とケアマネジャーが中心となって，訪問看護師，薬剤師からの助言も得ながら，転倒予防，褥瘡予防，服薬支援，肺炎予防について，患者の主張とともに家族等から生活の状況を把握し，介護力と介護サービスを確認することであった．

④容態の変化によるアセスメント時(随時)

　利用者については，ある日，訪問介護員より，不穏な状態だと訪問看護師に連絡が入り，訪問看護師が訪問した．これらの経過に伴って，症例の特性に応じた具体的な確認事項としては，訪問看護師は呼吸状態の悪化を主治医に報告することであった．主治医も訪問し，肺炎のため治療が必要であることを子どもたちに連絡をすることであった．

⑤終結時(死亡・入院・入所)

　家族は利用者の入院治療を希望し，肺炎治療のため，主治医が予め緊急時対

時　期	患者／利用者の経過	症例の特性に応じた具体的な確認事項
①初回カンファレンス時	・病院への通院が難しくなり,通院中の病院でケアマネジャーと在宅医を紹介してもらい,訪問診療を中心に治療を受ける. ・初回訪問診療後,支援体制を整えるため,サービス担当者会議を実施する ・肺炎を繰り返しているので,肺炎予防のための治療や介護を行うことを確認する	・訪問看護師や訪問薬剤師が中心となって,処方薬(内服等)が管理できるかどうかを確認 ・訪問看護師やケアマネジャーが中心となって,口腔ケア,水分や食事摂取への支援の必要性や住居環境の確認 ・在宅医と訪問看護師が,緊急時の24時間連絡先や入院できる病院を確認
②処遇方針の決定	・自宅に医師が訪問して,治療を受けられることに満足していた ・内服,水分や食事摂取,排泄等の状況と妻の介護を確認する ・医師は家族に延命処置は望まないが,治療が必要となったときは入院を希望することを確認する	・在宅医やケアマネジャーが中心となって,サービス担当者会議で確認した治療やサービスが適切であるか確認
③モニタリング・評価	・居室で移動中に転倒し,骨折等はなかったが,転倒予防のため手すりを備え付ける ・臀部に発赤があり,食事摂取量も少ないため,褥瘡予防のためのベッドとマットに変更する ・残薬があるため,一包化やカレンダーを使って服薬支援を行う ・水分や食事摂取量が低下しているので,引き続き肺炎予防,内服管理,介護力を確認する ・妻の介護負担が強く,他の家族員の支援も難しいので,訪問介護サービスを導入する	・在宅医とケアマネジャーが中心となって,訪問看護師,薬剤師からの助言も得ながら,転倒予防,褥瘡予防,服薬支援,肺炎予防について,患者の主張や家族等から生活の状況を把握し,介護力と介護サービスを確認
④容態の変化によるアセスメント時	・ある日,訪問介護員より,不穏がひどいと訪問看護師に連絡が入り,訪問看護師が訪問する ・訪問看護師は呼吸状態の悪化を主治医に報告する ・主治医も訪問し,肺炎のため治療が必要であることを子どもたちに連絡をする	・医師とケアマネジャーが中心となって,訪問看護師からの助言も得ながら,治療と療養場所の選択ができるよう,家族の意思決定の支援を確認
⑤終結時	・家族は入院治療を希望し,肺炎治療のため,主治医が予め緊急時対応を取り決めていた病院に連絡をとり,入院した	・在宅医やケアマネジャーが,入院したことをチームメンバーに連絡

図24　事例Bの時期別の多職種間での確認事項

応を取り決めていた病院に連絡をとり，入院した．これらの経過に伴って，症例の特性に応じた具体的な確認事項は，在宅医やケアマネジャーが，入院したことをチームメンバーに連絡することであった．

(7) 症例検討・自己評価による多職種連携のためのルールづくり

これまでみてきたように，柏市においては在宅医療推進に向けて，症例検討を積み上げてルールの「種」を紡ぎ出し，1つ1つルールとしてきた．2014年度以降，柏市の在宅医療システムが本格稼働するが，今後も，市内の従事者の方々と市役所によって，症例検討を通じたルールづくりに取り組んでいくことと思われる．

多職種連携のルール化は，すでに他の先行地域でも取り組まれていることであるが，柏市の特徴としては，症例に関わった当事者が症例を通じて議論した過程を経て，それを土台としていることである．試行ワーキンググループと評価チームを経て，5つの時期に分けた時期別の多職種間の確認事項を基礎として，具体的なケーススタディにより関係者間で課題を共有し，課題を解決するための方策を確認する構造を作り上げた．そして，地域の医療・看護・介護

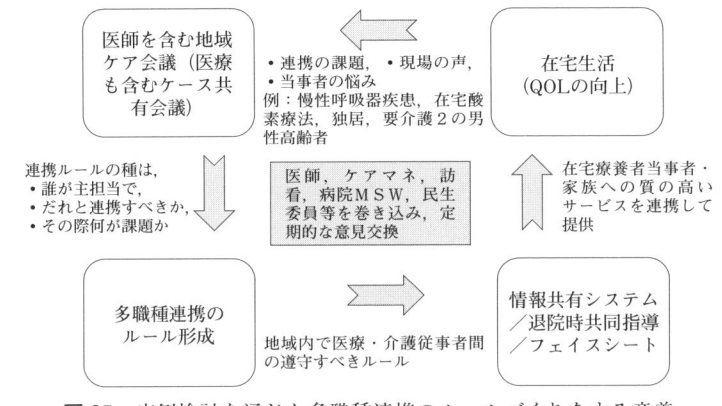

図 25 症例検討を通じた多職種連携のルールづくりをする意義

(福祉)資源の持つ機能を整理し役割分担を図るとともに，急性期から維持期に至る間の「医療・看護・介護(福祉)」のサービスを円滑に連動させる仕組みの構築をめざし，退院支援や在宅療養の多職種連携のためのルールづくりへと発展させることができた．

あわせて，多職種連携ルールをダイナミックに動かすために，情報システムを重要なツールとして，組み込んだ(次節参照)．今後は，より多くの事例を通してルールを成熟させていくことが求められ，これらの一連のサイクルが繰り返されることで，患者の在宅生活のQOLの向上が図られるであろう(図25)．

3 情報共有システムの開発と運用

(1) 多職種連携のための情報共有システムの開発の背景

病院などの施設型の医療サービスとは異なり，地域包括ケアにおける在宅ケアでは，医療・看護・介護(福祉)サービスが提供される場が患者の自宅になるため，多職種多法人での連携が必須となる．日々，異なる事業所の医療従事者・介護従事者が入れ替わりでサービスを提供するため，リアルタイムでの情報共有を行うことが非常に難しい．このため全国的に事例として多いのが患者宅に「介護ノート」を置き，サービス提供に訪れた専門職が書き残す方式がよく見受けられる．しかし，現地に行かないと内容の確認が出来ない紙媒体のノ

ートでは事前の準備もできず，現場での事後対処となる点では機能的に十分とは言えない．そこで，クラウドコンピューティングなどの技術を活用して，多職種連携に特化した情報共有システムを開発し，多職種多法人の各職種がいつでもシステムを活用できるようにタブレット端末やスマートフォンを持ち歩き，リアルタイムで，担当する患者の情報を書き込んだり，把握できる仕組みを構築する必要がある．

(2) 柏市における情報共有システムの開発
①柏市における情報共有システムの概要

そこで，柏市においては，情報共有システムを導入することとし，2014年度以降，システム管理者は柏市役所が担い，市内で在宅医療を希望する患者に対しての在宅ケアチームの体制構築や退院時支援などのコーディネートを行う．また，このシステムに参加するのは，図26のように市内の病院，診療所，在宅療養支援診療所，歯科，薬局，訪問看護，リハビリなどの医療サービスや，地域包括支援センター，居宅介護支援，訪問介護，通所介護，短期入所，訪問入浴，定期巡回型訪問看護介護などの介護サービスといった事業者及び従事者である．医療・看護・介護の様々な職種が在宅ケアにおいての情報をリアルタイムに共有することができる．これにより多職種多法人が医療保険・介護保険の枠を超えてシームレスにサービス提供を行う事が可能である．また，主治医―副主治医制による医師同士の診診連携にも活用されている．以下，この情報システムの導入に至る経過を述べる．

②情報共有システムの開発体制

開発体制としては，使用するタブレット端末や回線の費用に関してはセコム科学技術振興財団からの助成金を活用しており[4]，また，情報共有のクラウドシステム開発は本機構と介護サービスの連携システムづくりにノウハウのあった株式会社カナミックネットワークとの共同研究開発により行っている．

情報共有システムのシステム構成について，まず，システム形態としては，クラウドコンピューティングによるサービス提供を行い，サーバー側環境とし

---

[4] 財団法人セコム科学技術振興財団平成22年度研究助成金「地域における総合的な在宅医療福祉システムの導入とそれに対応する情報システムの開発」．

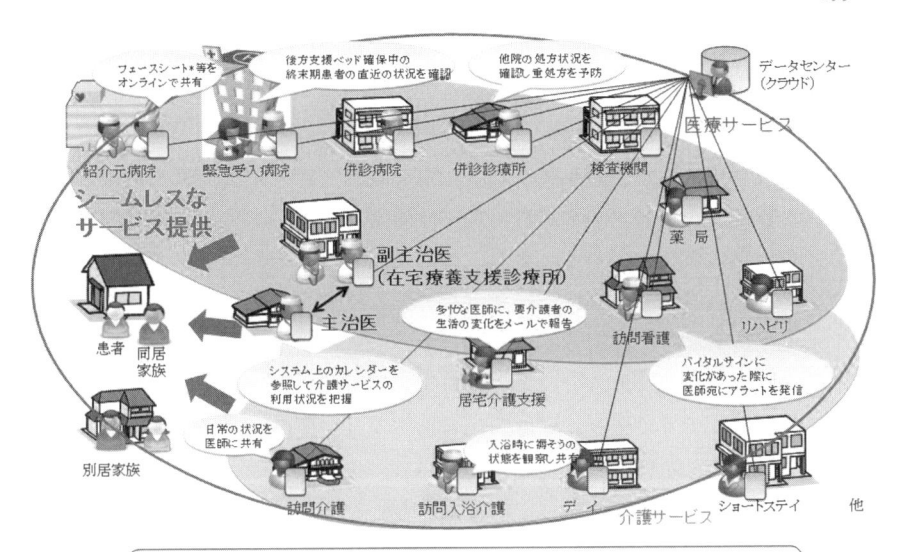

図26 情報共有システムの構築

ては，複数のデータセンターにてクラウド化されたサーバー構成を採用している．これにより震災時などの万が一の場合でも別のデータセンターでサービス継続が可能となる．また，クライアント側環境としては，システムを使うユーザー側のクライアント端末として，2011年度の当初はiPad2を採用した．理由としては，当時の持ち歩きの出来るタブレット端末で使い勝手や安定性が一番良かったからである．その後，2013年度からは，WindowsパソコンやAndroidタブレット，Androidスマートフォン，iPhoneなどの様々な端末を活用し，より使いやすい環境で行っている．

③情報共有システムのセキュリティ対策

本システムのセキュリティ対策として，基本方針としては，厚生労働省の「医療情報システムの安全管理に関するガイドライン」及び総務省の「ASP・SaaS事業者が医療情報を取り扱う際の安全管理に関するガイドライン」，経済産業省の「医療情報を受託管理する情報処理事業者向けガイドライン」に準拠することを基本的な方針としている．しかし，様々な省庁のガイドラインは主

に医療情報だけに特化しており，医療と介護といった異なるサービス間の情報連携におけるセキュリティや運用体制については細かく取り決めがされていない面もある．そのため，別途医療と介護の連携におけるガイドライン策定が必要であるのもわが国の現状である．

次に，物理セキュリティ対策としては，患者（利用者）のデータは強固なデータセンター内に管理している．また，クライアント端末側にデータを残さないようなシステム構成を取り，常にサーバー側で処理を行ってクライアントはそれを閲覧更新するだけの用途に絞っている．これによりクライアント端末の紛失等による情報漏洩が起きないような対策を取っている．

論理セキュリティ対策としては，患者データは，実際に担当している関係者間でしか共有できないように制限されている．また，実際の担当者でも人ごとに閲覧権限・編集権限などが設定できるようになっており，必要に応じて，非公開の設定にすることも可能としている．情報共有システムに書き込みがあった場合に，関係者へ書き込みがあったことを知らせるメールを送っているが，電子メールによる漏洩を防ぐため，具体的な書き込み内容などの個人情報は削除してヘッダー情報のみを送っている．

④ **情報共有システムの開発の流れ**

情報共有システムの開発は，試行ワーキンググループにおいて，実際の患者（利用者）を在宅医や訪問看護師，ケアマネジャー，介護サービス事業者などがチームでケアしていく過程を分析し，その具体的な実施内容を基にして連携のルールづくりを行うことと併行して進めてきた（前節参照）．まず，開発初期は本機構とカナミックネットワークで，患者の基本情報にあたる「フェイスシート」を千葉県の連携様式を参考にして準備し[5]，また，日々の変化を共有する「ケアレポート（電子介護ノート）」の2つの機能のみを開発した．この時点での「ケアレポート」はフリー入力のテキスト形式だけでの機能とした．その後，試行ワーキンググループで実際の患者の情報共有ツールとして活用し，「病診連携」，「主治医―副主治医での連携」，「医科歯科連携」，「医薬連携」，「医療と看護の連携」，「医療と介護の連携」などの多職種での連携を中心として，あま

---

5) フェースシートは，千葉県地域生活連携シート等に準拠．

り変化しない基本情報と日々の変化情報の分類といった視点に着目しながら実際のやり取りの情報収集を行った．

その入力されたデータや，入力されたデータ以外の電話やFAXなどのやり取りを分析し，実際に試行ワーキンググループで定期的に100名前後の医療従事者・介護従事者が集まり，システム機能の使い勝手や共有すべき情報項目の洗い出しを行うなどを繰り返し，徐々に，機能アップを行って実用的かつ使い勝手のよいシステムを構築していった．

(3) 多職種連携で必要とされるシステム機能

前述のような開発の流れによって，実際に在宅ケアの現場で使う多数の機能が盛り込まれた．その機能を以下で述べる（図27）．

連携する情報としては，「ほぼ変化しない情報」と「頻繁に変化する情報」に大きく分類されると考えた．

まず，「ほぼ変化しない情報」として，氏名や性別・住所などの患者基本情報や本人・家族の意向，家族情報，住宅情報などがある．また，定期観察項目である身体・生活機能，認知機能などのADL情報，受けている医療・介護サービス情報なども今回はほぼ変化しない情報として分類した．このほぼ変化しない情報を定型化してフェイスシート（連携基本情報）として整理し，患者の部屋のTOPでわかりやすく情報把握をできるように工夫がされている．

次に，「頻繁に変化する情報」としては，バイタルサイン，食事・水分のIN-OUT情報，服薬の情報，日々の担当者の連絡事項や褥瘡の変化などの視覚的に確認するための写真情報がある．本システムではそれをケアレポート（電子介護ノート）として一元管理している．これにより時系列に多職種の取った記録を把握することが可能になる．そして，いつどういった医療・介護サービスが入るかというカレンダー情報も管理し，頻繁に変化する情報として取り扱っている．なお，カルテ情報については，特に慎重な取り扱いが求められていることから，介護関係者を取り込んだ本情報システムは，電子カルテシステムとは，別体系のものとして位置づけている．

また，それ以外に，システム管理に必要な最適なチーム編成機能や，連絡先管理機能，インターネット地図連携機能，タイムライン（時系列に一覧表示さ

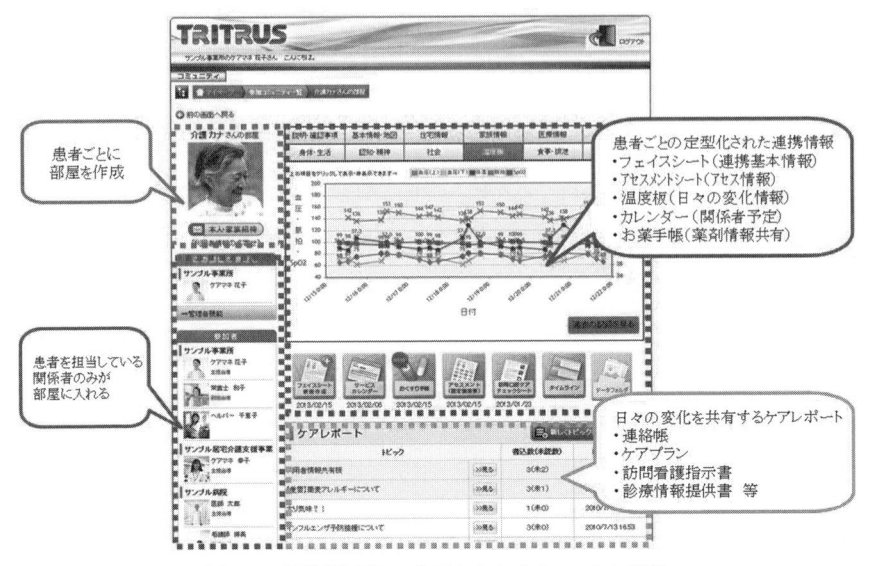

図27　多職種連携で必要とされるシステム機能

れる機能），アクセス権限管理，変更履歴管理，ログ管理などの機能を備えている．多職種多法人が情報を一元管理しているため，特に改竄や不正な修正が起きないための変更履歴管理や，誰がいつその情報に触れたかの閲覧ログの管理などは非常に重要な機能であるといえる．さらに，患者や家族も参加することができるように考慮されている．最終的に，患者個人の利益をより高めるためには，患者自身や家族がこのネットワークに参加し，日々の情報提供をしていく姿が理想的であるといえる．

(4) 柏市での情報システム開発を通してのICTの課題

試行ワーキンググループで多数のパターンの症例を通して，情報共有システムの開発・活用を試行してきたが，やはり現時点では完全に解決できていない課題も出てきた．主な課題としては，電子カルテ情報との連携，介護業務システム情報との連携，紙帳票との二重入力の手間，クライアント端末の費用負担，システムを使用するための法人の理解などである．

さらに対応の急がれる基本的な課題として，在宅医療・訪問看護・居宅介護

支援・訪問介護等における関係者が診療やケアに関する情報の共有が必要なとき，利用するシステムによって仕様が異なると互換性がないため，情報システム間による情報の共有ができないという問題に直面する．

　こうしたことから，情報共有するための入力作業の負担や情報の不足などによる関係者の協力体制の問題を改善するには，次の4つの取り組みが必要となると考えられる．

　まず，①「地域で共有する必要最小限の情報項目を定める」ことである．情報を共有するにはICTの活用が有効だが，共有する情報の内容や方法などについて，共通する考えを定めないと情報の共有はできないからである．次に，②「情報システム間において共有する情報のデータ交換方式を定める」ことである．これは，共通した考え方を定めないと互換性のない情報システムが乱立し，かえって関係者の情報共有の手間が増えてしまい連携を阻害することになりかねないからである．次に，③「連携に対応できる情報セキュリティレベルを確保する」ことである．これは，一定の情報セキュリティレベルによる信頼性が確保されないと情報システム間によるデータ交換は実現できないからである．最後に，④「情報システム間の受け渡しをする情報連携基盤システムを構築する」ことである．地域の関係者が互換性のあるネットワーク対応型の情報システムの利用が可能なデータ交換できる情報連携基盤を整備することが必要となると考える．このような取り組みをしないと，地域における医療・介護を通ずる多職種連携という目的が結局達成できなくなるということである．本機構では，別途，2012年度，2013年度の2カ年に渡り，厚生労働省老健局の老人保健健康増進等事業により「在宅医療と介護の連携のための情報システムの共通基盤のあり方に関する調査研究事業」を行い，これらの必要な取り組みの基礎となる作業を行っている．

　これにより，在宅医療を含めた地域包括ケアシステム構築に向けた情報共有システムを活用するためのガイドラインが策定されることをめざしている．詳細は，後述したい（第8章第3節参照）．

4 住民が主体となる在宅医療を含む在宅ケアの市民啓発

(1) 在宅医療を含む在宅ケアの市民啓発
①在宅医療を含む在宅ケアの市民啓発の背景

自宅で最期まで暮らし続けたいという人が6割以上いる[6]が，現実には8割の人が病院での死を迎えている．これまでは主に供給側からの視点での取り組みであったが，ここでは利用者の意識に着眼した市民啓発の取り組みについて報告したい．医療については，特に情報の非対称性があると指摘されている．患者側はどんな医療を受けるべきかが分かりにくいのが特徴である．基本的には供給側が医療のあり方を決める構造となっており，供給側の意識が変わらなければ医療の体制は変わらない．しかし，供給側を変えられるのは当然需要側でもあり，市民側の意識啓発も重要となる．

②地域の本音，家族の本音，迷惑を掛けたくない当事者

それでは市民側は現状でどのような意識をもっているのか，市民の生の声をもとに実態について整理をした．

ア．理想だけでは進まない

介護保険制度の施行から10年以上が経過した．従来のような「介護は嫁が」という社会意識は，男女共同参画社会の推進にともない，確かに変化してきた．しかし「介護」が制度化されたことで，多くの市民からは「介護は逃げられない」存在になったとの指摘も受ける．主に女性に負荷をかけながら「介護は家族の絆で」という曖昧にしていた部分に介護保険制度導入という光があたり，誰しもが介護と真剣に向き合うことが求められる時代になった．特に近年，市民から指摘されるのは，高齢の親をもつ娘・息子たちの苦労である．子育て中であっても，フルタイムで働いていても，「介護者」として期待されるのは，娘・息子であり，都市部では未婚のまま親の介護をするシングル介護も増えている．子どもにとっては「親が子を」というパラダイムが突然転換し，その葛藤を抱えつつ，子ども達の生活も決して楽ではないなかでギリギリの介護が続く．血縁のある親子関係だからこその甘えなどもあり，高齢者虐待が増

---
[6]「終末期医療のあり方に関する懇談会報告書」(p. 89)(2010年12月).

えていることもまた事実である.
　市民啓発においては数々の民生委員や健康づくり推進員などと意見交換をし介護保険制度についても説明したが,「いくら制度ができたといっても, 社会資源の整備と利用しやすい環境づくりが進まなければ, 理想だけでは在宅ケアは進まない」と反論される場面に多々遭遇した.
　イ. 病院・施設に預けるのが安心だ
　次に家族側の意見として多く指摘されるのが,「老親を病院・施設に預けることの正当性」である. その内容は, まず家族と同居しているのに, 要介護高齢者を家に1人にしておくことはできないということである. ヘルパーや訪問看護が来たときに, 家族の誰かがいなければならないのではないか. 介護のために, 家族が, 仕事を辞めなくては, 世間体が悪い. そんな思いをするくらいなら, 病院や施設に入れた方が, 仕事を辞めなくてすむ. また, 両親そろって高齢者世帯である場合は, どちらかが世話をすることはできるが, そうはいっても老々世帯では深夜や早朝の世話はたいへん辛いのではないか. 配偶者の介護疲れが心配である. さらに一人暮らしの老親の場合はどうか. 家族としても放っているのではないかという世間の目も気になる. やはり病院や施設に入れた方が安心ではないか. 当事者としても, 嫁や婿は, 舅・姑の世話をすすんで在宅でしてくれるだろうか. かならず子ども世帯に負担がかかり, 家族仲に亀裂が入るのではないかと気兼ねをする.
　ウ. 迷惑を掛けたくない
　このように, できれば住みなれた家やまちで暮らし続けたいという当事者の気持ちがあっても周辺では様々な葛藤が生じる. それを代弁する一言が当事者としては「迷惑を掛けたくない」である. 自己決定・自己決断が原則という建前があるが, 実態として当事者の意思決定は, 家族やご近所さんとの関係のなかで, 当事者が所属するコミュニティのいわば顔色をうかがう形で行われる.
　在宅医療を受けながら, 自分らしい最期を迎えることが可能となる社会をつくるには, 介護を受ける側への積極的な情報提供を行うのは当然のことであるが, もう1つは, 当事者や家族が所属するコミュニティの意識を再構築する必要があると考える.

(2) 在宅医療ケアを含む在宅ケアの市民啓発とコミュニティ形成

①個人の意思決定と在宅医療を受けとめるコミュニティ

これまで数多くの在宅医療に関する市民啓発の取り組みがなされているが，その多くは個人が自己決定・自己決断をいかにできるようにするかという観点で構築されてきたといえる．この発想は個人の意思決定の積み重ねが，あたかもコミュニティの意識となるという発想である．しかし柏プロジェクトを通して，当事者，介護支援専門員，民生委員，自治会長らと意見交換を繰り返すと，個人意思の集積＝コミュニティの意識と単純化してしまうことができないことが見えてくる．たとえば従来の市民啓発では在宅医療の仕組みや，介護保険制度における定期巡回・随時対応型訪問介護・看護という仕組みがあるということを情報提供し，それを利用してほしいとすることにとどまるが，個人が，そのようなサービスを利用しようとするかという個人の意思をいかに高めることができるかということとともに，これらの仕組みが日常生活圏域内で整備されているとしても，身近な人がそのサービスを利用して良いと評価しているか，当事者だけでなく家族やご近所さんともその社会的サービスについて話し合い，サービス利用のイメージを持っているかなどの状況の違いにより，サービスの普及度が異なるものとなる．要するに，個人の意思がコミュニティの意識とともに深化してこそ円滑にサービスの普及と自己決定ができるようになるのである．

②個人へのアプローチとコミュニティへのアプローチを同時に行う

ある自治会長はフォーマルな会議において「在宅医療の推進については慎重に考えたい」と終始一貫して主張していた．ある民生委員は「一人暮らしでは火事や徘徊が心配だから早めに施設を探してほしい」と訴えた．しかしその自治会長と帰りのエレベーターで一緒になると「自分は家で頑張りたい」と述べ，喫茶店で会うとその民生委員は「姉を施設に入れたことを後悔している」と個人的な心情を吐露する．要するに個人の本音をいかに社会の中で表現できるようにし，それと社会の仕組みとを結びつけるかということについての個人や地域への働きかけの方法論（技術）が欠如していることが大きな問題である．したがって，この方法（技術）の開発こそが，柏プロジェクトの重要な課題であると考える．

(3) シンポジウム形式の啓発活動の構造と展開

①シンポジウムで何を伝えるか

比較的実施しやすいのは，年間で1-2回開催するシンポジウム形式での啓発イベントである．全市民に対して，広報やポスター等を使ってアナウンスをし，2時間程度の講演もしくはパネルディスカッション等を通して，情報提供を行うものである．通常，この方式の主たる内容は「患者として受けられる在宅医療についての情報提供」である．たとえば認知症の講演会や著名な医師による在宅看取りの講演会が行われる．あわせて市内での取り組み報告やパネルディスカッション等が行われる．シンポジウムの形式上，関心の高い市民が集まっており，在宅医療に焦点を絞った情報提供が行われる．

この場合，柏市での工夫は「生活者として受けたい在宅医療について考えるヒント」を伝えることに重点を置いている．在宅医療に特化した情報提供ではなく，自分のライフスタイルの延長線上で在宅医療について考えてもらうための思考枠組みを提供することが目的である．

②在宅ケア柏市民集会

2012年から2013年にかけて，計3回のシンポジウムを行った．まず2012年は，表5のとおり2回のシンポジウムを行った．2月22日には約150名の参加者，29日は雪の影響もあり100名程度の参加であった．2013年は表6のとおり3月21日に実施し，約250名の出席があった．2012年は，どうしたら我が家で最期まで自分らしく暮らせるかをサブタイトルとした．2013年は，2012年のアンケートのなかで，「自分達もまちづくりに貢献したい」という意見が多くあったことから，シンポジウム構造はそのままにして，サブタイトルを「明日からできる在宅ケアのまちづくり」として実施した．

③シンポジウムの内容

2012年，2013年のいずれも，基本的には以下のとおり4つの構造の下に実施した．

ア．生活者としての在宅医療というストーリーを理解してもらうこと

まず先述のとおり市民は在宅医療に対して懐疑的な認識を持っている人が多い．懐疑的な人に，在宅医療の良さを直接伝えることはかえって悩みを大きくする．そこで在宅医療の何が不安であり，何がわからずに悩んでいるのか，シ

表5 2012年在宅ケア柏市民集会プログラム

シンポジウム内容	2012年2月22日 13時半-16時	2012年2月29日 13時半-16時
第1話：ここが不安．わからないことだらけの在宅ケア	東京大学高齢社会総合研究機構特任研究員	高齢社会総合研究機構特任研究員
第2話：これが真実．本人・家族の満足度が高い在宅ケア	古田達之(古田医院院長) 石原昌子(北柏訪問看護ステーション所長)	平野清(平野医院院長) 秦野嘉智子(訪問看護ステーションほうむ所長) 患者家族
第3話：そこを知りたい．柏の在宅ケア体制	小野田光芳(柏西口地域包括支援センター管理者)	小林弘幸(ケアプランときわ管理者)
第4話：住み続けたい．長寿社会の在宅ケアとまちづくり	島澤智宏(柏市役所福祉政策室副主幹)	梅澤貴義(柏市役所福祉政策室副主幹)
質疑応答		

表6 2013年在宅ケア柏市民集会プログラム

シンポジウム内容	2013年3月21日 13時半-16時
なぜいま在宅医療を市民が考えるのか	松本直樹(柏市福祉政策室室長)
明日からできる！ 在宅医療の現場を学ぶ ・在宅医療の現場紹介 ・在宅医療を支える多職種紹介	古田達之(古田医院院長) 吉田みどり(柏市福祉政策室副主幹)
明日からできる！ 健康づくりとゆびわっか診断 ・健康づくりの理論 ・食を通じた健康づくり	飯島勝矢(東京大学准教授) 東京大学産学連携HIP担当者
地域が主役の高齢社会を支える体制づくり ・加賀たすけあいネット ・地域ネットワークづくり	前島裕美子(加賀たすけあいネット代表) 高橋昌代(酒井根下田の杜)
明日からできる！ ・在宅ケアのまちづくり ・次年度の市民啓発プログラムの説明	東京大学高齢社会総合研究機構特任研究員
質疑応答	

ンポジウムのプログラムの最初の部分で，(1)の②で列挙した市民の本音について正面から参加者と共有するという姿勢のものを設けた．これにより参加者側との共感を育むきっかけができ，聴衆の関心が高まった．

　このプロセスを経たのちに，なぜ今在宅医療が必要なのかについて情報提供を行った．すなわち人はみな最期の時には弱って誰かの支えが必要になること，単身高齢者が増え家族介護から社会による介護の時代が来ること，病院ベッドが不足すること．一方，柏市民の6割は最期を自分の家で暮らしたいと思っており，このギャップを埋める必要があることなどである．在宅医療に対する市民の本音を整理したのちに，高齢社会に対する誤解についても整理し，住民自身の価値観の変容が求められていることを伝えることを重要視した．

　イ．在宅医療の実際と疑似看取り体験

　このように参加者と現状認識を共有したところで，あらためて在宅医療とはどのようなことをするのか，家での看取りとはどのようなことなのかを，聴衆に向けて説明を行った．ここでも2点に気を配った．まず実際に市内在住で在宅医療を行う医師による在宅医療現場の紹介である．市民からの意見で多いのは，「在宅医療は特殊な医師が行い，特殊な患者が受ける医療」ということであり，このイメージを脱却させるためには，在宅医療で著名な特別の医師ではなく，「近所の◯◯先生」による「自分はこういう対応ができる」という情報を伝えることが合理的である．市民の意見では，自分が在宅医療を受けるときには「御近所のあの先生が対応してくれるのか」ということが親近感とともに安心感が伝わるとの指摘がなされている．もう1つは内容についてであるが，やはり在宅での看取りについて市民に伝えることである．これを本取り組みでは「疑似看取り」と呼ぶことにしている．聴衆の中には家族を看取った人もいるが，ほとんどが初めての人であり，マイナスイメージと不安が反復増大される懸念がある．これを払拭するためにも，看取りの現場を具体的に伝え，参加者に疑似看取り体験をしてもらうことが重要である．

　ウ．在宅ケアに関する各種仕組みの紹介

　このような流れで参加者が在宅医療について等身大の問題として認識したところで，在宅ケアに関する各種仕組みの紹介を行った．2012年は制度としてどの程度まで自分は社会的サービスを受けられるのか，在宅医療制度や介護保

険制度についての情報提供を行った．もちろん短い時間ですべての仕組みを伝えることは難しい．そこで事前に柏市役所との打ち合わせを経て，住民側の関心の強い，地域包括ケアの仕組みについて，特に24時間365日を支える様々な仕組みが整備されつつあることを伝えた．たとえば小規模多機能型居宅介護支援事業や定期巡回・随時対応型訪問介護看護事業などである．24時間365日をしっかり支える制度が整備されていることに対して，これを知った住民の安心感は大きい．しかし同時に，住民はこのようなサービスが自分の生活範囲で受けられるのかどうかという疑問が持ちあがる．そこで次に伝えるべきは，地域包括ケアシステムは発展途上にあり，これから試行錯誤を経て，さらに中身が詰まっていくものであるということを率直に伝えた．

　2013年は，2012年のアンケートの結果，住民として自分達でできることを知りたいとの意見があったことから，食事を中心とした健康づくりの話として，柏市で行った高齢者の大規模健診[7]の結果として，筋力低下による虚弱化の問題について情報提供を行った．また，東京大学産学連携プロジェクトであるHIP（Healthcare Innovation Project）企業による，企業貢献型の新しい食事支援プログラムの報告を行った．次に柏市内で実際に取り組まれている住民同士の支え合い活動について報告を行った．「加賀助け合いネット」は，加賀町会内において，単身高齢者等のゴミ出し支援や庭掃除支援など支え合い活動を行う団体である．「酒井根下田の杜」は，柏市内の市民緑地である．ここで里山保全活動を行う高橋昌代氏から，十数年来続けている地域づくりとしての里山保全活動も，担い手が高齢化するなかで，地域づくり活動自体が健康づくり，地域のネットワークにつながっていることを報告してもらった．

　時間があれば各種制度，健康づくり，コミュニティケアなどについて詳しい説明をすることも良いと思われる．ただしここで伝えたいのは，制度や取り組みそのものだけでなく，たとえば地域密着型サービスなどは，需要があるから供給されるのであり，市民が望んでいないのに大きく整備されることはないこと．また，健康づくりや地域の支え合い活動なども含めて，在宅ケアを支える社会的仕組みは，「行政におまかせ」にしていては良いものができず，使いな

---

[7]　「栄養とからだの健康増進調査」．

がら改善していくことが重要であるという住民の新しい価値観の必要性である．

エ．在宅医療を含む地域包括ケアとまちづくり

こうして在宅医療を含む地域包括ケアの実態と制度について情報提供したところで，シンポジウムのまとめは「まちづくり」もしくは「地域づくり」という観点から実施する．自分にとって在宅医療が自分らしく暮らし続けるための有力な選択肢であることを伝えたが，最後にこれらの積み重ねは個人だけではなく，かかりつけ医が訪問診療を始めたり，24時間365日を支える地域密着型サービスの事業者が来たりすることで，コミュニティ全体が暮らしやすくなることを伝えることが重要である．そしてこのような問題について，行政は保健福祉の観点だけでなく，生涯学習，都市・住宅等の観点などもいれて，新しいまちづくりとして取り組んでいくことを宣言することが重要である．またその実現のために行政，大学，医療機関，福祉関係者などの連携が重要となること，さらにはシンポジウムに参加した市民が，生活者としてどのようなことをしていけば，自分は住みなれた街で暮らしつづけられることができるのか，そのヒントを伝え，自分のライフスタイルの延長線上で在宅医療について考えてもらうのがねらいである．

④シンポジウムのアンケートとプログラムの有効性

ア．2012年在宅ケア柏市民集会

2012年は先述のとおり在宅ケアに特化したシンポジウムである．かかりつけ医の有無について168件の回答中，かかりつけ医がいると答えた参加者は約7割であった．また自分も必要になったら在宅ケアを利用してみたいかとの質問に対しては，153件の回答中，約6割の人が受けてみたいと思ったと答えている．受けたいと思わないと回答した人が8%程度であることは特筆すべきことであり，プログラムの有効性を確認できる．

イ．2013年在宅ケア柏市民集会

かかりつけ医の有無について，183件の回答中，かかりつけ医がいると答えた参加者は約7割であった．また自分も必要になったら在宅ケアを利用してみたいかとの質問に対しては，183件の回答中，5割の人が受けてみたいと強く思ったと答えている．また全く受けたいと思わない，あまり思わないを合わせても，9%程度であることは特筆すべきことであり，プログラムの有効性を確

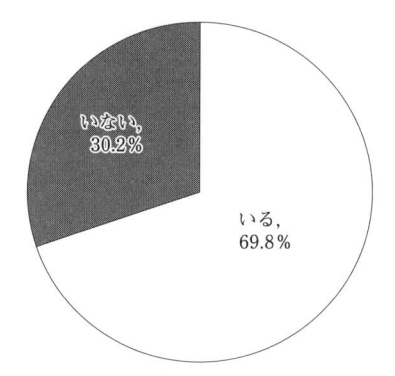

図28 かかりつけ医の有無(2012年シンポジウム，n=168)

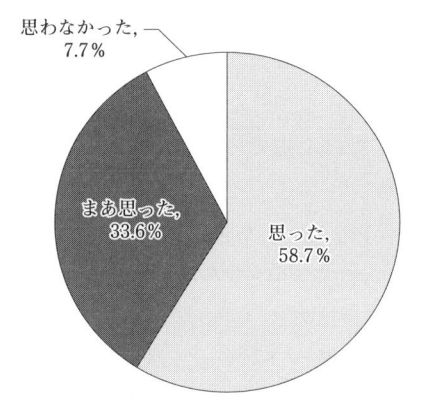

図29 在宅ケアの利用希望(2012年シンポジウム，n=153)

認できる．

ウ．2013年在宅ケア坂井地区市民集会(福井県)

福井県坂井地区(坂井市・あわら市)においても，同様の構造のシンポジウムを2013年3月10日に実施し，約250名の出席があった．ここでも同様のアンケートを取っている．かかりつけ医の有無について，164件の回答中，かかりつけ医がいると答えた参加者は約7割弱であった．また自分も必要になったら在宅ケアを利用してみたいかとの質問に対しては，164件の回答中，約8割の人が受けてみたいと強く思う，または，思うと答えている．また受けたいと思わないは，2%程度で，どちらでもないを合わせても，18%程度であることは

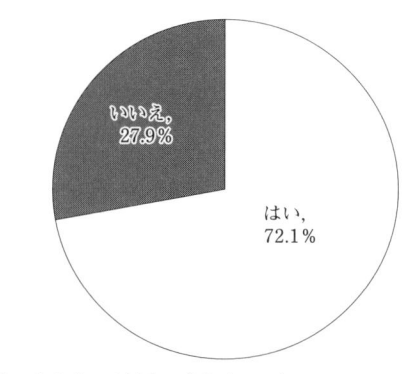

図30　かかりつけ医の有無（2013年シンポジウム，n = 183）

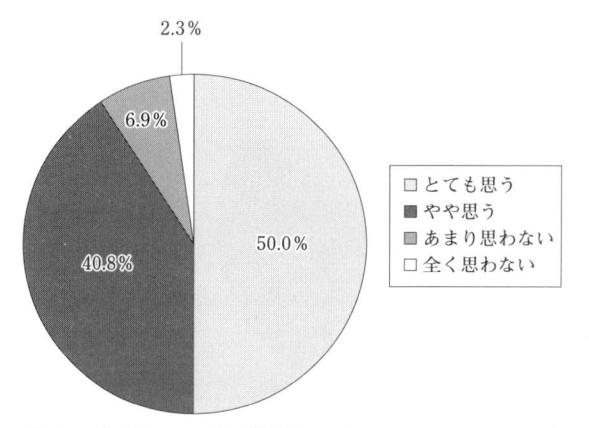

図31　在宅ケアの利用希望（2013年シンポジウム，n = 174）

特筆すべきことである．異なる条件下でも高い割合で在宅ケアを利用してみたいという意識を啓発できており，プログラムの有効性を確認できる．

⑤シンポジウムは新しい思考(価値観)枠組みの提供機会

シンポジウムの根幹は，参加者が自分自身の生活を見つめ直し，在宅医療について身近な話として理解してもらうことである．そして在宅医療を含む地域包括ケアという新しい選択肢の有効性と課題について全体像を把握してもらう．その上で，自分のライフスタイルを心身が虚弱化しても守るためには行政や医療関係者に丸投げするのではなく，いまの元気なうちから価値観を変容させて，自分から一歩前に踏み出すことが重要であると認識を新たにしてもらう．すなわ

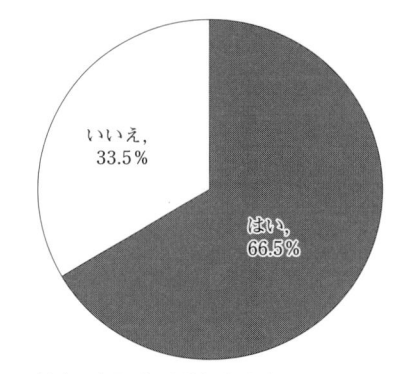

図32 かかりつけ医の有無(福井県坂井地区シンポジウム, 2013年, n = 164)

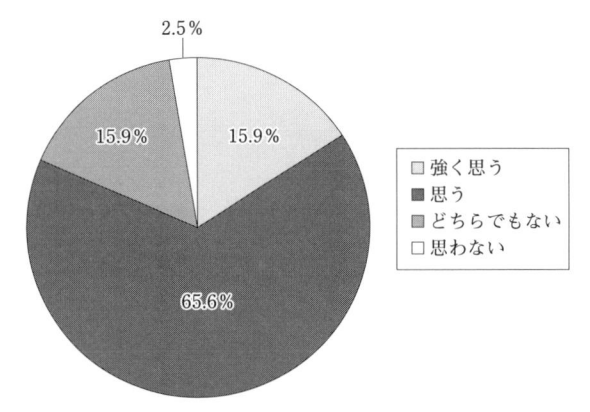

いいえ, 33.5%
はい, 66.5%

図33 在宅ケアの利用希望(福井県坂井地区シンポジウム, 2013年, n = 157)

2.5%
15.9%
15.9%
65.6%

□ 強く思う
■ 思う
■ どちらでもない
□ 思わない

ちシンポジウムを，新しい思考(価値観)枠組みの提供の機会と利用するのである．

(4) 地域に向けての啓発推進体制の構築

2012年度までは主に本機構が，柏市福祉政策室と連携して，年に1度のシンポジウム開催という，情報提供を中心に行ってきた．2013年度からの市民啓発はその推進理念にもとづき，情報提供にとどまらない多面的な展開をしている．市民側の関心の高まりを受けて，2013年度から地域に向けての市民啓発の推進体制を構築した．在宅ケアの推進を行う福祉政策室の他，住民同士の支え合い活動を支援してきた担当課(福祉活動推進課)や，住民同士の支え合い

活動を実践してきた柏市社会福祉協議会を巻き込んで，体制を構築してきた．メンバーとしてはこのほかに，住民同士の支え合い活動を実践してきた市民委員も2名を加え，在宅医療の推進について意見交換をする場を設置した．ここに本機構からもメンバーとして加わり，コミュニティの実情について多面的に評価し，重要な推進方策を検討する在宅医療啓発委員会ができた．

またコミュニティ単位での啓発活動についても同様に，2013年度から，専門家チームが連携して対応している．専門家の組み合せとしては，保健師，社会福祉士，コミュニティ支援の専門家の3つの視点から，地域課題を読み解き，住民側を支援できる体制をつくることが重要と考える．

(5) 在宅医療を含む在宅ケアの市民啓発の方法について

(4)で示した体制ができたのちは，以下のような一連の取り組みを実施しており，市民啓発の方法の体系化をめざしているので，以下でその流れを述べたい．

①シンポジウム(Ⅰ．幅広い情報提供)

シンポジウムについては先述の通りであるが，在宅医療を含む地域包括ケアの枠組みをしっかり伝えることが重要である．参加者が自分自身の生活を見つめ直し，在宅医療について身近な話として理解できる内容を検討することが重要である．その際のポイントは，福祉の一分野としての在宅医療ではなく，人生設計やまちづくり両面から見て，在宅医療が有力な選択肢であることを理解してもらうことである．地元の医師が在宅医療や看取りについて語り，出席者に疑似看取り体験をうながすこと，在宅ケアに関する制度については，限られた時間で複雑な制度を詳しく説明するのではなく，少しずつ改善されながら整備が進んでいくものであること，専門家へ気兼ねなく相談すること，そして受け身ではなく「活用していく」という視点をもつことを伝えると良い．

②パンフレット(Ⅰ．幅広い情報提供)

在宅医療を含む地域包括ケアについては，様々なパンフレットやリーフレットが作成されている．それぞれ工夫が凝らされており，文字を中心に説明をしたものや，イラストを中心に解説したものなどが多数ある．行政としては，国や都道府県，各種専門組織が作成した認知症，成年後見制度，介護保険制度，

看取りの話などのパンフレットを，イベント等で配布をすることが最も取り組みやすいことである．ただし住民側からしてみると，パンフレット等は乱立状態にあり，情報不足よりも情報過多である．シンポジウムのアンケート等でも「情報が多すぎてわからない」と指摘されることが多々ある．市民が自発的に在宅ケアについて考えることの難しさを助長している．既存のパンフレットの活用は啓発の第一歩ではあるが，新しい取り組みを行う自治体こそ，自分たちの取り組みについて，イラストレーター等を積極的に活用し，自分たちの言葉で説明できるツールを作成することが重要である．

③地域の背景に即した情報提供（Ⅱ．身近な情報の提供）

情報提供がある程度まで進むと，下記のケーススタディとしてとりあげるように住民側から，自分たちの地域で取り組みたいという想いが醸成されてくる．特に制度一般として，在宅医療の重要性や24時間在宅ケアの環境整備が進んでいることを理解すると，次に知りたいのは，それが自分たちの日常生活圏域でどの程度あるのか，今後整備されていく予定があるのかである．地域情報としては，地図上にプロットされた医療機関，デイサービスや訪問介護事業所等の情報は一般的に市町村で準備されているが，実際に訪問診療がどの程度可能か，訪問看護は24時間対応が可能かなど，詳しく知りたいことについては記述されていないことが多い．このような情報は地域包括支援センターが独自に収集している場合もあるが，住民まで浸透はしていない．同じくインフォーマルなコミュニティケアの取り組みについては，自治会や社会福祉協議会等が把握していることもあるが，これらも地図化や活字化されていない場合が多く，主として「知っている人だけが知っている」状態である．シンポジウムやパンフレットで，自分の地域のことを知りたいと思った人が次に進めるように，身近な地域情報の整理が重要となる．柏市では，各地域包括支援センターのもつ情報と社会福祉協議会等がコミュニティケアの情報を取りまとめた，在宅医療情報誌「わがまち」をまとめることとしている．

④ふれあいサロン等での対話の機会の創出（Ⅲ．対話の機会の創出）

ア．日常的な対話の機会をつくる

情報提供がある程度進み，住民自身も知りたい・取り組みたいという想いを持った場合に，まず何から始めたらよいだろうか．そこで先述のシンポジウム

にてアンケートを取ったところ，在宅医療について話し合いたいが話し合う機会がない人が多いことがわかった．「ご家族・ご親族，友人・知人と自分の老後について話し合っていますか」という質問に対して，家族・親族と話し合っている人は約6割，話し合いたいが話し合えていない人が約3割いる．他方，友人・知人との関係においては，話し合っている人は約4割だが，話し合いたいが話し合えていない人が約5割いることが分かった(図34)．

コミュニティとして在宅医療に取り組んでもらうにも，まず在宅ケアに関する対話の機会が限られていることが問題であると考えられる．個別の意見では，困った時に友人・知人に相談するには話が込み入りすぎていること，日常的に感じる不安については何を話してよいかきっかけがつかめないことなどが指摘された．そこで柏市では自治会や民生委員等を中心としたふれあいサロン活動が盛んに行われていることに着目し，ふれあいサロンのような機会を利用して，日常的な対話の機会を創出していくための，話し合いのためのツールを開発することとした．サロン活動自体も，住民同士のふれあいから，地域の高齢化をにらみつつ支え合いへと重心を変えていくタイミングにあり，この機会を利用することとした．

イ．サロン等で活用できるツールづくり

サロン等で活用できるツールとして，まず在宅医療情報誌「わがや」（後述）を発刊した．これは柏市の広報誌という形式となっており，サロン等で読み合わせ活動を行ってもらうイメージである．次に在宅医療看取りに関する紙芝居を作成した．柏市においては認知症に関する紙芝居などがすでに取り組まれており，サロン活動としては取り組みやすいものであった．また在宅医療と看取りに関してはDVDの活用も行っている．まず柏市訪問看護連絡会が作成した実際の患者さんが登場する退院支援の現場である．実際に病院から在宅へ，どのようなチームでどのようなケアが行われるのか具体的にイメージしやすい映像である．またシンポジウムで報告をいただいた古田医院の古田達之先生，平野医院の平野清先生の訪問診療に密着した映像資料も作成している．このような資料を使いながら，サロン等で活用してもらうことを検討している．これらツールのサロン等での活用にあたっては，単にこれを閲覧するだけでなく，これをきっかけとして少しでも対話が生まれることが重要であり，サロン運営者

や住民向けの意見交換マニュアル等も作成し，住民同士での話し合いが進む工夫を検討した．

ウ．在宅医療情報誌「わがや」

情報提供ツールの一環として，在宅医療情報誌「わがや」を準備号，第1-3号を発刊した．在宅医療について住民の知りたいことをまとめ，柏市の取り組みについての解説を行っている（図36）．また住民による在宅ケアのまちづくり活動も取り上げ，各地域でも参考になるような解説を付けて掲載した．この雑誌で取り上げられたことで，住民側にも問い合わせが増えるなど，活動に張り合いがあるとの意見である．さらに在宅医療啓発委員会（171頁参照）のメンバーから，高校生でも理解できるように在宅医療の魅力を伝えてほしいとの意見があり，柏市介護支援専門員協議会の協力を得て，柏市での実際のケースをもとにした「漫画在宅医療物語」を掲載している．2013年度はこれを柏市民全体に情報を共有するために，柏市広報にあわせて新聞折り込みにて全戸配布を行った．次年度も継続して情報提供が行われる予定である．実際にこの新聞をみて，自分も在宅医療を受けたいという相談が福祉政策室に来ており，またこの情報誌を読んで訪問看護に魅力を感じたという看護師の方が実際に訪問看護師になるなど，少なからず反響がある．

⑤生活の場における地域の活動づくり（Ⅳ．コミュニティ活動の実施と仲間づくりの支援）

図34のアンケート調査の通り，さらに在宅ケアのまちづくりに取り組みたいという人が4割いる．この人たちをサポーターとしながら，生活の場で暮らし続けられる地域づくりをめざしていくことが重要である．この具体的な取り組みについては，地域コミュニティと啓発の取り組み（ケーススタディ）を行ったので，そのプロセスを(6)で紹介する．

なお，(6)で紹介するケーススタディを行うにあたり，全国ではどのような住民による支え合い活動が行われているのか，全国の事例収集（図35）とともに，成功の秘訣，失敗しないための工夫について，柏市福祉政策室，柏市社会福祉協議会とともに検討会をしている．この検討の結果は在宅医療市民啓発に向けた人材育成マニュアルとして取りまとめて公表し，今後の市民啓発の支援ツールとして活用してもらう予定である．

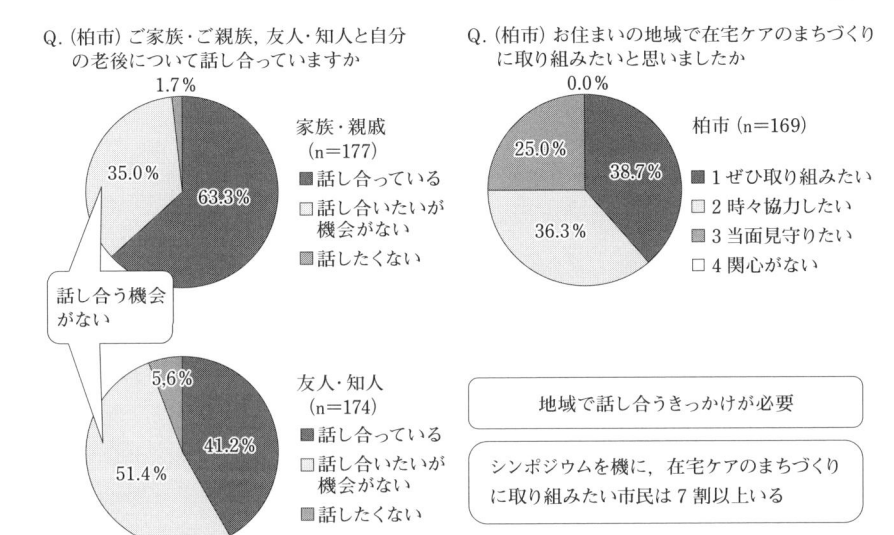

Q.（柏市）ご家族・ご親族, 友人・知人と自分の老後について話し合っていますか

家族・親戚 (n=177)
- 1.7%
- 35.0%
- 63.3%

■ 話し合っている
□ 話し合いたいが機会がない
■ 話したくない

話し合う機会がない

友人・知人 (n=174)
- 5.6%
- 51.4%
- 41.2%（※43.2%に見えるが41.2%と読む）

■ 話し合っている
□ 話し合いたいが機会がない
■ 話したくない

Q.（柏市）お住まいの地域で在宅ケアのまちづくりに取り組みたいと思いましたか

柏市 (n=169)
- 0.0%
- 25.0%
- 38.7%
- 36.3%

■ 1 ぜひ取り組みたい
□ 2 時々協力したい
■ 3 当面見守りたい
□ 4 関心がない

地域で話し合うきっかけが必要

シンポジウムを機に，在宅ケアのまちづくりに取り組みたい市民は7割以上いる

図34　対話と活動の機会の提供

抽出した活動のパターン
① 住民主体, 協働でインフォーマルケアを行っている
② 単位町内会や連合地区・行政区域で活動している
③ 活動が変化し, かつ活動に広がりが見られる連合地区・行政区域で活動している
④ 行政や地域包括支援センターとも連携している
⑤ 事例集・取材記事等複数の資料で取り上げられている連合地区・行政区域で活動している

ミッション（課題）と活動内容

高齢者支援
・生活支援・孤立死防止
・閉じこもり防止

コミュニティ
・交流・地域の繋がり
・健康, 仕事づくり

疾病対応予防
・認知症支援, 介護支援
・家族支援

防災防犯
・防災防犯
・消費者被害防止

生活支援　交流・自己実現　安心　見守り　健康医療介護サポート

活動のタイプ
○ 個人・団体の創意
○ 自治組織等での地域課題の解決
・高齢者支援
・コミュニティ
・孤独死を防ぐ見守り
○ 社協・行政の見守り支援ネット
・行政主導のネット
・商店街主導での活動
・社協主導での活動
○ 生きがいづくり
・講座修了者自主活動
・介護予防修了者活動
・コミュニティビジネス
○ 特定課題の解決
・震災後の絆づくり

100事例　10事例

活動プロセス（例）
人と組織のエンパワーメント型
ユーザー・担い手の拡大型
ラウンドテーブルへの転換型
外部と連携・コラボレーション型

活動の基礎となる取組要素

権限	投入する資源	支えとなる規範	コミュニケーション
・行政 ・当該団体 ・個人　等	・労働力（マンパワー） ・利用料 ・基金・利子 ・助成金補助金等	・社会貢献 ・見守り ・尊厳 ・地域の規範 ・社会福祉関連法	・フェイスtoフェイス ・情報誌 ・居場所・カフェ ・意見交換 ・井戸端会議

図35　住民による支え合い活動の全国調査の全体像

図36 在宅医療情報誌「わがや」

(6) 地域コミュニティと啓発の取り組み（ケーススタディ）

啓発活動は自治体ごと，地域ごとに，進めやすいところから実施していくのでよい．重要なポイントは，単発の取り組みではなく，体制を整備して，図37のとおり取り組みを循環させながら，在宅医療を含む地域包括ケアに関する住民意識の地域全体の底上げを図ることである．

その一環のケーススタディとして，柏市内の下記3カ所において，啓発活動に取り組んだ．啓発活動については，柏市福祉政策室と，各地区を担当する柏市社会福祉協議会の担当者と，本機構の特任研究員（コミュニティ支援のアドバイザーとしての専門家）でチーム体制を組んだ．

①コミュニティケアの取り組みを発展させる場合：豊四季台地域での取り組み

ア．豊四季台地域の概要

豊四季台地域は柏市の中央西部に位置する地域である．市内でも早くから宅地開発が進み，首都圏のベットタウンとなっている．人口2万8826人，町会

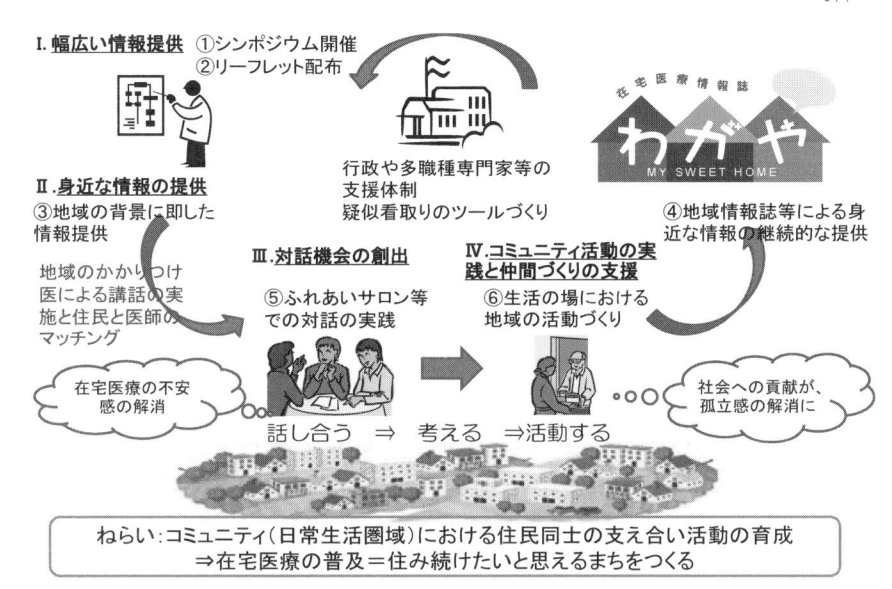

図37 柏市における市民啓発の実施方針

等加入世帯数9744世帯である．65歳以上人口は6774人・高齢化率23.4%，75歳以上人口は3263人・後期高齢化率11.3%である．豊四季台地域は，1964年に着工された約5000戸の規模のUR都市機構（以下，URという）の豊四季台団地（高齢化率約40%）と，戸建住宅，マンション，民間借家が混在するあけぼの，明原地区，古くからの住民がすむ比較的戸建住宅の多い篠籠田，西町地区で構成されている．駅から徒歩10分程度と好立地にあるため，マンション開発等も行われており未だ人口が増えている．豊四季台地域には豊四季台地域ふるさと協議会があり，現在は一体となって地域活動を行っている．歴史的には団地住民は団地住民として独自の自治を形成してきた経緯があり，地域福祉の窓口である地区社会福祉協議会は，豊四季台団地を対象とする豊四季台社協とその他の地区を対象とする西地区社協の2つの組織が活動している．豊四季台団地の再開発にあたり，URの対象とする団地住民だけのまちづくりとするのではなく，ふるさと協議会の範囲である豊四季台地域全体を対象とするまちづくりを考えたいという，住民側の発意があり，それを踏まえ，それぞれの歴史と文脈を尊重しながら，プロジェクトに取り組んだ．

イ. 豊四季台地域まちづくり連絡会

柏市豊四季台地域は，すでに住民同士のコミュニティケアの取り組みが進んでおり，豊四季台地域ふるさと協議会を中心に徘徊高齢者を見守るネットワークが機能していたり，豊四季台地区社会福祉協議会による一人暮らし高齢者との昼食会などが行われている．豊四季台地域におけるプロジェクトの実施にあたり，2011年から四半期に一度，自治会，民生委員，ボランティア等の地域住民らが集まり高齢社会に対応したまちづくりについて話し合う豊四季台地域まちづくり連絡会を実施してきた．具体的にはパブリックスペース，在宅ケア，生きがいづくりなどの身近な課題を議論の俎上にのせて，課題を再共有し解決策を話し合う場である．当初，自治会等の地縁組織は，住民自治組織を中心とした融和活動・支え合い活動に主眼をおいていた．しかし関係者一同が集まって地域課題を整理すると担い手の高齢化やニーズの多様化により，その取り組みが難しくなっていることが分かる．

ウ. 一人暮らしの高齢者を囲む昼食会

豊四季台地区民生委員が中心となって実施する一人暮らしの高齢者を囲む昼食会は，毎年10月に豊四季台近隣センター体育会で開催され，豊四季台団地に住む一人暮らし高齢者が200名ほど集まるイベントである．これまでは介護予防体操や踊りの発表など，昼食会にあわせて実施されてきたが，単なる食事会に終わっていること，同じ空間に集まりながら住民同士のつながりがなかなか醸成できないことなどの相談を受けて，本機構を中心に，柏市福祉政策室らと連携して，企画の支援を行った．2010年，2011年には豊四季台団地の入居当時の写真を利用した回想法を用いたまちづくりへの意識調査，2012年には「高齢社会のまちづくり双六」の実施，2013年には「高齢社会カルタ」を使って，約20-30分ほど単身高齢者への高齢期の暮らし方，住まい方の啓発とともに，意向調査を実施した．

実施してわかったことは，一人暮らしの高齢者が年々増えていること，そして年々少しずつ外出や家事などが億劫になってきていることである．しかし，自分が虚弱化したときの対応について事前に対応を検討していないことである．今回の取り組みでは高齢者6人程度が1つのテーブルに座ってもらい，胸にネームカードをつけて自己紹介をしながら，テーブルの進行役に大学生など若い

世代を置き，グループとして，イベントに参加してもらった．長年住んでいるものの，顔は知っているが名前を知らない人などが多数おり，この昼食会を機に挨拶ができるようになった，つながりができたという意見が増えている．上記の工夫を凝らしたことで，2010 年は 150 名程度の出席者であったが，毎年参加者が増え，2013 年は 240 名を超えた．

このような中で，2010 年から 4 年間在宅医療について取り上げ，かかりつけ医を持つことの重要性について説明してきた．2013 年にアンケートを取り，かかりつけ医はいるか，その先生が訪問診療をしてくださる方かどうかを調べた．かかりつけ医がいると答えた高齢者は 88％ にのぼった．本イベントに参加する高齢者は，前述のシンポジウムのように特に関心を持って来る高齢者とは質が異なり，一般的な高齢者であることから，身近な地域単位での情報提供にも効果があることがわかる．

エ．地域ケア会議への萌芽

このような取り組みのなかで，豊四季台団地内に建設される在宅ケアの拠点の住民からみた活用方法をはじめとして，担い手が高齢化するなかで今後の在宅医療を含む地域包括ケアについてさらに深く協議することとなった．たとえば，豊四季台地区の民生委員は単身高齢者の見守り活動を行っているが，毎年対象者が増えてコミュニティ活動としての負担が増えている．他方で，介護保険制度でも見守りは行われており，テレビ電話を使った緊急通報システムなどの開発も進んでいる．コミュニティにおいては，様々な見守りが輻輳しており，受益者からすれば選択肢が増えたことは良いことであるが，コミュニティの担い手の負担は増え続けていく．コミュニティでのインフォーマルなケアと専門サービスとしてのケアの役割分担はどのようにしたら質とともに効率性が高まるのか．自治組織と，豊四季台団地の一角で 24 時間の在宅ケアの拠点運営に関わる長岡福祉協会や，西口地域包括支援センターのメンバーらを交えた介護保険サービス関係者との話し合いの機会を設けて，そのあり方を検討していくこととなった．また豊四季台地域で開業する古田医院の古田先生，豊四季台診療所の金先生らにもご協力いただき，講話をいただいたり，意見交換をする機会も設けている．このような展開のなかで，地域のケアのあり方について話し合う会議への展開を考えている．

②コミュニティケアの取り組みを始める場合（Ⅰ）：富勢地域

ア．富勢地域の概要

　富勢地域は柏市の北部に位置する地域である．南西部には北柏駅を中心に住宅地が広がっており，南東部には老人保健施設が併設されている柏市立柏病院があるが，全体的に在宅ケアの資源は少ない．町会・自治会は21あり，それぞれが熱心に活動を行っている地域である．具体的には，ふれあい喫茶，子育てサロン，訪問ボランティア，世代間交流事業などを実施している．2013年度4月現在，人口は2万4783人で，町会等加入世帯数7499世帯，65歳以上人口5611人・高齢化率22.6%であり，75歳以上人口2239人・後期高齢化率9.0%，となっている．これから高齢化が進展する地域である．在宅ケアの拠点は少ないが，16件程度のサロン活動が盛んに行われている．

イ．地域への声掛けと役員との意見交換

　2013年度のシンポジウムのアンケートにて，富勢地域にお住いの方から「ぜひ富勢地域で在宅ケアのまちづくりに取り組みたい」との感想があった．その後，柏市福祉政策室に対して在宅ケアのまちづくりに関する問い合わせがあったことから，北部のモデル地域として位置づけた．当該地域も柏市福祉政策室，柏市福祉活動推進課，柏市社会福祉協議会，北部地域包括支援センターらと本機構が，チームで取り組んでいる．

　まず2013年6月24日の富勢地域ふるさと協議会福祉事業部会の定例会において，柏プロジェクトについての情報提供を行った．翌月再度，福祉事業部定例会において，福祉事業部の役員と在宅医療に関する意見交換を行った．役員メンバーは極めて関心が高く，在宅ケアに関する新聞のスクラップにとどまらず，福祉事業部としての意見をまとめた報告書を作成いただき，これをたたき台として，地域の抱える課題や資源について確認した．福祉事業部の役員との意識合わせが整ったところで，あらためて地域づくりに向けた取り組みを協働で進めることについて，福祉事業部会の全メンバーと意見交換する場の設定を依頼した．

ウ．課題の共有と特別委員会の設置

　翌8月にこれからの在宅ケアのまちづくりの課題を共有することを目的として，シンポジウム同様の構造で在宅ケアのまちづくりに関するミニ講演会を行

い，福祉政策室から富勢地域の地域診断として高齢化率等のデータを示し，在宅ケアに取り組むことがいかに地域づくりにとって重要かについて再度地域に投げかけを行った．参加者からは理想と富勢地域の現実のギャップについて戸惑う一面も見られたが，看取り経験のある参加者から実体験を話してもらうとともに「大変なことであるが，重要なことであるので頑張りたい」という前向きな意見が出された．この勉強会で，メンバー全員が一歩でも前に進む必要があるという意識を共有することができた．

その後，福祉事業部の母体となる富勢地域ふるさと協議会の役員会にて，福祉事業部から（行政ではなく，住民自身から），「在宅医療・ケアに関する特別委員会」の立ち上げが提案され，了承が得られた．特別委員会となったのは，柏プロジェクトの趣旨が地域と深く共有でき，在宅医療ケアの取り組みが地域福祉の一部にとどまるのではなく，地域づくりの全体と関係するテーマであることが理解され，幅広く関心のあるメンバーを募るためであると考えられる．

地域の様々な役割のなかで新しい取り組みが始まることに対して少なからず過度な負担を不安視する声もあったが，幅広く声を掛けて自発的なメンバーで進めることとなった．そこで12月に行われるふるさと協議会の地域交流会を活用して，新規メンバーを呼びかけ，地域づくりの観点から体制をつくることを住民側と議論し企画を練った．図38と図39が，12月7日に行われた地域交流会の模様である．地域交流会には50名の参加があり，講演会とともに，グループワークを行い，様々な意見を出していただいた．

　　エ．富勢地域の在宅ケアについて住民が住民に説明するプログラムづくり

12月7日の地域交流会において関心を持ってもらったメンバーのなかから，幹事に集まってもらった．特に地域で子育てを行っている30歳代のメンバーが加わったことは，幅広い声掛けとグループワークの成果である．特別委員会として，グループワークの成果を振り返り，全国の事例なども紹介しながら今後の展開について意見交換を行った．富勢地域としては，まだ自治会ごとに意識の差が大きいことなどが課題であるという意見が目立ち，特別委員会のメンバー自体もまだ知らないことが多いという意見が出された．そこで，住民自身で在宅医療に関する様々な資料を集め読み解く勉強会をしながら，富勢地域オリジナルのパンフレットをつくり，これをもとに特別委員会のメンバーが各自

地域の課題 ⇒ **できることやりたいこと**

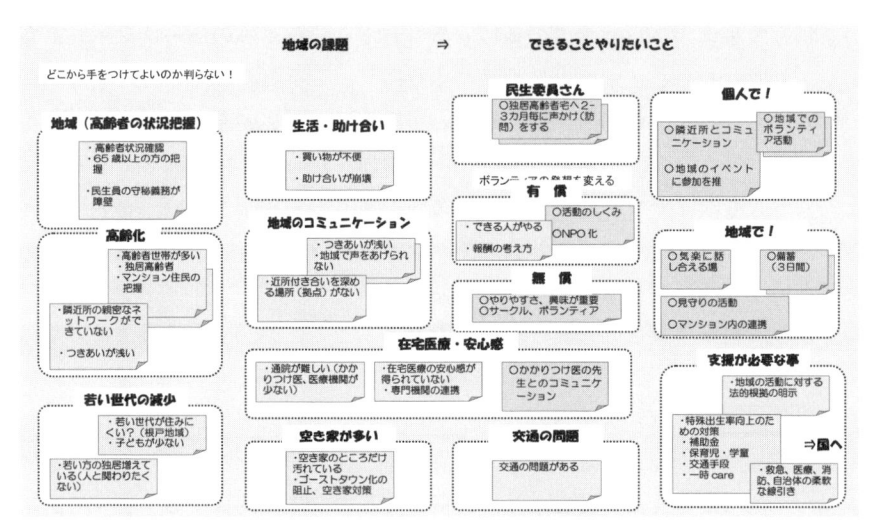

どこから手をつけてよいのか判らない！

地域（高齢者の状況把握）
・高齢者状況確認
・65歳以上の方の把握
・民生委員の守秘義務が障壁

高齢化
・高齢者世帯が多い
・独居高齢者・マンション住民の把握
・隣近所の親密なネットワークができていない
・つきあいが浅い

若い世代の減少
・若い世代が住みにくい？（横戸地域）
・子どもが少ない
・若い方の独居増えている（人と関わりたくない）

生活・助け合い
・買い物が不便
・助け合いが崩壊

地域のコミュニケーション
・つきあいが浅い
・地域で声をあげられない
・近所付き合いを深める場所（拠点）がない

在宅医療・安心感
・通院が難しい（かかりつけ医、医療機関が少ない）
・在宅医療の安心感が得られていない
・専門機関の連携

空き家が多い
・空き家のところだけ汚れている
・ゴーストタウン化の阻止、空き家対策

民生委員さん
○独居高齢者へ2〜3カ月毎に声かけ（訪問）をする

ボランティアの発想を変える

有償
・できる人がやる
・報酬の考え方
○活動のしくみ
○NPO化

無償
○やりやすさ、興味が重要
○サークル、ボランティア

在宅医療の安心感
○かかりつけ医の先生とのコミュニケーション

交通の問題
交通の問題がある

個人で！
○隣近所とコミュニケーション
○地域のイベントに参加を推
○地域でのボランティア活動

地域で！
○気楽に話し合える場
○見守りの活動
○マンション内の連携
○備蓄（3日間）

支援が必要な事
・地域の活動に対する法的根拠の明示
・特殊出生率向上のための対策
・補助金
・保育児・学童
・交通手段
・一時care
⇒国へ
・救急、医療、消防、自治体の柔軟な線引き

図 38　グループワークの模造紙
注：・は地域の課題．○はやっていることと，あったらいいこと．

図 39　グループワークの風景

治会やサロン等に啓発に回るという企画が検討されはじめた．

③コミュニティケアの取り組みから始める場合（Ⅱ）：酒井根地域

ア．酒井根地域の概要

酒井根地域は柏市の南西部に位置する地域である．市内でも早くから宅地開発が進み，首都圏のベッドタウンとなっている．人口1万2356人，町会等加入世帯数3454世帯である．65歳以上人口は3050人・高齢化率24.7%，75歳以上人口は1218人・後期高齢化率9.9%である．14歳以下の人口が市内で7番目（14歳以下人口比率14.1%）であり，地域全体としては比較的若い世代が住んでいるが，実際には旧住民と新住民に分かれて，酒井根町会・西山町会など旧住民の高齢化が進んだ地域がある．地域内では緑が多く残されており，下田の杜は里山の自然をテーマにした市民参加型の公園となっている．2009年に酒井根地域ふるさと協議会と酒井根地区社会福祉協議会が一本化されるなど，地域福祉に造詣の深い地域である．

イ．高齢社会に直面する住宅地区

酒井根地域の歴史はふるく，旧住民も多い地域である．サロン活動も5カ所で実施されており，通算では年に50回以上，のべ1000人以上が集まるなど，地域福祉に対して熱心な地区である．ふるさと協議会内には，健康福祉部会と高齢者福祉部会の2つの部会があることからも，その熱心さがうかがえる．このような地区であるが前述の概要でわかるとおり，地区全体の高齢化が進んでおり，高齢者が増えるとともに課題も増えている．さらには地域の担い手の人々の高齢化も進んでいる．その結果，ふれあい食事会などのこれまでの事業の実施が難しくなるなど，高齢社会特有のコミュニティの課題を抱えている地域である．

このような条件の中で，在宅ケアを含むコミュニティケアの新たな活動を起こすにはどうしたらよいか，柏市福祉政策室，柏市社会福祉協議会と本機構の三者で相談しながら，地域の状況を踏まえ，戦略を検討した．

ウ．新たな担い手の確保

酒井根地域には副会長の1人が理事長をつとめる社会福祉法人があり，地域の介護拠点となっている．地域の資源としての介護拠点と連携することは重要であると考え，まず，これまでと同様に酒井根地域の現状と在宅ケアの体制構

築の必要性を説明し，協力を頂くことをお願いし，承諾を得た．

　また酒井根地域は福祉分野以外にも，下田の杜という里山保全活動が有名な地区である．1980年代から地域一丸となって，里山保全活動を行っており，宅地開発が進む中でも豊かな自然環境を維持できている．この下田の杜で活動する下田の杜友の会は，活動当時はPTA等で子育てをしながら活動してきたメンバーであるが，その後時間が経過してメンバー自体も高齢者が増えてきた．友の会の世話役の人たちにも同様の説明を行い，現在の取り組みについて意見交換を行った．特に里山保全活動も，担い手が高齢者となる中で，健康づくり，仲間づくり，年をとってもこの地域に住み続けたいと思える魅力づくりの側面も大切であることを説明し，協力をいただけるようにお願いをした．

　エ．酒井根地域の在宅ケアを検討する体制づくり

　新しい担い手の拡充に目途をつけながら，ふるさと協議会の健康福祉部会と意見交換をし，健康づくりの観点からどのような取り組みが必要と考えるのか，様々な意見交換を行った．高齢者福祉部会が行っているサロン活動のような取り組みを，健康福祉部会としても重要と考えており，柏プロジェクトの中で，高齢者が外にでて交流したくなる機会づくりが必要との意見をいただいた．また酒井根地域の民生委員を中心に組織化されている高齢者福祉部会では，柏プロジェクトの見学会に民生委員の視察として参加する機会があり，この機会を活かして，柏市福祉政策室は，本機構とともに，酒井根地域の現状と在宅ケアの体制構築の必要性を説明した．高齢者部会としても，ぜひ一緒に連携していきたいとの意見をいただくことができた．このように地域の担い手，活動場所，地域の生活課題について整理しながら，関係者の協力を得ていった．

　オ．酒井根地域の今後の展開

　各組織の意向をとりまとめながら，酒井根地域ふるさと協議会の会長に今後の進め方について相談をし，意見交換を行った．会長から早速，ふるさと協議会の定例会議に諮ってもらうとともに，関係者を広く集めて，富勢地域のような勉強会から始めることを提案してもらった．酒井根地域は他の地区と比べても地域福祉・高齢者福祉には熱心な地区である．徹底した組織化も行われており，自主自立の地域である．しかしながら高齢化という大きな時代の流れに対してコミュニティ構造の変革が求められつつある時期であり，専門家チームが

適切に関わることで，新しい一歩を踏み出すことが可能となった．

(7) 地域レベルでの市民啓発の方法の体系化への知見のまとめ

シンポジウム等を受けて声が上がった地域などから，まずは日常生活圏域を1つの目安として，在宅医療を含む在宅ケアを推進する住民側の活動モデルをつくっていくことが重要である．その際のポイントについて，柏市での知見をもとにして仮説として以下のとおりまとめたい(図40)．

ア．チーム体制で取り組むこと(STEP 0)

地域では個人の身体認知レベルでの課題からコミュニティレベルの課題まで幅広く話題が上がるため，保健師，社会福祉士，市民活動支援の専門家など異なる専門家がチームを組んで取り組むことが重要である．市民活動支援の専門家の確保については，市民活動を支援する担当課の協力を仰ぐなど，庁内横断で取り組むことが重要である．また自治会等の住民自治組織と必ず連携することになるので，担当部局との連携も重要である．

イ．協議の場の立ちあげのポイント(STEP 1)

どのような活動をするにしても，まずは協議の場を立ち上げることが重要である．その際には，事前に地域の主要な人材の利害関係について情報収集をすることが重要である．このような取り組みに強い関心のある組織，関心はないが協力してもらえる組織，組織間の利害関係などはあらかじめ把握しておくことが重要である．

次に協議の場の立ち上げについては，住民自治組織側から熱心な働きかけがある場合には，特別難しいことではない．この際注意すべきは，熱心な自治組織内部の小さな取り組みにせず，様々な関係者に呼びかけ広く地域全体へ広げることを意識して新規メンバー等を積極的に巻き込んでいくと良い．

他方で，一部の熱心な団体があるが住民自治組織等のゆるやかな承認がない場合には，最初のステップとして，地域内関係者に対して1件1件丁寧な説明をしてまわることが大切である．長期的なまちづくりの観点からみて，連携することの重要性を丁寧に説明していくことが望ましい．

いずれの場合も，説明方法については，次の3点がポイントとなる．まず当該地区の人口構成，年齢構成，将来人口推計，高齢化率など20年後この地域

```
┌─────────────────────────────────────────────────┐      ┌──────────────────┐
│ STEP1. 在宅医療の市民啓発を推進する協議の場の設定   │─────▶│☆パンフレット作成・シン│
│   ☆地域の実態を知り実践している市民を委員に加えることが重要│      │ ポジウム開催は比較的簡│
└─────────────────────────────────────────────────┘      │ 便に実施可能      │
                        ▼                                 └──────────────────┘
┌─────────────────────────────────────────────────┐      ┌──────────────────┐
│ STEP2. 地域の特性にあった啓発事業の検討と実施      │─────▶│☆日常生活圏域を目安にモ│
│   ☆概ね3年程度は，小さくとも継続することが重要となる │      │ デルを作っていく    │
└─────────────────────────────────────────────────┘      └──────────────────┘
```

★検討のポイント　　　どんな団体・診療所等があり，地域は
・担い手　　　　　　　どんな課題を抱えているか
・場所・機会　　　　　　　　　　　　　　　　　　　☆都市部では全体を把握し
・ツール　　　　　　　1. 担い手　　　　　　　　　　ている専門家が少なく，
　　　　　　　　　（地域課題，　★実施のポイント　　　体系的な情報収集が必要
　　　　　　　　　地域資源の把握）・事業費があることが望ましい
啓発の舞台と　　　　　　　　　　　　助成金，補助金等の活用　　　☆助成制度等の情報リスト
なる場所や対　　　　　　　　　　　　・試行錯誤し時間をかける　　　があると良い
象が必要
　　　　　　2. 場所・機会　3. ツール　医療関係者による講話
　　　　　　（サロン等の対話（生活課題への　寸劇・紙芝居　　　☆全国には様々なツールが
　　　　　　　の場所・機会）　対応）　　家族会の設立　　　　　あり参考にすると良い
　　　　　　　　　　　　　　　　　　★継続のポイント
　　　　　　　　　　　　　　　　　　・友人，知人等の関心　　　☆マスコミ，広報，かわら
　　　　　　　　　　　　　　　　　　　の高まりや声援が　　　　版等の積極的な活用
　　　　　　　　　　　　　　　　　　　モチベーションを上げる

```
┌─────────────────────────────────────────────────┐      ┌──────────────────┐
│ STEP3. 生活支援等のインフォーマルケアへの発展      │─────▶│☆継続的な取り組みのなか│
│   ☆在宅医療を含む在宅ケアの理解を深め，支えあう地域づくり│      │ で意識変容が起きる   │
└─────────────────────────────────────────────────┘      └──────────────────┘
```

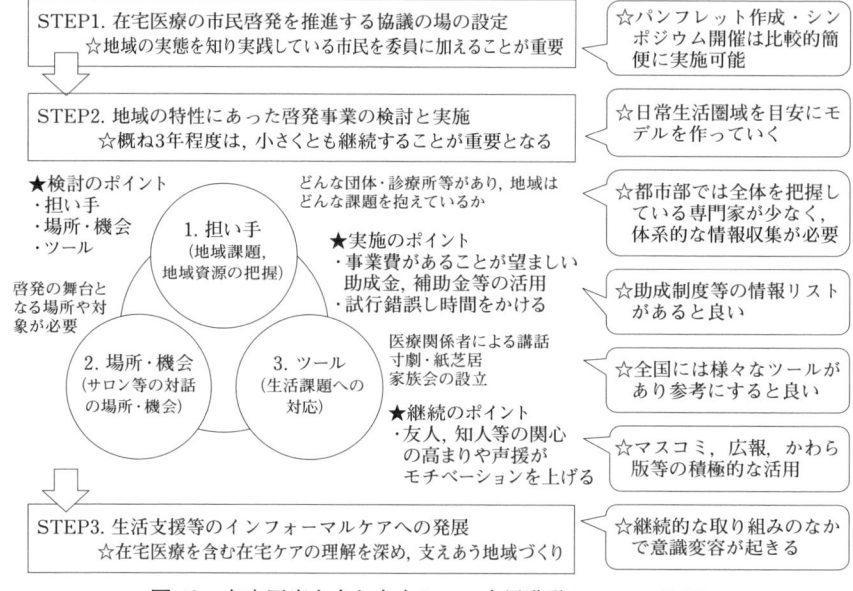

図40　在宅医療を含む在宅ケアの市民啓発システム(仮説)

がどうなっていくのか，データをしっかりと説明し，課題を共有する．次に，行政としてどのようなまちづくりを行いたいのか，そのビジョンを示すことである．地域の関係者の間で短期的には対立するような関係性があっても，長期的には必ず連携する必要があることを説明する．そして最後に，この取り組みに関わることで，その組織が今抱えている課題も合わせて解決できる，いわゆるwin-winの関係をめざせることを，課題を共有しつつ提示することである．

ウ．啓発活動検討のポイント(STEP 2)

協議の場が立ち上がったのちは，関係者とグループワーク等をしながら，まず担い手の分析を行う．そのポイントは3点である．まず，担い手はいるか．担い手が不足している場合は，担い手を増やすこと自体が最初の目的となる．次に，活動場所や機会はあるか．都市部ではコミュニティスペースが限られており，活動場所がないことが多い．地元の自治会館の活用や空き家の活用などを視野に入れておくと良い．活動場所や機会の確保自体も最初の目的となる．そしてコミュニティとして在宅医療を含む在宅ケア推進のために解決したい生活課題そのものも整理していく．これらの課題について，どのような解決のた

めのツールが必要となるか，皆で議論をしていくことが検討のポイントである．当面（3年程度）は持続できそうな企画について，検討していくことが望ましい．

エ．啓発活動実施のポイント（STEP 2）

当初からあまり大きな企画を持ちあげるのではなく，勉強会やグループワーク，先進地視察などをしながら，まずは小さく始めていくことが重要である．何をするにも失敗はつきものである．本機構にてまとめた「在宅医療の普及を担う人材育成マニュアル」なども参考にしながら，地域にあった取り組みを探していく．この際には，活動費用の捻出が論点となるが，柏市においては市民活動助成制度があり，また民間の助成財団なども活用しながら予算の確保を図っていく．

オ．活動継続から地域での助け合いのインフォーマルケア発展へのポイント（STEP 3）

活動の途中で停滞期があったり，遅々として進まぬなかで焦りが出たりもする．これを防ぐために，「わがや」のような広報誌等で活動を取り上げたり，住民向けの発表会などを企画したりと，外から「褒められる」機会を演出することが，刺激となる．「小さく生んで大きく育てる」というのが重要である．

(8) 市民啓発の取り組みの評価方法について

①市民啓発の結果として在宅看取り率は向上するか

福井県坂井地区では，同様の理念で本機構と共同して，柏市より早い時期である2011年から在宅医療を含む在宅ケアの市民啓発の取り組みを行ってきた．市民啓発を始めた2011年度は，在宅医療を受けている患者のうち，実際に在宅で看取られる人は約3割であった．2011年度と2012年度に，ここまで述べたとおりの進め方で主にシンポジウム及び地域の状況に即した情報提供を行い，在宅医療の市民啓発に取り組んできた．その結果2012年度には在宅医療を受けている患者のうち約6割が，実際に在宅での看取りを選ぶこととなった．この結果は市民啓発が大きく寄与していると評価できる．その重要な背景として，福井県坂井地区は医師会に所属する開業医の多くが訪問診療をしており，在宅ケアネットという在宅医のコーディネートシステムも確立していることがあげられる．また，坂井地区医師会立の24時間対応の訪問看護ステーションが稼

働しており，医療面での体制は十分整備されていた．2012年度には，国の在宅医療連携拠点事業に採択され，2012年度後半から顔の見える多職種連携カンファレンスなど医療と介護の連携を推進してきている．2012年度末には，地区内の病院と病床利用に関する協定を医師会が締結した．このように条件が整った中で，市民啓発活動を集中して行ったことにより，看取り率は大きく向上したと評価できる．

　しかしながら，柏市等の都市部においては，これから訪問診療を行う開業医が育成され，24時間の訪問看護・介護体制も整備され，病院との連携協定等がむすばれていく段階にある．すなわち市民啓発そのものが在宅看取り率の向上に寄与したと評価することも可能であるが，在宅医療のシステムが整っていること，特に在宅看取りが可能な医師が多いことによる成果は大きい．福井県坂井地区の例が示すとおり，市民啓発に成果がないわけではないが，それだけでは積極的に評価しにくい面もあり，市民啓発の効果についての評価をさらに続ける必要がある．

　②**市民啓発プロジェクトの評価のために：社会科学としてのアプローチ**

　本プロジェクトでは，市民啓発の成果として何を評価するのか．その対象は3つある．市民啓発のねらいは地域住民の意識及び行動変容に働きかける取り組みであるが，同時にこれらの活動を通して地域の見守りルール，地域拠点の整備の進展，新しい協議の場の形成等が行われ住み続けたいと思えるコミュニティが形成されることをめざしている．そしてそれらが相互に関連し合いながら相乗効果を生むことである．評価の視点としては地域住民の意識・行動変容だけでなく，社会構造の変化についてもあわせて評価する視点が必要となる．

　上記ケーススタディで取り上げた酒井根地域の「下田の杜」の活動は，そもそも里山の保全が目的である．他方で，啓発する側からみれば担い手がみな高齢者となるなかで，その活動は健康づくりやサロン活動，仲間づくりといったコミュニティケアの取り組みであるという側面も持っている．当事者からすればそれは認識外であるが，結果として在宅医療を含む在宅ケアを可能とする社会構造を形成することにつながっている．ふれあいサロン活動も実施している本人にとってみれば，その日の話題が在宅医療であっても，参加者の認識は住民同士の交流のための話題にすぎない．しかしサロンでの話し合いの積み重ね

は在宅医療に対する地域の理解を深め，それが構造化されていく．

　要するに，コミュニティへの介入プログラムとしての市民啓発の評価は，対象となる出来事や行為を中心において，そこに参加している人々の意識を把握しながらも，社会全体としての変容の姿を見つけ出し，両者の関係性やバランスを分析していくことを評価することが妥当である．簡潔に言えば，在宅医療を含む在宅ケアの理解の普及とコミュニティ形成は相互に win-win をめざすのであり，どちらかに重点を置くのではなく，両者がそれぞれの目的を果たすことができたか，さらには相乗効果を生んだかを，広く関係者の下に討議して評価を下すこととした．

③市民啓発プロジェクトの評価方法について

　具体的に以下の項目について，継続的に評価していく．

　ア．意識変化についての評価のポイント

　　柏市では意識・行為面での評価として，以下の点を継続的に評価している．

　　・Q：あなたにはかかりつけ医がいますか（はい・いいえ）

　　　→SQ：その先生は往診・訪問診療をしてくださいますか

　　　　　（はい・いいえ・わからない）

　　・Q：あなたはご家族・ご親戚，ご友人・ご近所さんと自分の老後について話し合っていますか

　　　　（話し合っている・話しをしたいが機会がない・話し合いたくない）

　　・Q：自分も必要になったら在宅ケアを利用してみたいと思いますか

　　　　（とても思う・やや思う・あまり思わない・全く思わない）

　　・Q：あなたはお住いの地域でコミュニティケアのまちづくりに取り組んでいますか（はい・いいえ・取り組みたいが機会がない）

　イ．コミュニティの構造変化の評価のポイント

　コミュニティの構造変化については，以下の点を継続的に評価している．（本指標は，自治体全体としても，ある特定地域を取り上げても，同様に評価可能である）

　　・Q：在宅医療の市民啓発推進のための体制は構築されていますか

　　　　（はい・いいえ）

　　　→SQ：その体制には市民メンバーが加わっていますか

　　　　（はい・いいえ）
　→SQ：その体制には多様な分野の専門家が加わっていますか
　　　　（はい・いいえ）
・Q：取り組みにさいして対象地域の資源と課題が共有されていますか
　　　（各種計画等に整理されている・文章等で整理されている・形象化されていないが認識の共有はされている・特にされていない）
・Q：地域課題の解決に必要な地域資源(担い手，活動場所，予算等)は充足していますか
　　　（充足している・ある程度そろっている・一部足りない状況である・完全に不足している）

④評価作業の継続

　以上の項目について，本プロジェクトでは次の3つのプロセスを経て，市民啓発のプロジェクトを継続して評価していく．まず，意識変化やコミュニティの構造変化についてはアンケートを実施して評価すること．次に，コミュニティの構造については専門家等がアウトプットを評価すること．そして，定期的に両者を吟味しつつ推進主体においてオープンディスカッションをし，在宅看取り率の増減などのアウトプットにどのくらい寄与したかなどを分析しつづけていく．

(9) おわりに

　豊四季台地域をはじめとした，約4年間のプロジェクト継続のなかで，個人レベルではかかりつけ医を持つという意識が芽生え，コミュニティとしては医師・在宅ケア従事者等を巻き込んだ協議の場づくりへと発展していった．在宅医療を含む在宅ケアの市民啓発の延長線上には，個人レベルでの意識・行動変容があり，同時にコミュニティの構造の変化がある．個人レベルでの気づきを地域でつなげていき，コミュニティの体制や資源を増やしながらコミュニティケアに取り組み，これが再び個人レベルでの意識・行動変容につながっていく．これまで述べた点を参考に，いわゆるPDCAサイクルを意識しながら市民啓発を進めていくことが重要である．

第 7 章
在宅サービス拠点と連携した住まいの モデル的拠点の整備

1　高齢者の住まいに対する意識と施策の動向

(1) 持ち家比率・居住継続の意向

　持ち家世帯率[1)]については，平成20年度「住宅・土地統計調査」(総務省)では全国で平均が60.9%であり，さらに家計を主に支える者の居住状況でみると，65歳以上では，約8割となっている．

　これは，これまでのわが国において年功序列の賃金体系を基本としてきたことから，年齢を重ねるごとに資産形成が進み，その一環として持ち家比率も高まっていっていることが推察される．またこれに応じてわが国の住宅政策も，民間の住宅・不動産会社を中心に，これら中流層に持ち家やマンションを販売することで経済成長を牽引してきた．特に都市部においては，住宅・不動産会社が鉄道やバス路線などのインフラを供給し，英米と比較しても，歩いて暮らせるまちが形成されている．

　日本の高齢化，特に今後の都市の高齢化を展望すると，このマイホームを持ち高度経済成長を支えた世代の「終の棲家」についての取り組みが重要となる．平成22年度「介護保険制度に関する世論調査」(内閣府)によると，仮に自分自身が老後に寝たきりや認知症になり，介護が必要となった場合に，どこで介護を受けたいと思うかについて，「現在の住まいで介護を受けたい」と答えた人の割合が37.3%，「介護付きの有料老人ホームや高齢者住宅に住み替えて介護を受けたい」と答えた人の割合が18.9%，「特別養護老人ホームや老人保健

[1)] 持ち家に居住する主世帯の普通世帯全体に占める割合を「持ち家世帯率」と定義し，「持ち家住宅率」と区別している．

192

	現在の住まいで介護を受けたい	介護付きの有料老人ホームや高齢者住宅に住み替えて介護を受けたい	特別養護老人ホームや老人保健施設などの介護保険施設に入所して介護を受けたい	病院に入院して介護を受けたい	一概に言えない その他	わからない
総数(3,272人)	37.3	18.9	26.3	12.9	2.3 / 0.2	2.1
20-29歳(286人)	34.6	26.6	26.2	7.0	2.1	3.5
30-39歳(529人)	34.4	24.0	30.1	7.8	1.5	2.3
40-49歳(495人)	34.1	25.1	27.7	10.7	0.2 / 0.6	1.6
50-59歳(531人)	32.2	20.2	30.7	12.8	0.2 / 2.8	1.1
60-69歳(702人)	39.9	15.5	25.6	14.7	0.3 / 2.6	1.4
70歳以上(729人)	43.9	10.3	20.0	18.7	3.6 / 0.4	3.2

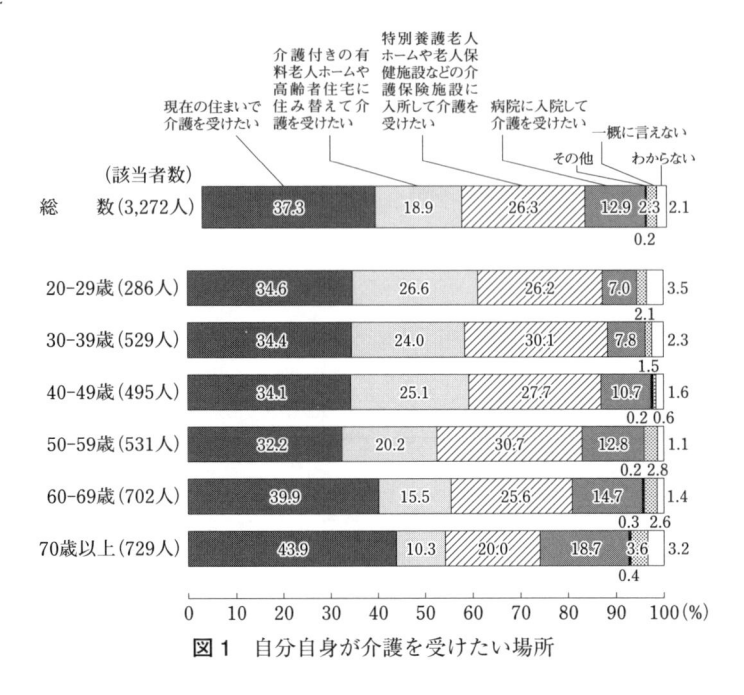

図 1 自分自身が介護を受けたい場所

施設などの介護保険施設に入所して介護を受けたい」と答えた人の割合が26.3%,「病院に入院して介護を受けたい」と答えた人の割合が12.9% となっている(図1).

このように,各世代とも可能な限り自宅に住み続けたいという意向が最も多いものの,介護が必要な状態となった際には,「自宅」,「特別養護老人ホーム等の介護保険施設」,「介護付きの有料老人ホームや住まい」と意向が分かれ,「特別養護老人ホーム等の介護保険施設」での暮らしを望む人の多くは,家族への負担を考慮した選択となっている傾向があると考えられる.また,高齢者の現在の住居への居住継続の意向は他の世代より強いが,プレ高齢者(40-65歳)では,居住継続意向は若干減少し,ケア付きの有料老人ホームや住まいへの入居希望者が50歳代では2割程度いることから,今後さらに,ケア付きの有料老人ホームや住まいへの住み替えの需要が見込まれるものと考えられる.

このような需要が見込まれるのは,現在の住まいが終の棲家として必要な機能を備えきれていないことにある.まずは家の構造そのものとして,①バリア

フリー化である．1970年代，80年代に購入したマイホームは配管の都合上で生じた段差や風呂やトイレが狭いなど，1つひとつは小さなことであるが加齢とともに暮らしにくくなる要素がある．次に各種ケアである．まず身近なケアとして，②生活支援(安否確認，生活相談等)と③家事援助(掃除，洗濯，買い物，調理)がある．その後さらに虚弱化が進むと，④介護(食事，排せつ，入浴，整容など)が必要になり，さらには⑤医療が必要となる．自宅に住み続けたいが，介護等が必要となった場合に，これら①-⑤までをどのように充足したらよいか．これらのサポートは，わが国ではこれまで配偶者や長男の配偶者が担ってきた機能であるが，これからは単身高齢者世帯が増加するため，このようなサービスを併せ持った住宅が必要となってくる．

(2) 高齢期のケアと住まいの展開

　厚生省(当時)は，1990年にゴールドプラン(高齢者保健福祉推進10カ年戦略)を打ち立て，内容を更新しながら，特別養護老人ホーム，老人保健施設などの整備をまずは量的に政策誘導してきた．病院のような本格的な医療機能はないが，住まい・生活支援・家事援助・介護・医療が一体となって入居者に提供されるサービスである．

　建設省(当時)も1987年にシルバーハウジング事業等を始め，ワーデン(管理人)がいる住宅や，高齢者向け優良賃貸住宅なども整備・推進してきたが，バリアフリーと見守りが付く程度で，家事援助・介護等のソフト系サービスとの連携がなく，高齢者のニーズには正面から応えられるものではなかった．

　このような状況が大きく変わるのは，2000年に介護保険法が成立してからである．これにより厚生労働省による介護基盤の整備が進むとともに，その質を求める段階に移行してきた．2002年には特別養護老人ホームのユニットケアが推進されることとなり，居室部分についても自宅に近い生活ができるように配慮された．また介護保険制度により訪問系サービスが充実し，自宅でも介護を受けることが可能となった．弱ったら最後，施設へ移るのではなく，自宅が有力な選択肢となってきたのである．この後，介護保険制度は2011年度改正では地域包括ケアの理念を示し，施設ではなく在宅での暮らしを推進すべく，24時間365日のサービス提供体制，そして在宅医療を取り込んだ仕組みづく

りを進めている.

このように介護・医療が在宅にデリバリーされるシステムの整備をめざすなか,国土交通省サイドにおいても高齢者の住宅の課題であるバリアフリー化と生活支援(見守り・総合相談)を充実させ,介護保険制度との連携も模索した「サービス付き高齢者向け住宅」制度が2011年10月に創設され,ソフトとハードがようやく融合しはじめた.

(3) 高齢期の住まいにおける住宅施策と介護施策の連携

上記の経過をさらに具体的に述べたい.高齢社会の急速な進展の中で,高齢者の居住空間について,民間活力の活用と既存ストックの有効利用を図りつつ,高齢者向けの住宅の効率的な供給を促進し,高齢者の入居を拒まない住宅を広く提供する制度の整備等を図るため,2001年3月に,「高齢者の居住の安定確保に関する法律(以下,「高齢者住まい法」という)」が制定された.この法律の中で,①民間活力を活用した高齢者向け賃貸住宅の供給を促進するため,高齢者向け優良賃貸住宅制度が創設され,②高齢者が円滑に入居し安心して生活できるよう,高齢者円滑入居住宅の登録制度の創設や,終身建物賃貸借制度等が創設された.

また,法施行とともに,2001年8月に国土交通省より「高齢者の安定居住の確保に関する基本的な方針」(平成13年国土交通省告示第1299号)として,地方自治体は,①良質な住宅の確保と保健医療サービス又は福祉サービスの提供との連携を適切に図り,②賃貸人が高齢者に円滑に住宅を賃貸することが可能となるよう,賃貸住宅に入居している高齢者の安否の確認及び緊急時の通報への対応を可能とする措置がとられるよう,情報提供,助言等を行うことが望ましいとされている.

ここまでの事項は,住宅施策として事業展開されてきた部分であるが,介護施策でも厚生労働省では2002年度より,国庫補助金のメニュー事業の中の「介護予防・生活支援事業」(その後,「介護予防・地域支え合い事業」として再編される)として,登録住宅へ生活援助員を派遣して巡回し安否確認を行う高齢者住宅等安心確保事業が創設された.また,生活援助員の派遣としては,シルバーハウジング,高齢者向け優良賃貸住宅及び登録住宅等を対象に,安否

表1　都道府県別の高齢者人口の推移　　　　　　　　　　　　（万人）

	2002年時点の 高齢者人口	2015年時点の 高齢者人口	増加数と増加率	増加率順位
埼玉県	100	177	77（+78%）	1
千葉県	93	157	64（+68%）	2
神奈川県	130	209	79（+61%）	3
愛知県	112	172	60（+54%）	4
大阪府	144	219	75（+52%）	5

確認や生活相談を実施している自治体が多く[2]，介護施策と住宅施策の一定の連携が図られつつある．

また，2005年度の介護保険制度改正の骨格となる考え方をまとめた「2015年の高齢者介護」において示されている，生活の継続性を維持するための新しい介護サービス体系の課題の1つである「自宅，施設以外の多様な『住まい方』」（いわゆる第三類型）について，その具体的なあり方，現行制度の問題点，あるべき方向性等について検討するため，財団法人高齢者住宅財団が，2004年度の厚生労働省の老人保健健康増進等事業として研究会を設置し検討がされている[3]．

ここでは，まず高齢者の住まいをめぐる現状と課題として，2015年までに高齢化率の急激な増加が見込まれるが，この高齢者数の増加の中で高齢者のみの世帯の急増は，特に大都市近郊で著しく，これまでとは異なる多様なライフスタイルを有する高齢者の増大が見込まれるとしている（表1）．

そのような中で，バリアフリー住宅の全住宅に占める割合は低く，自宅に住み続けることが難しいケースが考えられる．また今後，賃貸住宅に住み続け，ライフステージの変化に応じて住み替えたり，子育て後に持ち家を売却等して住み替える高齢者が増加することも考えられる．

一方，高齢期における住み替えについては，①いわゆる「施設」ではなく，「住宅」におけるライフスタイルを志向しながらも，要介護状態になった時の

---

[2] 2006年4月の介護保険法改正により，「介護予防・地域支え合い事業」は見直され，高齢者住宅等安心確保事業については，介護保険制度内の地域支援事業の任意事業として位置づけられた．

[3] 高齢者住宅財団『「介護を受けながら住み続ける住まい」のあり方について――介護が付いている住まいに対するニーズに応えるために（中間報告書）』（2004）．

表2 各国の高齢者の居住状況(65歳以上人口に対する定員の比率)　　　　(%)

国名	年度	介護施設		ケア付き高齢者住宅	
イギリス	1984	老人ホーム	3.0	リタイアメント・ハウジング	5.0
スウェーデン	1990	老人ホーム	3.0	サービス・ハウス	5.6
デンマーク	1989	老人ホーム(プライエム)	5.0	サービス付高齢者住宅・高齢者住宅	3.7
米　国	1992	ナーシングホーム	5.0	リタイアメント・ハウジング	5.0
日　本	2002	介護3施設	3.2		0.8

出典：園田真理子『世界の高齢者住宅』(1993).

安心の確保を期待して行われる「早めの住み替え」と，②移り住んだ先で，365日24時間の安心と適切な介護サービスを受けながら住み続けることを期待して行われる「要介護状態になってからの住み替え」の2つに大別できる．これらいずれの場合にも，「安心の保障」と「居住の保障」が重要であるといえる．いずれにせよ，一定の面積や設備を備えた「住まい」があり，そこに生活支援サービスや介護サービスが付帯するという発想でつくられるものへの期待が高まっているといえる．

一方，施設志向は少なからず存在するが，その理由は家族への配慮や介護不安等であり，施設入所は高齢者本人が希望してのものではないケースが多いことが指摘されている．

さらに，介護保険制度施行以降，介護付き有料老人ホームや認知症グループホームが急激に増加し，介護が付いている住まいへのニーズは強いが，わが国の高齢者向けの住まいの割合は，諸外国に比べて極めて低い(表2)．

このような状況の中で，高齢者が集まって暮らし，バリアフリー，緊急通報装置等のハードウェアの機能と，安否確認等の安心のための生活支援サービスや，必要になれば介護が適時適切に提供されるソフトウェアの機能を備える「介護が付いている住まい」の普及が極めて重要と考えられてきている．

介護保険制度の2005年改正では，高齢者の一人暮らしまたは夫婦のみ世帯の増加による日常生活面での困難や不安，家屋の構造が要介護者の生活に適さないといった現状，高齢者のライフスタイルの多様化などから，自宅でも施設でもない新しい「住まい」が必要であり，高齢者が安心して住める「住まい」への住み替えの重要性が謳われてきた．そのため，有料老人ホームなどのいわゆる特定施設という分類での居住系のサービスの拡充を図り，これまでの介護

表3 サービス付き高齢者向け住宅の登録基準

区分	内容
入居者	①単身高齢者世帯　○「高齢者」…60歳以上の者または要介護・要支援認定を受けている者 ②高齢者＋同居者(配偶者／60歳以上の親族／要介護・要支援認定を受けている親族／特別な理由により同居させる必要があると知事が認める者)
規模・設備等	○各居住部分の床面積は，原則25m²以上* 　(ただし，居間，食堂，台所その他の住宅の部分が高齢者が共同して利用するため十分な面積を有する場合は18m²以上) ○各居住部分に，台所，水洗便所，収納設備，洗面設備，浴室を備えたものであること* 　(ただし，共用部分に共同して利用するため適切な台所，収納設備または浴室を備えることにより，各戸に備える場合と同等以上の居住環境が確保される場合は，各戸に台所，収納設備または浴室を備えずとも可) ○バリアフリー構造であること(段差のない床，手すりの設備，廊下幅の確保等)*
サービス	○少なくとも状況把握(安否確認)サービス，生活相談サービスを提供 ・社会福祉法人，医療法人，指定居宅サービス事業所等の職員または医師，看護師，介護福祉士，社会福祉士，介護支援専門員，介護職員初任者研修課程を修了した者が少なくとも日中常駐し，サービスを提供する* ・常駐しない時間帯は，緊急通報システムにより対応*
契約関連	○書面による契約であること ○居住部分が明示された契約であること ○権利金その他の金銭を受領しない契約であること 　(敷金，家賃・サービス費および家賃・サービス費の前払金のみ徴収可) ○入居者が入院したこと，または入居者の心身の状況が変化したことを理由として*，入居者の同意を得ずに居住部分の変更や契約解除を行わないこと ○サービス付き高齢者向け住宅の工事完了前に，敷金及び家賃等の前払金を受領しないものであること 　【家賃等の前払金を受領する場合】 　・家賃等の前払金の算定の基礎，返還債務の金額の算定方法が明示されていること． 　・入居後3月**以内に，契約を解除，または入居者が死亡したことにより契約が終了した場合，(契約解除までの日数×日割計算した家賃等)を除き，家賃等の前払金を返還すること 　・返還債務を負うこととなる場合に備えて，家賃等の前払金に対し，必要な保全措置が講じられていること
	○基本方針及び高齢者居住安定確保計画(策定されている場合)に照らして適切なものであること

注*：都道府県知事が策定する高齢者居住安定確保計画において，告示で定める基準に従い，登録基準の強化または緩和ができる(**は期間の延長のみ可)．

基盤としての施設ではない「住まい」にまで対象が一定程度拡大された．また，介護サービス提供形態の多様化として，外部の介護サービス事業者との連携によるサービス提供も可能となった．また，この中で，高齢者専用賃貸住宅の一部について，特定施設としての介護サービスを活用できる道が開かれた．

こうした中で，賃貸借契約における賃借権方式を基本とする「高齢者向け賃貸住宅」については，医療・介護事業所との連携や，行政の指導監督が不十分との指摘があった．また，利用権方式の多い「有料老人ホーム」については，居住の安定性が弱い，入居一時金に関するトラブルがあるといった指摘がなされ，高齢者に適した住まいの絶対的な不足や高齢者向け住宅の制度が複雑という指摘があった．そこで2011年10月から，高齢者住まい法が改正され，これまでの高齢者円滑入居賃貸住宅，高齢者専用賃貸住宅，高齢者向け優良賃貸住宅を一本化し，「サービス付き高齢者向け住宅」とあらためて，都道府県知事への登録制度(法第6条)を創設し，これまでの国土交通省所管から，厚生労働省との共管とした．

これに伴い，サービス付き高齢者向け住宅の登録基準が整理される(表3)とともに，サービス付き高齢者向け住宅整備事業として，住宅について新築の場合は，建築費の10分の1(上限100万円/戸)までの助成制度が設けられた．

(4) サービス付き高齢者向け住宅を取り巻く現状での課題

これまでの経過から見て，現段階ではサービス付き高齢者向け住宅に対する一般的な高齢者の期待は，介護サービスのニーズとバリアフリー環境の整った住宅のニーズが混在しているといえる．一方，現在提供されているサービス付き高齢者向け住宅は図2にあるような2類型に分類される．この場合，①-③のような課題があると考える．

①入居当初から介護を要する者向けの居室型に偏っている現状

都市部を中心に，急激な高齢者独居世帯及び夫婦のみ世帯の増加を背景に，重度の要介護者等が在宅生活を続けることのできる仕組みを構築することが大きな課題となっており，地域包括ケアシステム確立の中で，サービス付き高齢者向け住宅と24時間対応型サービスなどで在宅生活を担保する介護サービスの体制を整備することが，1つの対応策とされている．

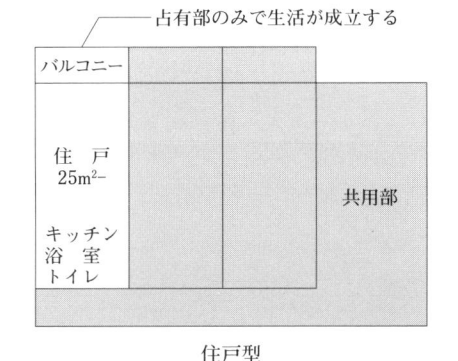

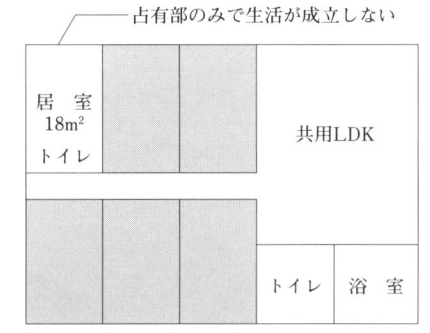

図2 サービス付き高齢者向け住宅の住戸型と居室型イメージ

注：市場で供給されているサービス付き高齢者向け住宅は，住戸型と居室型の2つの分類に集約される．
・住戸型(住宅重視型)：全ての設備が占有部に配置され，その部屋の中で生活が完結するもので，自ら生活を送ることが可能となっている．$25m^2$以上の規模であることが多い．
・居室型(介護重視型)：基本的には，少なくともトイレが占有部にあって，キッチン，風呂等は共用部に配置され，占有部内で生活が自己完結しないもので，介護によるサポートが入ることを前提としたつくりであり，$18〜25m^2$程度の規模が多い．

その一方で，特別養護老人ホームの待機者数は増加の一途をたどる等，介護保険三施設に対応する分野のニーズは増え続けていることも事実である．このニーズの動向に市場が反応する形で，サービス付き高齢者向け住宅がその受け皿の1つとなっている実態がある．具体的には，図3のとおり現状では整備戸数のうち7割強が$18〜25m^2$の広さで供給されており，介護サービスが提供されることが前提となった居室型が中心となっている状況が見られ，標準装備とされている見守り機能以上に介護機能への期待が現れていることが窺える．

現実問題として，今後，在宅介護基盤の整備の推進が進んだとしても，同居世帯での介護が限界に達したときに必要であるといった理由から居室型のニーズは根強くあると考えられ，将来的にも完全にはなくならないと考えられる．このような状況を踏まえ，当面介護を重視したタイプのサービス付き高齢者向け住宅を地域ごとにどの程度整備する必要があるのか(逆に言えば，どの程度にとどめればよいのか)について検討する視点が必要である．

②在宅介護基盤整備で変化するサービス付き高齢者向け住宅の役割

一方，今後，24時間対応型サービスが地域に普及した場合，在宅における居住継続は，今までより高い要介護度の人にも可能となり，介護サービスの提

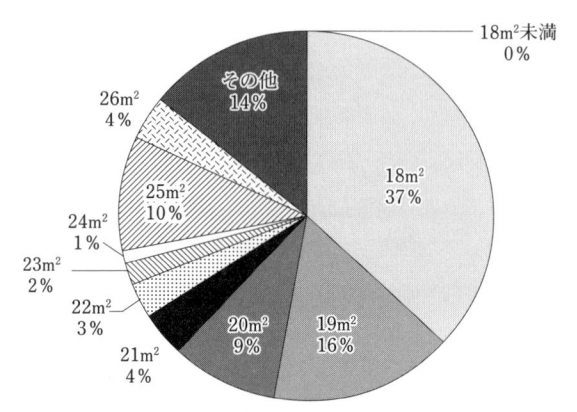

図3 居室面積別住戸数(2013年9月30日現在)
出典：高齢者住宅研究所ホームページを元に作成．

供される居室型のサービス付き高齢者向け住宅ニーズは下がると考えられる．具体的には，子との同居世帯，夫婦のみ世帯はサービス付き高齢者向け住宅に移らずとも生活継続が可能になり，さらに24時間対応型サービスとあわせて生活支援サービスが提供された場合には，独居を含めてサービス付き高齢者向け住宅に移り住む必要は減少することが考えられる．

見守りに対するニーズに対してICT機器の利活用も有効であり，既にスマートフォンなどのICT機器の操作に慣れた高齢者世代が出現しはじめていることから，コミュニティ内の互助・共助の醸成等も併せて，見守り自体のニーズが変化することも考えられる．このように在宅介護基盤整備の進み方によって，サービス付き高齢者向け住宅に人々が期待する機能や役割が変わっていくと思われる．

　③サービス付き高齢者向け住宅と介護サービスとの監督権者の違いや連携不足等から生ずる課題

サービス付き高齢者向け住宅はあくまで「住宅」の取り扱いであり，特定施設となっていない限り，現在の市区町村の介護保険事業計画の対象外である．基本的にサービス付き高齢者向け住宅の登録を行う主体は都道府県・指定都市・中核市(大都市等の特例による)である一方，住宅内で提供される介護保険

サービスの保険者は市区町村であると共に，地域密着型サービスを除いては在宅サービスの指定権限は市区町村に一元化されていない．

今回の調査結果からも見られるように，現在の高齢者の住み替え動機は介護等のサービスの要望を起因とする状況が見られる．

高齢者住まい法においては，介護保険事業計画と高齢者居住安定確保計画との調和に関する規定があるので，地方公共団体において福祉部局と住宅部局がまったく無関係に運用されている訳ではないが，当該計画が未策定の地方公共団体もあるなど，両者の連携不足が課題として顕在化している側面があり，連携をさらに進める必要があると考えられる．

2　柏プロジェクトにおける在宅サービス拠点と連携した住まいのモデル的拠点

(1)　モデル的拠点の概要

これまでみた施策の変遷にも沿う形で，柏プロジェクトにおける在宅サービス拠点と連携した住まいのモデル的拠点は，サービス付き高齢者向け住宅と在宅生活を支える24時間対応型の多機能のサービス拠点とを組み合わせた拠点として構想される．多機能の在宅サービスとしては，小規模多機能居宅型介護事業所，24時間対応型の訪問介護及び看護事業所，訪問診療を実施する主治医機能を有する診療所，在宅専門の在宅療養支援診療所等である．このサービス付き高齢者向け住宅と多機能の在宅サービスの拠点整備は，柏市・UR都市機構（以下，URという）・本機構の三者で構成する研究会で構想として発案したものを，URの建て替え事業の中で，公募により事業者を選定して実現させたものである（図4）．

本節では，以下で，このモデル的拠点の位置づけや役割等と共に，この構想が練り上がる過程を紹介し，他地域での自治体や事業主等の各セクターが果たす役割の参考になることを期待する．

(2)　モデル的拠点の位置付け

現在は地域包括ケアの考え方の下，高齢者の心身の状況に応じて，施設のみ

図4 サービス付き高齢者向け住宅及び多機能型の在宅サービス拠点のイメージ

に頼ることなく，サービス付き高齢者向け住宅を含めた在宅で24時間対応の医療・介護などが受けられるような地域の整備へ向かう過渡期にある．今後の地域包括ケアの下では，高齢者が従来から居住している持ち家においてはバリアフリー化する等暮らしやすい住環境整備とあわせて，その周辺に24時間365日対応できる医療，看護，介護等の在宅サービスを確保することが必要である．構造上，後から改修でバリアフリー化することに限界のある住宅に居住していたり，自宅がバリアフリーでも一人暮らしで自宅で住み続けることが不安な高齢者にとっては，転居も選択肢の1つでありサービス付き高齢者向け住宅が果たす役割は大きいと考えられる．この場合，要介護度が重度化しても住み続けられるためのサポート体制が整っているのかが重要である．本モデル的拠点においては，24時間対応型のサポート体制を整えていることから，このようなニーズに応えるものである．あわせて，本モデル的拠点から展開される24時間対応型のサービスは，併設されるサービス付き高齢者向け住宅はもちろんのこと，その周辺の地域に居住している要介護高齢者も対象とし，地域全体を支えることをめざすものである．このようなことから本モデル的拠点は，先に述べたような今後の地域包括ケアを実現する上での，1つの戦略的な拠点となる

と考えている．

　現在，サービス付き高齢者向け住宅を展開している医療法人や社会福祉法人は，特別養護老人ホームのサービスモデル，運営ノウハウを有しているところは多いが，本モデル的拠点のように住棟内及び地域の双方に展開するモデルを有しているところは少ないと考えられる．今後のあるべきサービスモデルとして，周辺地域をも在宅サービスの対象とする形態のノウハウを構築して地域包括ケアシステムの普及に役立てることが重要であり，本モデル的拠点はその原型になり得る．

　このようなサービスモデルができれば，特に急速に高齢化の進む都市部においては，このような拠点型のサービス付き高齢者向け住宅を日常生活圏域ごとに設置することが各地域の地域包括ケアシステムの整備への1つの戦略となると考える．

3　モデル的拠点の整備

(1) 柏プロジェクト発足に向けた課題意識

　柏プロジェクトの構想が動き出す2009年より以前から，URが実施する事業内容には変遷があった．従来は賃貸住宅，分譲住宅共に新築供給していたが，分譲住宅事業から撤退し，2003年頃から賃貸住宅事業についても建て替えの際は従来の居住者に対する戻り用の住宅整備を行うのみとなってきた背景がある．建て替えに伴い生み出された敷地は整備敷地として民間事業者に供給していく中で，団地としての付加価値をつけていこうという動きになっていた．このような動きがある中で，例えば高根台団地(千葉県)ではサービス付き高齢者向け住宅と認知症対応型グループホーム，小規模多機能型居宅介護事業所等介護拠点を併設させることで，高齢化対応の付加価値を高めた取り組みを行っていた．豊四季台団地においても高齢者ケアシステムの確保を含めた団地再生が喫緊の課題という認識がUR内で共有されていた．これは，柏プロジェクトに取り組む以前から，実際に公募を通して社会福祉法人子羊会が運営する特別養護老人ホームを誘致していた点からもみてとれる．

(2) 柏プロジェクトの発足と事業者誘致
①豊四季台地域高齢社会総合研究会を中心とする動き

豊四季台団地の建て替えにおいては，第2期建て替えに伴い生ずる敷地の利用計画が決まっていない段階で，本機構が千葉県地域医療再生計画の寄附プロジェクトの一環として位置づけた，在宅医療を含む地域の在宅サービス機能の拠点を誘致するという構想と地元柏市の内々の構想が偶然一致し(37頁参照)，URもこの構想の実現可能性を確認し，一挙に，「長寿社会のまちづくり構想」が取りまとめられた．この構想が固まってきた2011年度には，豊四季台地域高齢社会総合研究会(以下，三者研究会という)は，「みんなのまちづくり会議」と称して，豊四季台地域の住民対象にまちづくり構想の提示を行い，その後，自治会単位でワークショップ形式の会合を実施し，住民からの意見も聞くなど構想を住民に根付かせる活動を行い，その上で「長寿社会のまちづくり」構想として，2011年6月に正式に一般に公開することとなった(第4章図6参照)．

構想を発表した後，住民に対しては公園等公共空間のあり方の勉強会を2011年度より実施してきた．これは住民が日頃使用するまちの公共空間の使用方法や管理方法に関する議論を通して，まちづくりへの参加を促す，あるいは主体的に活動に関われるキーパーソンを掘り起こす目的も兼ねて実施されてきた．

そして，2013年10月には第2回みんなのまちづくり会議として，豊四季台地域の住民向けに検討を進めている各事業についての説明を行った．その際，図4のモデル的拠点の説明を行うとともに，例えば，在宅医療においては受療する方法やどこの医療機関等で行っているのかや，あるいは実際に受療された事例を紹介しながら実際の在宅医療をイメージをしてもらう，といった今後の住民のライフスタイルを考える機会とする工夫も行った．また，市民との協働の成果も報告された．それは，「公園づくり勉強会」等で市民と共につくりあげてきた新たに整備される公園のコンセプト案であり，実際にその公園計画に反映されたものもある．このように，事業内容について周知を図るとともに，市民が参画できる場を継続的に設けながら，市民が主体的にまちづくりに関わっていけるような枠組みと参加意欲向上への配慮を行うことは，地域包括ケアシステム構築を進めていく上でも重要である．

②「長寿社会のまちづくり」構想を踏まえた事業者誘致

　三者研究会における長寿社会のまちづくり構想検討の中で，モデル的拠点等に必要な機能についての議論が行われ，一方において，団地建替工事によって新たに生み出された敷地において，事業者公募を実施するため，URにおいてもモデル的拠点を実現するための空間イメージの具現化などの作業部会が立ち上げられた．

　公募においては，サービス付き高齢者向け住宅と，在宅生活を支える24時間対応の多機能の在宅サービスの拠点がそれぞれ設計要件に盛り込まれた．多機能の在宅サービスとしては，小規模多機能型居宅介護事業所，24時間対応型の訪問介護及び看護事業所，訪問診療を実施する主治医機能を有する診療所，在宅療養支援診療所等の設置を求めることとされた．あわせて，豊四季台地域の拠点としてよりふさわしいものとするため，三者研究会の方針として，地域包括支援センターなどのスペースを確保することも求めることとした．

　採択されたのは，学研ココファン株式会社，社会福祉法人長岡福祉協会，スギメディカル株式会社の三事業者の提案であった．三者でコンソーシアムによる運営体制を構築したものである．このコンソーシアム方式は，サービス付き高齢者向け住宅（居室型70戸，住居型35戸，計105戸）の運営は学研ココファン，多機能の在宅サービス拠点における介護・看護は長岡福祉協会とスギメディカルが担うこととされており，さらにテナントとして地域包括支援センターや診療所などが加わる（図5）．

　この拠点は，2014年5月に開業するが，このように公募により事業領域ごとで実施主体がコンソーシアムを組んで実施するモデルは，他地域においても推進され得るモデルであると考えられる．

③柏プロジェクトにおけるモデル的拠点の取り組みの意義

　豊四季台団地でのこうした取り組みは都市開発の視点でみると，建て替え事業に伴う取り組みである．昭和30年代に管理を開始した団地をこの建て替え事業の対象としており，建て替えの対象となる団地は，今後減っていく見通しである．しかしながら，昭和40年代以降に建設されたURの団地も多く，今後も改修は行われていく．URは，日本の経済成長の過程での大都市圏のベッドタウン形成の先駆けであり，それは，大都市圏の急速な高齢化の最前線でも

ココファン柏豊四季台計画 事業概要
【土地建物概要】
- ●所在／千葉県柏市豊四季台一丁目807番1の一部，937番75の一部
- ●敷地面積／3,500.03m² ●延床面積／6,761.82m²
- ●構造規模／鉄筋コンクリート造6階建

【事業概要】

	事 業 名	事 業 者		
住宅賃貸	サービス付き高齢者向け住宅（計105戸）	学研ココファン（賃貸管理）長岡福祉協会（基本サービスの提供）	豊四季台地域に居住の方を中心としてサービスを利用可能	切れ目のないサービスを提供
介護・看護	グループホーム（認知症対応型共同生活介護）	学研ココファン		
	小規模多機能型居宅介護事業所	長岡福祉協会		
	定期巡回・随時対応型訪問介護看護事業所	長岡福祉協会		
	訪問介護事業所	長岡福祉協会		
	居宅介護支援事業所	スギメディカル		
	訪問看護ステーション	スギメディカル		
	地域包括支援センター	柏西口地域包括支援センター		
医療	在宅療養支援診療所	くわのクリニック		
	診療所	豊四季診療所		
	薬局	豊四季ファーマシー		
子育て	子育て支援施設（学童保育など）	未 定		
	多世代交流スペース			

（学研を中核に他の事業者と連携して運営）

図5 多機能型ケア拠点で展開されるサービス概要
出所：第2回みんなのまちづくり会議(2013年10月12日)資料.

ある．URがこの「豊四季台モデル」をもとにさらなる検討を行い，大都市圏の高齢化対応のモデル的な拠点となっていくことが期待される（第8章第4節参照）．

第III編

今後のさらなる展開

第8章
柏プロジェクトのさらなる展開

1 多職種連携研修の全国に向けた展開

　これまで第5章でみてきたように，柏プロジェクトとして，在宅医療研修のプログラム開発に取り組み，柏市内の医師をはじめとした多職種の協力を得た試行プログラムから始まって，2012年12月には，汎用性のあるプログラムとして，「在宅医療推進のための多職種連携研修」プログラムを完成させている．地域包括ケアという新しいパラダイムにシステムを転換していく上で，重要な役割を果たすプログラムであると考えている．

　このプログラムは，在宅医療推進に向けて，地域のかかりつけ医の在宅医療への参入の動機付けを図るため，地区医師会が，旗振り役として，医師会員の開業医等に広く参加を呼びかけるとともに，地域包括ケアを担当する介護保険の保険者として，各職種団体等を通して多職種への声かけ等を市町村が率先して行い，地区医師会と市町村が手を組んで，多職種連携研修会を開催するものである．

　特徴としては，訪問診療の経験のない医師とともに，経験豊富な多職種が一堂に会して，研修会を行うことを念頭においている．これは，一人開業医が大半を占めるわが国において，開業医が24時間365日の対応を行うとすると負担感が大きいため，在宅医療が医師一人ではなく，医師を含めた多職種によって推進していくものであるということを肌で感じてもらい，在宅医療をはじめるにあたって，障壁を少しでも下げてもらい，医師が在宅医療をはじめることによって，地域の医療資源が増えることにもつながることをめざすものである．また，多職種にとっても，医師をはじめ，多職種同士で顔を合わせ，グループ

主催	○旗振り役としての都市医師会 ○多職種への声掛け等事務局としての市町村
共催	○市内の職能団体が名を連ねる→地域全体の取り組みへ
受講対象	○市内在勤者を対象→受講後の実際の連携につながる
内容（計約12時間） 講義	○講義は最小限度（1講義あたり30-40分が限度） ○今後の高齢化を見越した問題意識の喚起 ○知識獲得は在宅で基本となる「認知症」と「がん緩和」から ○多職種連携協働（IPW）の意識を全職種で共有
内容（計約12時間） グループワーク	○地域資源のマッピング作業→アイスブレイキング ○多職種による事例検討→各職種の強みを知る ○研修会の総括として在宅医療推進の課題と解決策を議論 　→「この地域の在宅医療を支える同志」としての意識喚起
内容（計約12時間） 実習	○質の高い実践の見学は動機付け効果が高い
内容（計約12時間） 懇親会	○職種を越えた交流を目的として設定

図1 医師の動機付けのための
「在宅医療推進のための多職種連携研修」プログラムの構造

ワーク等を行うことによって，互いの信頼感も生まれ，その後のケアの実践において，連携がスムーズになること，ひいては，市内の多職種の関係性が深まることが期待される．

プログラムの内容としては，今後の高齢化を見越した問題意識を喚起するなど座学の講義を最小限のものとして行うとともに，多職種で，事例検討を通じて，グループワークを行うことを主眼として多職種連携・協働（IPW）の意識を全職種で共有することをめざしている．

また，在宅の現場における質の高い実践を同行見学し，体感することが動機付けの効果が高いと考え，開業医が在宅医療を行うのが一般的となっているような地域では必要はないが，原則として医師の同行研修を推奨している（図1）．

前述したように，このプログラムの教材とその運営手順書を整備し，このようなプログラムによる研修会が，広がることをめざしている．

しかしながら，2012年5月の柏市での指導者養成研修の開催結果からもいえる通り，主催者・指導者向けの研修を開催したからといって，すぐに各地域での開催に結び付くことは考えにくい．また，2012年12月及び翌年1月には，それぞれ松戸市，柏市でモデル研修会が行われ，全国からの傍聴を受け入れた

表1 在宅医療研修モデル地域養成検討会の構成

土曜午後（14:00-18:30）

時間割	内　　容
5分	開会挨拶
20分	①冒頭趣旨説明 ―地域単位の在宅医療研修会が備えるべき理念（医師会・自治体・在宅療養支援診療所等が三位一体で在宅医療研修会の運営に関与し，三者それぞれの役割を果たしながら当該地域における在宅医療推進の基盤を形成する）や枠組みについて概説
20分	②地域単位の研修会開催例の紹介 スライド＋映像を放映しながら解説 　1. 構造的特徴―三位一体の開催構造／職種団体を介したリクルート／市区町村単位の開催 　2. 内容的特徴（研修会）―在宅医療の必要性を知る講義／多職種グループワーク／地域資源を見る視点（マッピング等）／地域課題の整理・解決策検討 　3. 内容的特徴（実地研修）―実地研修の映像 HP上からの教材の使い方の説明
60分	③自地域紹介タイム 1. 作業内容の説明（5分） 　テーマ：各地域の医師の在宅医療の実施状況と医師を含む多職種連携の状況（特に在宅医の確保） 2. 発表内容について討議（5分） 3. 地域ごとの発表（45分：3分×15グループ） 4. 調整時間（5分）
85分	④多職種連携研修の意義とワークショップの構造 1. 本セッションの説明を含めた講義（35分） 2. 多職種グループワーク・ファシリテーションの一例（5分） 3. ①効果を最大化できるようなグループワークの枠組みと②ファシリテーターとなる人材を養成する仕組みについて自地域での展開方法の検討（20分） 4. 全体共有・意見交換（15分：3分発表×5地域） 5. 意見交換を踏まえてさらに自地域の企画を詰める（5分） 6. まとめ・調整時間（5分）
15分	休　憩
65分	⑤研修会における実習運営 1. 本セッションについての説明（5分） 2. 実習に係る事務局の運営方法例（15分：5分×3地域） 3. 地域単位で実習の仕組みを形成するために必要な体制の検討（20分） 4. 全体共有・意見交換（15分） 5. 意見交換を踏まえてさらに自地域の企画を詰める（5分） 6. まとめ・調整時間（5分）
	1日目終了
60分	懇談会

表 1 在宅医療研修モデル地域養成検討会の構成（続き）

日曜午前(9:00-12:30)

時間割	内容
5 分	注意事項連絡等
80 分	⑥研修会開催にこぎつけるまでの地ならし・関係づくり 1. 本セッションの説明(5分) 2. 地域の各団体等との関係づくりの成功例(15分：5分×3地域) 3. 協力が得られやすい働きかけの仕方や協力が得られにくい場合の対処，解決の難しい課題等についてワールドカフェ形式で検討(35分) 4. 全体共有・意見交換(20分) 5. まとめ・調整時間(5分)
120 分	⑦各地域の実情に応じた研修プログラムの提案・総括 1. 作業内容の説明(5分) 2. 地域ごとに自地域の実情に応じた研修プログラムのあり方について検討(30分) 　—地域の人材・予算等を加味したプログラム案の作成 　—柏のプログラムをどのように改変するか 3. 地域ごとに発表し質疑応答(75分) 　—15地域×計5分(発表3分と質疑応答2分) 4. 総括(10分)
5 分	閉会挨拶
	終了

が，今後，全国各地で在宅医療推進のための研修会が開催されるためには，ある程度近隣(日帰りで出張できる程度の範囲)に相談できる研修開催の先進地が存在することが重要と考えられる．

そこで，国内の地方ごとに，地区医師会と市町村が中心となるモデル的な在宅医療研修を行える地域を養成するための検討会を全国から15地域の関係者に集まってもらい開催した．この検討会は表1のような内容で，国立長寿医療研究センターと本機構との連携のもとで行い，2014年2月8-9日に実施した．

この研修は，グループワークの進め方等研修の実践面でのノウハウを体得した上で，「在宅医療推進のための地域における多職種連携研修会運営ガイド」を参考にしつつ，各地域において実現可能性，有効性が高いと思われる実施内容を，地域ごとに，医師会在宅医療担当理事，市町村行政職員，在宅療養支援診療所医師等により議論してもらい，最後は，地域ごとの企画を発表してもらうという内容になっている．

こうして，各地域での開催の際の研修の企画のたたき台を作ってもらい，自地域に戻った際に，それが，より地域に適した効果的な研修の開催につながるようなインセンティブになることをめざしている．こうした取り組みを通じて，地方圏域ごとに核となるような地域づくりが進み，核となる地域を参考として，その圏域内の別の地域に効果的な研修が普及していくことをめざす試みをはじめたところである．今後，多職種連携研修が着実に普及し，医師や多職種の人材育成が進んでいくことをめざしている．

2　在宅医療における医療人材養成に向けた展開

ここで，あらためて「支える医療を実践する」という視点からより深く考えてみたい．もちろん豊富な医学的知識と医学的技術の熟練は良い医師の最低条件ではあるが，例えば，終末期医療にも関与する支える医療ではそれだけではない部分（プラスアルファ）が求められる．人生の最期に立ち会うのだから，もしかしたら患者の視野に入る最後の人間になるのかもしれない．人生の最後に「この人に主治医になってもらって良かった」と思ってもらうには，知識や技術だけではない人間性や感受性といったようなものが必要であると考える．医師の教育においてコミュニケーションスキルの涵養などとよく言われるが，スキルだけではなく，そこに"共感の思い"を持ち，人を支えることができる医師の教育が必要である．

このようなことから，地域医療に関する医学部学生に向けての早期教育も見直さなければならない．わが国の今後の医療を担う次世代の医療人材育成において，最低限の基礎知識（Minimum requirement）としての在宅医療に関する知識をいかに早期に，そしていかに現場で参加しながら「共感の思い」を経験できる教育ができるのかが重要になってくる．まず学ぶべきことは，以下のポイントに対して現場の様々な光景をしっかり目に焼き付け体得することが必要と考える．

① 在宅医療を中心とする地域医療にはどのような多くの職種から構築され，どのようなチーム医療やケアが展開されているのか

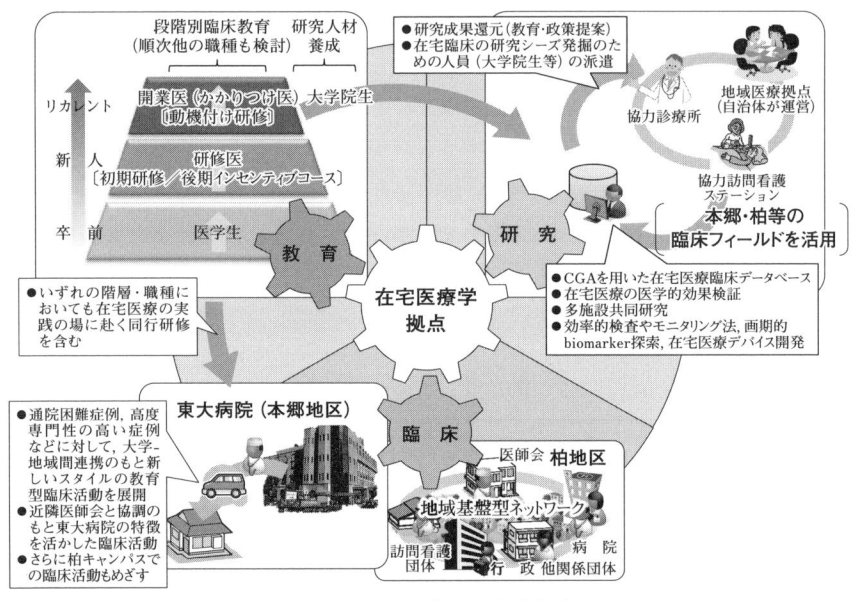

図2 東京大学医学部在宅医療学拠点の概要

② 多職種連携やチーム医療の在り方
③ 病院医療との違い
④ 在宅医療導入の流れ
⑤ 地域を広くみる(診る・看る)視点

　東京大学医学部では，柏市医師会や柏市の協力の下で，2013年から学生実習の一環として千葉県柏市の在宅医療・在宅ケアの現場を取り入れた新しい形の臨床実習を開始した．2週間を費やす実習であり，プログラムの中には在宅医療に関わる医師だけではなく，訪問看護師，ケアマネジャー，病院ソーシャルワーカーなどの業務を学ぶための，これらの職種との同行日も組み込まれている．近い将来，医学部を持つすべての大学(医育機関)が卒前教育に在宅医療を含む地域医療の現場を積極的に取り入れ，より早期から視野の広い医療関係者を養成することが望まれる．

　さらに，在宅医療がしっかりとした学問として体系化され発展していくためには，在宅医療を中心に見据えた「臨床研究」も必要である．今後は「在宅医

療学」ともいうべき分野の確立をめざし，質の高いエビデンス構築が求められる．そのためには高いリサーチマインドを持った研究者の存在，およびその人材養成も不可欠である．そこでは医育機関における大学院教育なども含め，幅広い層を対象とした，より柔軟なテーマによる教育に取り組んでいく必要がある．そこで，東京大学医学部では，2013年度より文部科学省未来人材養成プロジェクトの一環として，「在宅医療学拠点」を設置し，大学での在宅医療の研究，教育，臨床を総合的に展開することをめざしている（図2）．

3　情報共有システムの全国ガイドラインづくりへ

　柏プロジェクトを通じて，第6章第3節のように，多職種連携に向けた情報共有システムにおいて対応の急がれる基本的な課題が明らかとなった．そこで，課題解決に向けた取り組みとして，本機構では，2012年度，2013年度の2カ年にわたり，厚生労働省老健局の老人保健健康増進等事業として「在宅医療と介護の連携のための情報システムの共通基盤のあり方に関する調査研究事業」を行っている．この取り組みは，在宅医療と介護の地域包括ケア時代での情報システムを活用するためのガイドライン案づくりが主な目的である．

(1) 2012年度の取り組み

　まず，全国調査及びシステム連携の実証を行った．調査事業は，ICTを活用した在宅医療と介護の効果的な連携を実現するために現状のニーズや課題，利用の効果などを把握して，効果的な連携を実現する上で参考となる基礎資料を収集した．調査は情報システム利用者及び情報システム開発者を対象としたアンケート及びヒアリング，有識者及び実務者との会議などにより「情報システムを効果的に利用する方策について」「標準化された情報システムの普及方策について」「連携可能な情報システムの開発状況について」「標準化された情報システム開発の意向について」の4つを論点として調査を実施した．

　利用者調査の対象は，在宅医療と介護に関わる関係者であり，具体的には情報システムを利用する立場の者及び情報システムの利用を指導する立場の者とした．情報システムを利用する立場の者として，在宅療養支援診療所，居宅介

表2 調査対象に対するアンケート票の配布および回収 （団体，%）

調査対象	配布数	回収数(%)
情報システム利用者全体	3,248	1,123(34.6)
情報システムを利用する立場の者		
在宅療養支援診療所	812	210(25.9)
居宅介護支援事業所	812	304(37.4)
情報システムの利用を指導する立場の者		
地方公共団体(789市, 23区)	812	404(49.8)
郡市医師会	812	205(25.2)

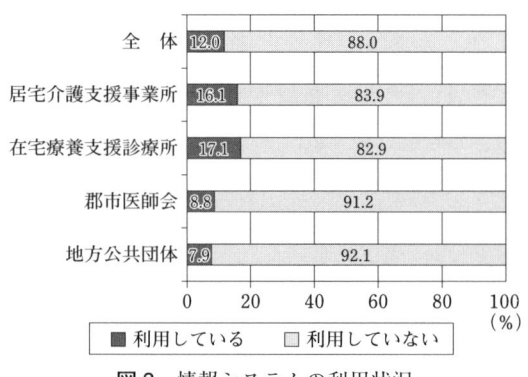

図3 情報システムの利用状況

	利用している	利用していない
全体	12.0	88.0
居宅介護支援事業所	16.1	83.9
在宅療養支援診療所	17.1	82.9
郡市医師会	8.8	91.2
地方公共団体	7.9	92.1

護支援事業所を対象とし，情報システムの利用を指導する立場の者として，地方公共団体，郡市医師会を対象とし，合計3248団体を調査対象とした．なお，地方公共団体へのアンケート送付先は介護支援に関する管理部門とした（表2）．

調査結果の概要は，以下の通りであった．

まず，情報システムの利用状況として，情報システムを利用している団体が12%（135団体），利用していない団体が88%（988団体）と，情報システムの普及はまだ少ない状況にある（図3）．

情報システムに対する利用の意向として，利用していない988団体のうち半数以上の549団体（55.6%）が，利用したいという意向を示している．利用したくないという回答はわずか2.8%である（図4）．

図5と図6は，システムを利用している人が感じている効果と，システムを利用していない人が導入した場合に期待できる効果をまとめたものである．対

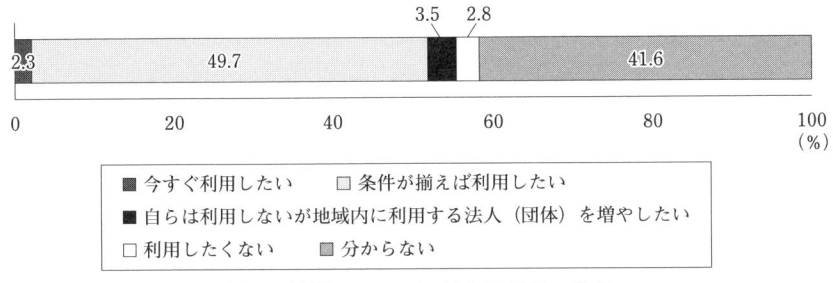

図4 情報システムに対する利用の意向

注:現在,利用していない団体のみ回答.

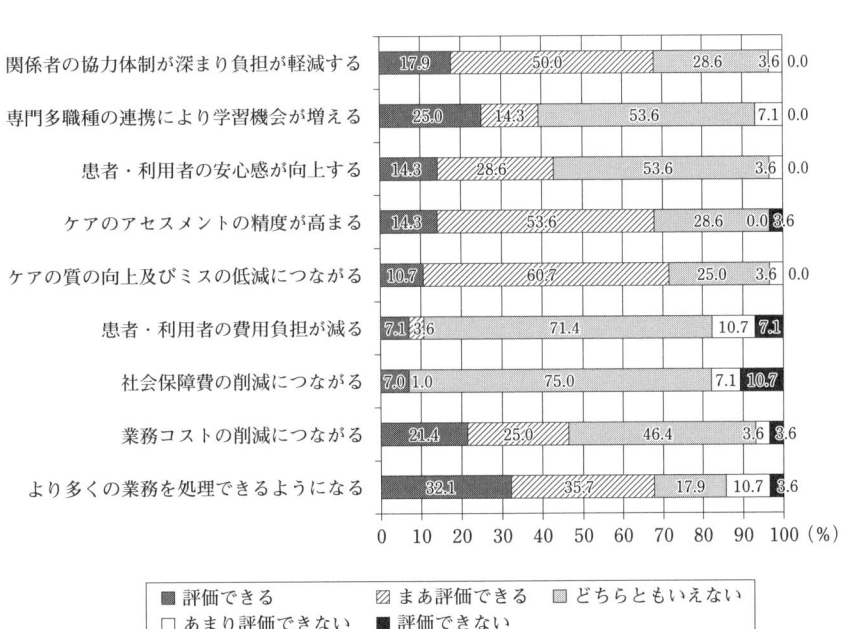

図5 情報共有システムの利用による効果(利用者向け)

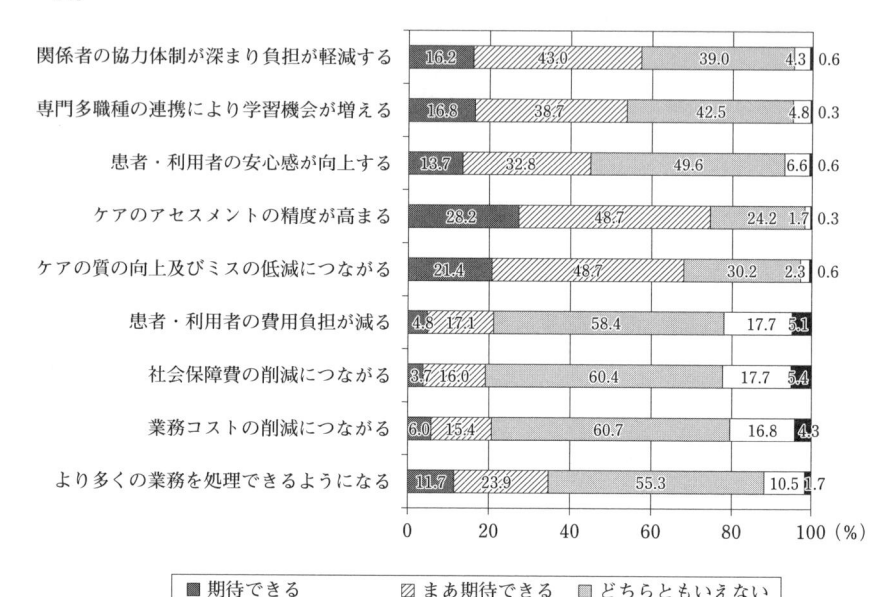

図6 情報共有システムの利用による期待する効果(未利用者向け)

凡例: ■期待できる ▨まあ期待できる ▥どちらともいえない □あまり期待できない ■期待できない

項目	期待できる	まあ期待できる	どちらともいえない	あまり期待できない	期待できない
関係者の協力体制が深まり負担が軽減する	16.2	43.0	39.0	4.3	0.6
専門多職種の連携により学習機会が増える	16.8	38.7	42.5	4.8	0.3
患者・利用者の安心感が向上する	13.7	32.8	49.6	6.6	0.6
ケアのアセスメントの精度が高まる	28.2	48.7	24.2	1.7	0.3
ケアの質の向上及びミスの低減につながる	21.4	48.7	30.2	2.3	0.6
患者・利用者の費用負担が減る	4.8	17.1	58.4	17.7	5.1
社会保障費の削減につながる	3.7	16.0	60.4	17.7	5.4
業務コストの削減につながる	6.0	15.4	60.7	16.8	4.3
より多くの業務を処理できるようになる	11.7	23.9	55.3	10.5	1.7

表3 情報共有システムを使っている人といない人の比較 (%)

	使っていない人の期待度	使っている人の評価	差分
業務コストの削減につながる	21.4	46.4	25.0
より多くの業務を処理できるようになる	35.6	67.8	32.2

比した場合に,「ケアの質の向上」という面では期待と評価はほぼ一致している.大きく違うところは,「業務コストの削減につながる」と「より多くの業務を処理できるようになる」という2つの点である.情報共有システムを使っていない人は,情報共有システムを使うことで業務負荷が上がり,より多くの業務を処理できないのではないかと考えているが,実際に使っている人は,より多くの業務を処理できると評価しているため,使っていない人の想像と使っている人の実態は違うということがわかる.

この比較を表3にまとめると,使っていない人と使っている人では,およそ倍ほどの差が出ている.実際情報共有システムを使うことで,業務に非常に役

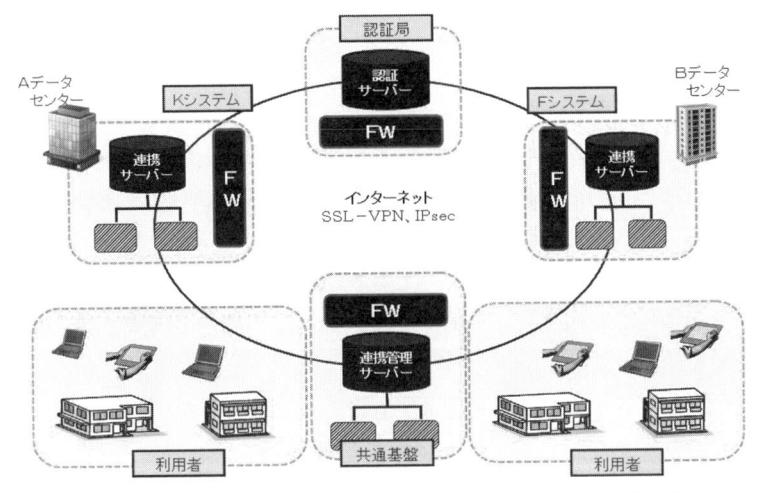

図7 在宅医療と介護に関する情報連携ネットワーク実証環境

立つことを，まだ使っていない医療・介護従事者の人に広く知ってもらうことが大事であると考える．

　実証事業では，異なる情報システムで共通したフォーマットを使って，データの交換を可能とする共通基盤を実際に構築して，試験的に利用する．その結果を踏まえて技術面，制度面，業務面における課題について整理することで，在宅医療と介護の連携のために利用する情報システムがたとえ異なっていても必要な情報を交換できる仕組みのあり方を検討することとした．

　実証事業で構築した共通基盤システムに事前に利用登録をしている複数の情報システムが相互にデータを交換できる．今回の実証においては，富士通株式会社及び株式会社カナミックネットワークが開発した各情報システムにおいて，①インターネットVPNを利用して実際にデータの交換を行う．②異なる情報システムにおいては，登録されている患者の個人番号が異なるため共通基盤システムにおいて個人番号を突合し，各情報システムが管理する個人番号に変換する作業(紐付け処理)をして，要求者からのリクエストに応じた情報を保有者が返信する．この処理をする際には，認証局において各情報システムのサーバの正当性を確認することとした(図7)．

　この結果，共通基盤さえあれば異なるシステム間を接続できることが実証で

きた．

(2) 2013年度の取り組み

前年度の取り組みからのさらなる発展として，在宅医療と介護に関する情報を連携するための共通基盤のガイドライン策定の素案づくりの作業を行った．共通基盤の概念図としては図8のように，地域ごとに異なる在宅医療と介護の情報共有システムがあった場合も，それぞれが一定のルールを順守することによって共通基盤を経由することで，共通様式・連携技術の活用でデータ交換が出来る姿をめざしている．

医療の電子カルテや介護業務システムは，すでに日本中に多数のシステムが乱立しており，また，クラウド型やクライアントサーバー型，スタンドアロン型などシステムタイプも様々なため，それをすべて同一の基準を設けてつなぐことは事実上難しい．医療の電子カルテや介護業務システムは，他法人のシステムとつなぐ必要性は必然ではないといえるかもしれないが，今後の地域包括ケアの展開においては多職種多法人が情報を共有するためのシステムは患者利益のためにも必要性が極めて高いといえる．さらに言えば，その情報共有システムが電子カルテや介護業務システムのように共通ルールもなく全国に乱立してしまっては，「多職種が情報を共有する」という一番大事な目的が実現できなくなってしまい，日本全体にとって非常に損害が大きい．

そこで，本事業では実際の先進事例や在宅医療と介護の連携の実態をエビデンスとして，情報共有システムが連携するためのルールづくり及びそれを実現する共通基盤の構築についてのルールづくりも含めて検討している．ガイドライン策定委員としては，日本医師会，日本歯科医師会，日本薬剤師会をはじめ，看護・介護関係の職能団体や協議会などに協力していただき，様々な観点から議論をして，ガイドラインの素案を策定していった．

まず，全国共通で情報共有するための情報項目の決める上での基礎作業としては，図9のようなルールで整理を行った．

標準項目を決めるために，4つの視点から絞り込みを行った．

1つ目として，医療・介護連携によく使われている「業務帳票」の項目，2つ目として，国の事業などで調査された「各種調査・報告資料」（2012年度の

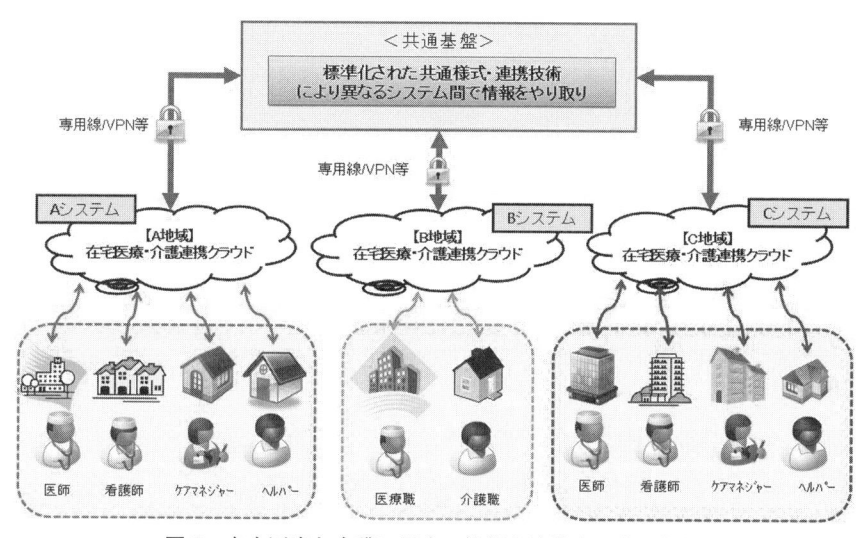

図8 在宅医療と介護に関する情報を連携する共通基盤

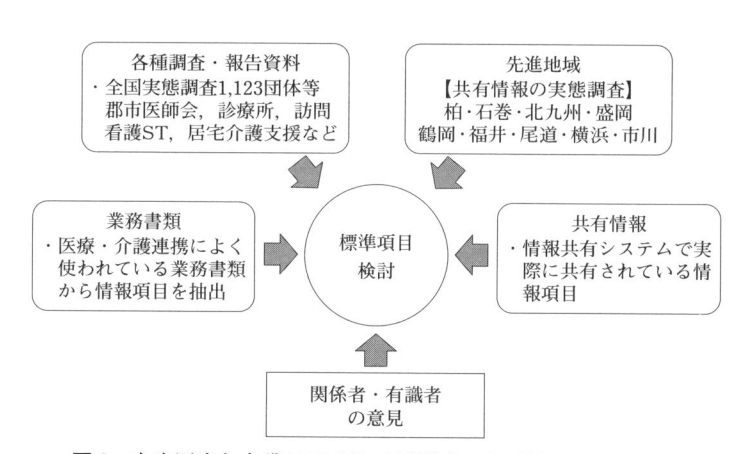

図9 在宅医療と介護(全国共通で情報共有できる情報項目の決め方)

```
             ┌─────────────────────────────────────────────────┐
             │ □ 現場の入力負荷等を鑑みたミニマムセットの情報項目      │
    基本方針  │ □ 決定された情報項目は，随時見直しを行っていくことが前提 │
             │ □ 医療・介護の連携において活用されている情報項目      │
             └─────────────────────────────────────────────────┘
```

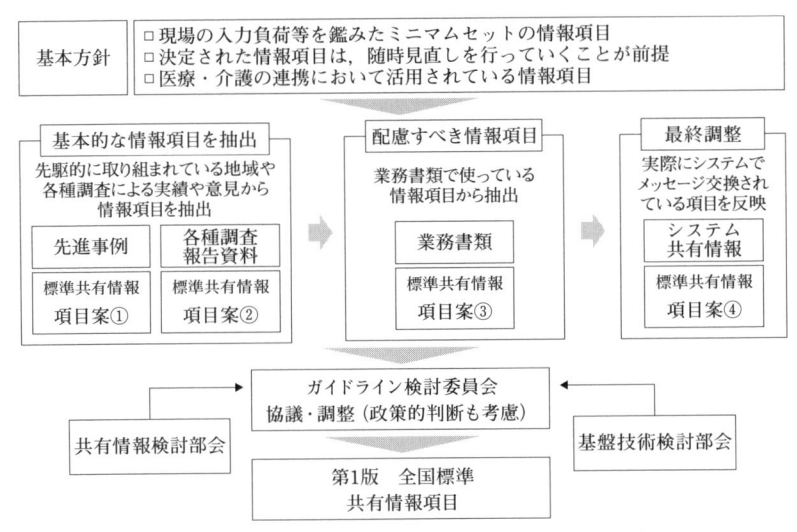

図10 在宅医療と介護（全国共通で共有する情報項目）

東京大学調査と慶應義塾大学調査)の結果，3つ目として，柏市，石巻市，北九州市，盛岡市，鶴岡市，福井県，尾道市，横浜市，市川市といったすでに医療介護連携が行われている「先進地域」での調査，4つ目としては，柏市等で活用されている情報共有システムで実際に共有されている情報項目約4万件からのテキストマイニングを行った結果データ，という4種類のエビデンスから標準項目を洗い出した．

このように標準項目の案を絞り込み，その後，図10のようにガイドライン検討委員会にて各有識者からの意見をいただき，全国標準項目の第1版を決定していった．

この在宅医療と介護の連携における全国標準項目は，現場で活用できるミニマムセットであること，また，今後も随時見直しを行っていくこと，そしてすでに医療・介護の連携において活用されている情報項目であることが前提である．

この素案を参考として国レベルのガイドラインが策定されることにより，在宅医療と介護の連携における情報共有システムのデータ交換ルールや現場での運営ルールや適正な個人情報保護などが標準化され，さらなる連携の促進につ

ながることを期待する．

4　各地の UR 都市機構の団地の取り組みへの展開

(1)　24 時間対応型の在宅介護基盤の展開の戦略の必要性

　24 時間対応型の在宅介護基盤を整備することは急務ではあるが，その具体的な展開についても，また心身の状態が重度となっても在宅で暮らそうとするように高齢者や家族の意識や行動が変化するのにも，相応の時間がかかると考えられる．2012 年度から創設された定期巡回・随時対応型訪問介護看護や，複合型など 24 時間対応型サービスはまだ提供事業者も少なく，市民への認知度も低い状況である．これが地域に根付き，そのサービス内容が理解され，普及するまでには時間がかかるため，24 時間対応型在宅サービスのみで事業成立させることに多くの困難を伴うのも事実である．

　図 11 は，柏プロジェクトの実践を参考として，24 時間対応型の在宅介護基盤の展開プロセスをイメージとして表現したものである．24 時間対応型サービスは，居室型や住戸型のサービス付き高齢者向け住宅と合わせて整備を行い，サービス付き高齢者向け住宅居住者への対応を中心に 24 時間対応型サービスの経営を成り立たせながら地域の在宅へのサービス普及を図るなど，円滑な経営モデルを確立しながら戦略的に拠点を展開していく必要がある．このように最初は拠点的なサービス付き高齢者向け住宅から整備を始めつつ，周辺地域における 24 時間対応の在宅サービスの普及とともに，やがてはサービス付き高齢者向け住宅に期待される機能も，高齢期に適した住宅としての「場」としてあらためて明確化されることになる．その際，その整備方法も同じ新築でも同じ住棟内で，あるフロアはサービス付き高齢者向け住宅として登録された住戸が並び，別のフロアは若年世帯が入るような多世代居住の形態もあり得るし，改修で整備する場合には，公営住宅の転用や，地域内の空き家をグループ化して活用して住み慣れた環境を活かすことも想定されるなど，多様なパターンの促進が期待される．

　また，周辺の既存住宅等のバリアフリー化がなされたりするなどして，高齢期の住まい方の選択肢が充実したものになっていく．

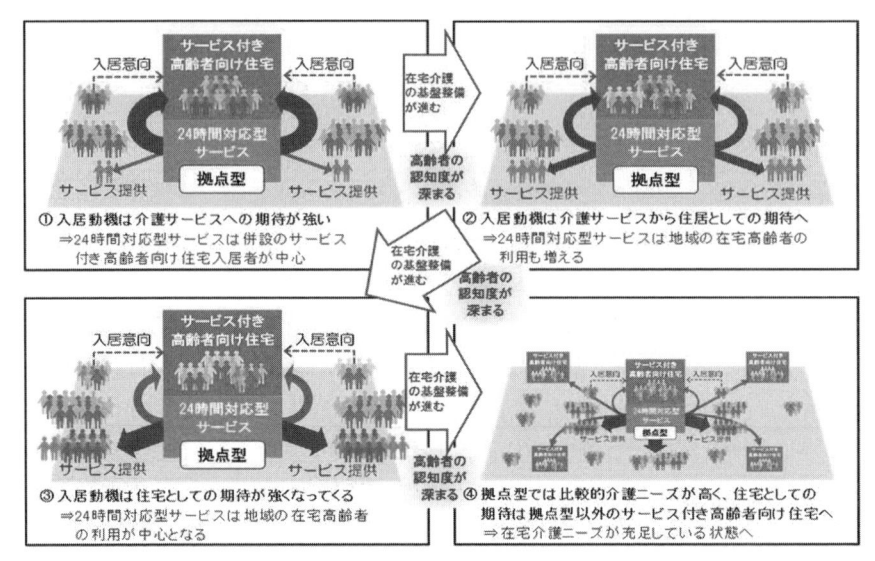

図 11 在宅介護基盤の整備に伴うサービス付き高齢者向け住宅の形態の変化

このようなことを踏まえると，柏プロジェクトにおける豊四季台のモデル的拠点の位置付けとしては，地域の 24 時間対応型サービスの拠点として機能していくことが求められるが，まずはサービス付き高齢者向け住宅居住者へのケアの提供を中心としてスタートすることを想定しており，その後，周辺地域の住民が 24 時間対応の在宅サービスを利用しながら，高齢期のライフスタイルを確立していくのに並行して本格的な地域包括ケアシステムに向けて展開するという戦略に基づくものであることが分かる．

(2) UR 都市機構の今後の取り組み

UR 都市機構(以下，UR という)では現在，「超高齢社会における住まい・コミュニティのあり方検討会」を設置し，検討が重ねられ，2014 年 1 月に最終報告がまとめられた(図 12)．そこでは，「UR 賃貸住宅及びその周辺地域は，都市の中でも高齢化が最も進んでおり，そこで生じている諸課題は，わが国の都市の高齢化問題を先取りするものである」と位置付けられている．そして，今後の UR の取り組みとして，「地域包括ケア実現のために，地域において高齢化の最も進んでいる UR 団地に在宅医療福祉施設(24 時間対応の在宅医療・

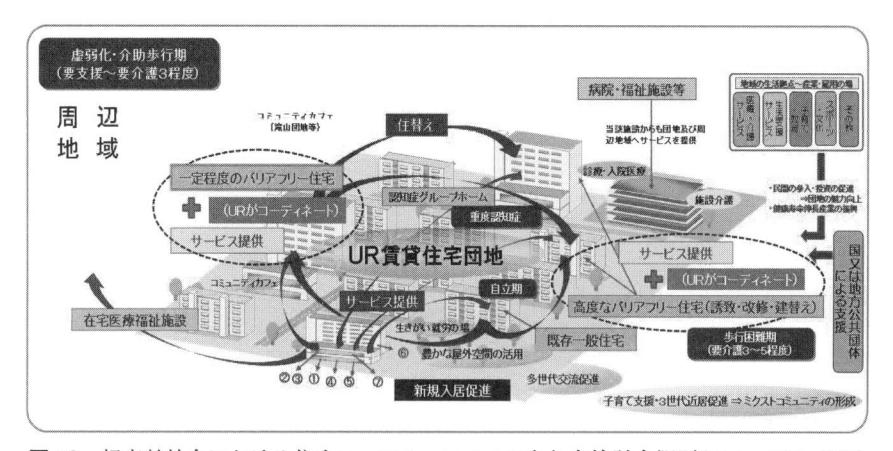

図12 超高齢社会における住まい・コミュニティのあり方検討会概要（イメージ編，抜粋）
注：①在宅療養支援診療所（24時間対応），②訪問看護ステーション（24時間対応），③訪問介護事業所（24時間対応），④小規模多機能型居宅介護事業所，⑤通所系事業所，⑥サービス付き高齢者向け住宅，⑦多職種連携スペース．

看護・介護サービスの拠点）等を誘致し，地域の医療福祉拠点として，周辺地域の高齢化にも対応し，超高齢社会に対応したモデル的なまちづくりを実現」しようという方向性を打ち出している．さらには，高齢者向け住宅の整備に関する政府の目標年次である2020年までには，100団地程度を目標に取り組むことがめざされている．

以上は，特に今後急速に後期高齢者が増加する大都市圏を想定した比較的，高齢者が地域の中に相当数居住している場合の取り組みであり，地方都市等事情が異なる場合には，地域ごとの特性を勘案する必要がある．しかし，そのいずれの場合にも，あらためて在宅介護基盤が確立される過程におけるサービス付き高齢者向け住宅の役割に着目し，在宅介護基盤の整備・確立のロードマップ上にサービス付き高齢者向け住宅が段階的に果たすと考えられる役割を明らかにしていく必要があると考える．

柏プロジェクトにおいては，URの団地整備の中での取り組みが行われたが，UR団地がない地域等においては市町村の関与の下で公的な土地等が用意されることを含め，今後は，都市計画的な発想を加味した高齢化に対応するまちづくりが展開されることを期待したい．

おわりに
今後の医療介護改革の展望

　図1は，厚生労働省が2013年に示した資料の1つである．
　この図は，今後の医療介護政策の方向性を良く示している．今までの医療改革は，医療機能の機能分化と連携を大きな眼目として推進してきたが，必ずしも順調に進んだとは言えない．それは，後期高齢者が増加する中で，急性期の病院に入院した高齢患者は，治療後も虚弱な状況が続き，病院から離れにくい状態の者が多いので，医療制度上の「一般病床」の機能を分化させることがなかなか困難だったと言えるのではないか．図1の円で囲まれたシステム，すなわち地域包括ケアシステムを導入することと組み合わせて，初めて，慢性期の高齢者が在宅に戻ることができ，それに応じて，病院の機能も分化連携の方向が見えてくる．すなわち，地域において，高齢者は，高度急性期の病院(図1では，地域医療支援病院)で治療を受けた後，①在宅医療連携拠点の調整の下でのかかりつけ医(図1では一人開業医)を基本に置く在宅医療のシステムで受け止められ，②急変時には地域の中小規模の病院(図1では在宅療養支援病院，在宅療養支援診療所(有床))が対応しては在宅に戻し，③再び在宅において，かかりつけ医が訪問看護ステーション，介護事業所等の看護・介護系のサービスと連携して高齢患者を支えるという地域包括ケアシステムが必要である．これが成立して初めて，高度急性期の病院は，その病院にふさわしい機能を発揮し続けられ，その他の中小規模の病院の機能も見えてくる(この場合，地域の中小規模の病院は回復期のリハビリテーションの病床を持つことも期待される)．このようにして，医療機関に関して言えば，高度急性期の病院，中小規模の病院，かかりつけの診療所が，win-win-winの関係となり，合理的な医療機能の分化と連携が成立すると言える．そして，在宅を基本に置いて，市町村段階を主舞台として真に医療と介護の連携が問われることとなる．
　2014年2月に国会に提出された「地域における医療及び介護の総合的な確保を推進するための関係法律の整備に関する法律案」(表1)は，まさしくこのような方向性をめざしているものと思われる．具体的には，次の改正事項が注

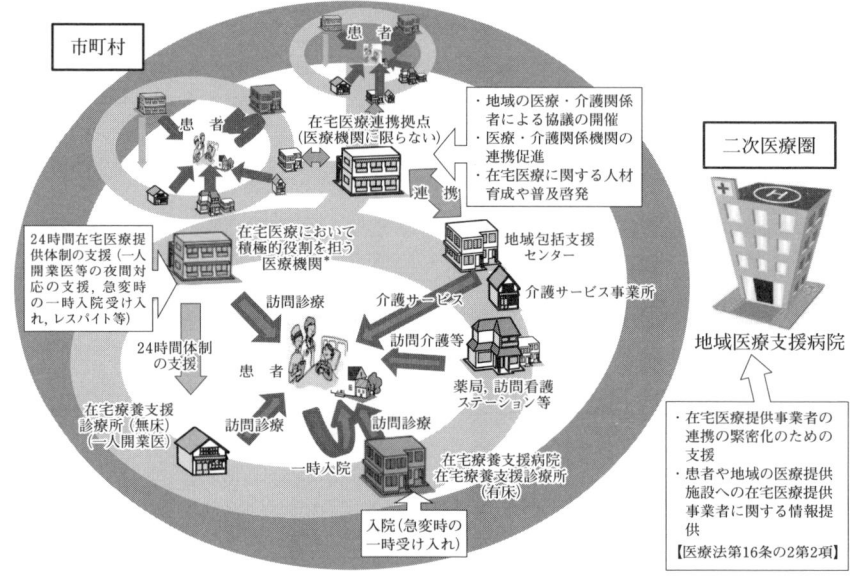

図1 在宅療養支援診療所・在宅療養支援病院等の役割（イメージ）
注*：在宅療養支援病院／診療所の中から位置づけられることを想定．
出典：厚生労働省資料．

目される．

① 「地域における医療及び介護の総合的な確保の促進に関する法律」において，「地域において効率的かつ質の高い医療提供体制を構築するとともに，地域包括ケアシステムを構築することを通じて，地域における医療及び介護の総合的な確保を促進する」ため，都道府県及び市町村は，「医療及び介護の総合的な確保のための事業の実施に関する計画を作成することができる」こととする．

② 「医療法」においては，地域における病床の機能の分化及び促進に関する事項として，「病床機能報告制度」を導入し，都道府県は「医療計画」において，病床の機能区分ごとの将来の病床の必要数等に基づく将来の医療提供体制の構想として，「地域医療構想」を策定する．また，医療計画においては，「居宅における医療の確保の目標に関する事項及

表 1 地域における医療及び介護の総合的な確保を推進するための
関係法律の整備等に関する法律案

趣 旨
持続可能な社会保障制度の確立を図るための改革の推進に関する法律に基づく措置として，効率的かつ質の高い医療提供体制を構築するとともに，地域包括ケアシステムを構築することを通じ，地域における医療及び介護の総合的な確保を推進するため，医療法，介護保険法等の関係法律について所要の整備等を行う

概 要
1．新たな基金の創設と医療・介護の連携強化(地域介護施設整備促進法等関係)
　①都道府県の事業計画に記載した医療・介護の事業(病床の機能分化・連携，在宅医療・介護の推進等)のため，消費税増税分を活用した新たな基金を都道府県に設置
　②医療と介護の連携を強化するため，厚生労働大臣が基本的な方針を策定
2．地域における効率的かつ効果的な医療提供体制の確保(医療法関係)
　①医療機関が都道府県知事に病床の医療機能(高度急性期，急性期，回復期，慢性期)等を報告し，都道府県は，それをもとに地域医療構想(地域の医療提供体制の将来のあるべき姿)を医療計画において策定
　②医師確保支援を行う地域医療支援センターを法律に位置づけ
3．地域包括ケアシステムの構築と費用負担の公平化(介護保険法関係)
　①在宅医療・介護連携の推進などの地域支援事業の充実とあわせ，全国一律の予防給付(訪問看護・通所介護)を地域支援事業*に移行し，多様化
　②特別養護老人ホームについて，在宅での生活が困難な中重度の要介護者を支える機能に重点化
　③低所得者の保険料軽減を拡充
　④一定以上の所得のある利用者の自己負担を2割へ引き上げ(ただし，月額上限あり)
　⑤低所得の施設利用者の食費・居住費を補填する「補足給付」の要件に資産などを追加
4．その他
　①診療の補助のうち高度な専門知識と技能等が必要な特定行為を明確化し，特定行為を行う看護師の研修制度を新設
　②医療事故に係る調査を行う第三者機関を設置する等，医療事故に係る調査の仕組みを構築
　③医療法人社団と医療法人財団の合併，持分なし医療法人への移行促進策を措置

施行期日(予定)
公布日．ただし，医療法関係は2014年10月以降，介護保険法関係は2015年4月以降など，順次施行．

注*：介護保険財源で市町村が取り組む事業．

び居宅等における医療の確保に係る医療連携体制に関する事項」が加えられ，介護保険における計画との整合性を図るため，医療計画を変更する頻度が6年（居宅等における医療の確保の達成状況等については3年）とされる．

③ 「介護保険法」では，「地域支援事業の包括的支援事業」に，「医療に関する専門的知識を有する者が，介護事業者，居宅において医療を提供する医療機関その他の関係者の連携を促進する事業」を付け加え，平成30年度までにすべての市町村で実施するものとする．これは，従来の「在宅医療連携拠点」の事業が市町村において位置づけられたものと考えられる．

以上の一連の改革は，在宅医療を含む地域包括ケアが進むことが前提で，とりわけ在宅医療の整備が大きな鍵となると考えられ，在宅医療の整備に関しては，実質的に市町村の役割が大きく位置づけられることが想定されていると考えられる．したがって，今後は，市町村を含めて地方自治体の力量が問われることになるので，関係者の取り組みを心より期待するものである．

資　料

在宅医療・介護多職種連携柏モデル ガイドブック
諸外国の医療制度と在宅医の活動状況比較

在宅医療・介護多職種連携
柏モデル　ガイドブック

我が家でよりそう　医療と介護

豊四季台地域高齢社会総合研究会
在宅医療委員会　連携ワーキンググループ

注：2014年3月17日現在の資料。今後，最終的な調整を経て発行する予定。

<目 次>

１．柏市の在宅医療・介護多職種連携の会議体制	・・・3
（１）在宅医療・介護多職種連携の会議体制	・・・3
（２）在宅医療・介護多職種連携協議会	・・・3
（３）顔の見える関係会議	・・・4
（４）地域ケア会議	・・・5
２．柏地域医療連携センターの設置と機能	・・・6
（１）柏地域医療連携センターの機能	・・・6
（２）在宅チームのコーディネートの流れ　①退院から在宅医療への流れ〜病院退院調整担当者の動き〜　②通院困難から在宅医療への流れ〜ケアマネジャー等の動き〜	・・・7
（３）柏地域医療連携センターと地域包括支援センターの機能と連携	・・・9
３．在宅医療を推進するための体制	・・・10
（１）主治医・副主治医制	・・・10
（２）口腔ケアの推進	・・・11
（３）在宅医療に向けた退院調整	・・・12
（４）急性増悪時等における病院のバックアップ体制の確保	・・・15
（５）総合特区法に基づく特例措置　①訪問リハビリテーション　②歯科衛生士等居宅療養管理指導	・・・16
４．在宅療養に必要な多職種連携のルール	・・・18
（１）在宅移行時の多職種連携ルール（退院時等）	・・・18
（２）在宅療養中の多職種連携ルール	・・・22
５．情報共有システム	・・・27
６．在宅医療・多職種連携に関する研修	・・・30
７．市民啓発	・・・31

はじめに

　柏市では，今後急速に高齢化が進展していくが，そうした中でも市民に安心して過ごしてもらうためには，在宅医療を普及させ，介護とも連携して「患者・家族に寄り添ったサービス」を提供していくことが求められる。

　事業所や専門性が異なる多職種が連携することは決して容易ではないが，柏市医師会を始めとして多職種団体が共通の目標を持って力を合わせることにより解決の道を探ってきた。

　具体的には，多職種団体の代表からなる「連携ワーキンググループ」を開催し，平成22年度より28回にわたって議論を積み重ねてきた。

　また，この他にも数え切れないほどの多職種会議と症例実践を行い，あるべき連携の姿について模索してきた。

　当ガイドブックは，こうした関係者の努力をもって構築された多職種連携の体制とシステム・ルールについてまとめたものであり，各構成員は，このガイドブックを参考として多職種連携に努め，市民が安心した在宅生活を継続できるよう支援していくものとする。

**豊四季台地域高齢社会総合研究会
在宅医療委員会
連携ワーキンググループ構成員**

柏市医師会，病院関係者，柏歯科医師会，柏市薬剤師会，
柏市訪問看護ステーション連絡会，柏市介護支援専門員協議会，
柏市在宅リハビリテーション連絡会，東葛北部在宅栄養士会，
千葉大学，柏市社会福祉協議会，地域包括支援センター，
東京大学高齢社会総合研究機構，都市再生機構，柏市

※平成26年4月からは在宅医療・介護多職種連携協議会に移行する。

1. 柏市の在宅医療・介護多職種連携の会議体制

（1）在宅医療・介護多職種連携の会議体制

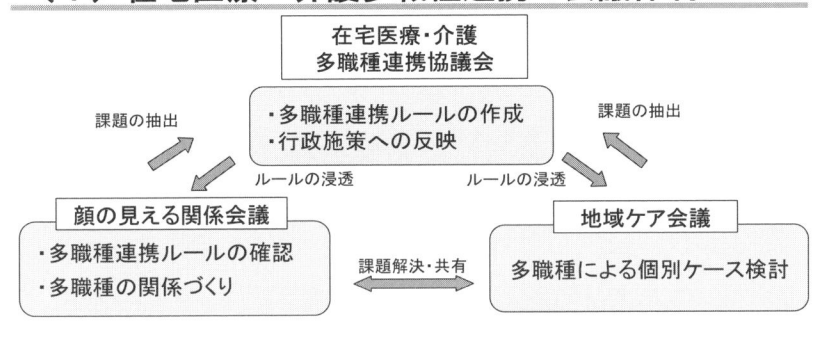

在宅医療・介護多職種連携協議会
・多職種連携ルールの作成
・行政施策への反映

←課題の抽出／ルールの浸透→
←ルールの浸透／課題の抽出→

顔の見える関係会議
・多職種連携ルールの確認
・多職種の関係づくり

⇔ 課題解決・共有 ⇔

地域ケア会議
多職種による個別ケース検討

（2）在宅医療・介護多職種連携協議会

在宅医療・介護多職種連携協議会

- 10病院会議
- 各団体の在宅医療・地域医療担当委員会・部会等
  ・各職種ごとの連携体制の検証
  ・職種ごとの研修

医師会（診療所，病院），歯科医師会，薬剤師会，訪問看護連絡会，ケアマネ協議会，地域包括支援センター，リハ連絡会，在宅栄養士会，介護サービス事業者協議会，社会福祉協議会，ふるさと協議会，千葉大学，東京大学，都市再生機構　ほか
柏市（事務局）

多職種連携・情報共有システム部会
・情報共有システムや多職種連携ルールについて議論
・必要に応じ個別症例の検討

研修部会
・在宅医療多職種研修，顔の見える関係会議等の計画と実施
・年間を通じた在宅医療・地域医療をテーマとした研修の企画運営

啓発・広報部会
・在宅医療を始めとする地域医療に関して，市民に向けた普及・啓発活動の方法の検討
・広報・啓発ツールの作成と実践

（3）顔の見える関係会議

＜目的＞
　多職種が一堂に会し、ワークショップを通じて、顔の見える関係づくりを推進し、連携体制を構築することにより、効果的な医療・看護・介護サービスの提供を目指す。
　概ね年4回の会議を実施する。

＜会議の進め方＞

全体会議
- 年2～3回
- テーマの例
  ・多職種連携のコツを学ぶ
  ・多職種の役割を知る
  ・事例を通じた連携の具体

エリア別会議
- 年1～2回
- 市内を北・中央・南に分けて開催
- テーマの例
  ・地域資源把握
  ・事例を通じた連携の具体

地域包括支援センターと医師会等エリアの多職種が運営を行う。

※ファシリテーター会議にて事前に会議の進め方を調整する

＜参加者構成＞
　医師（病院・診療所），歯科医師，歯科衛生士，薬剤師，看護師（訪問看護，病院・診療所），病院地域連携室職員，ケアマネジャー，地域包括支援センター職員，管理栄養士（在宅・病院），理学療法士・作業療法士・言語聴覚士，介護サービス事業者，介護老人保健施設・介護老人福祉施設職員　ふるさと協議会・民生委員児童委員等市民，市役所職員　等

（4）地域ケア会議

サービスの担当者だけでは課題解決が困難な「個別の」ケースについて，多職種から専門的視点に基づく助言をもらい，支援方針を検討するための会議。

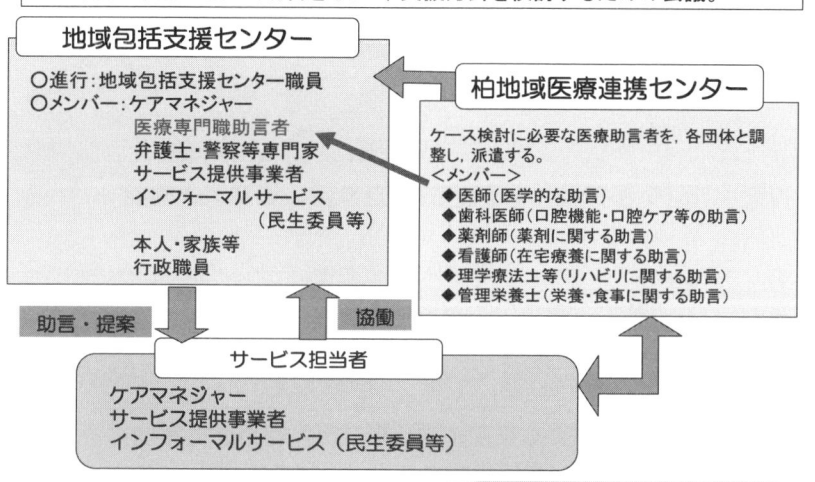

地域包括支援センター
○進行：地域包括支援センター職員
○メンバー：ケアマネジャー
　　　　　　医療専門職助言者
　　　　　　弁護士・警察等専門家
　　　　　　サービス提供事業者
　　　　　　インフォーマルサービス
　　　　　　　　　　　　（民生委員等）
　　　　　　本人・家族等
　　　　　　行政職員

柏地域医療連携センター
ケース検討に必要な医療助言者を，各団体と調整し，派遣する。

＜メンバー＞
◆医師（医学的な助言）
◆歯科医師（口腔機能・口腔ケア等の助言）
◆薬剤師（薬剤に関する助言）
◆看護師（在宅療養に関する助言）
◆理学療法士等（リハビリに関する助言）
◆管理栄養士（栄養・食事に関する助言）

助言・提案　　協働

サービス担当者
ケアマネジャー
サービス提供事業者
インフォーマルサービス（民生委員等）

助言の効果（参加者感想）

病院医師へ，利用者の状態を適切に伝える方法について，助言者からアドバイスを得ることができた。

薬剤師から薬の一包化のアドバイスをいただいたり，実際に訪問していただけるということもわかりよかった。

レシピを管理栄養士さんから教えていただいたので，家族に具体的な支援ができると思った。

会議の成果を反映

＜ケアマネジャー＞
・ケアプランの適切な見直しによる個別課題の解決
・不足していたアセスメントの実施
・サービス担当者への情報提供と<u>ネットワークの構築・強化</u>
・他の利用者へのサービスにも応用　等

＜地域包括支援センター＞
・ケアマネジャーへの適宜支援
・研修会等の開催で，助言内容を広く共有し，サービスの質の向上を図る
・<u>地域全体の課題として，ネットワーク会議等で関係者と共有</u>
・<u>新たな地域資源の開発</u>　等

＜行政＞
・必要な政策の検討・位置づけ等
・多職種連携ルールへの反映　等

各地域包括支援センター単位で，年1回以上，会議を開催する

5

2. 柏地域医療連携センターの設置と機能

（1）柏地域医療連携センターの機能（在宅医療に関するもの）

柏地域医療連携センターは，医療・介護の関係団体等とともに，柏市の地域医療・介護の発展と，市民の療養生活を支援するための中核拠点として整備。

機能①：医師・多職種による在宅医療・介護の連携支援機能
- 多職種連携ルールの確認・普及
- 情報共有システムの利用促進

機能②：在宅医療に係る研修機能
- 在宅医療・多職種連携研修会の開催
- 顔の見える関係会議の開催

機能③：患者が病院から在宅に戻る際などの調整支援機能
- 在宅主治医がいない場合の主治医・副主治医の推薦
- 必要に応じた多職種の推薦（歯科医師，薬剤師，訪問看護師，リハビリ職，管理栄養士等）

機能④：市民への啓発・相談機能
- 在宅医療や介護に関する啓発・相談

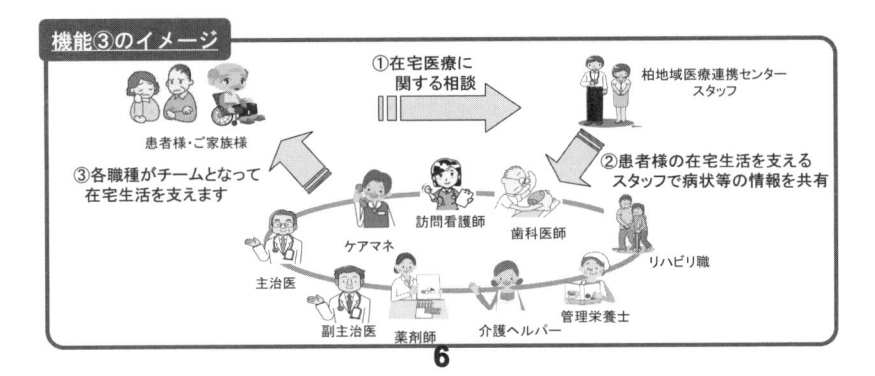

機能③のイメージ

①在宅医療に関する相談 → 柏地域医療連携センタースタッフ
②患者様の在宅生活を支えるスタッフで病状等の情報を共有
③各職種がチームとなって在宅生活を支えます
患者様・ご家族様

主治医／副主治医／ケアマネ／薬剤師／訪問看護師／介護ヘルパー／歯科医師／管理栄養士／リハビリ職

（2）在宅医療チームのコーディネートの流れ

①退院から在宅医療への流れ　～病院退院調整担当者の動き～

1．柏地域医療連携センターへ連絡するまで

①訪問診療が必要なことを確認する
・継続診療が必要であるが，通院が困難
・本人，家族が訪問診療を要望
②病院主治医に病状を確認し，退院の時期を確認する
③連携センターに連絡することを本人または家族に話し了解を得る

⇩

2．柏地域医療連携センターへ連絡

①本人，家族，関係者と連携センター職員が面談する日程を調整する
②連携センターに提供する情報（利用者情報提供書）の内容を整理する

⇩

【連携センター】
①本人，家族に以下の内容について説明し同意書に署名をもらう
・連携センターが在宅チームをコーディネートすることについて
・情報共有システムを使い，多職種および連携センターが情報共有することについて
②本人及び関係者から必要な情報を収集する
③口腔ケアの状況を確認する
④在宅主治医，訪問看護師，ケアマネジャー等のチームを編成し，
　退院時共同指導の希望候補日を調整して連絡する

⇩

3．退院時共同指導の準備

①病院関係者，家族の日程を調整し，会場を確保する
②退院時共同指導日及び会場を連携センターに連絡する
③情報共有システム，郵送等で在宅主治医，副主治医，訪問看護師，
　ケアマネジャー等に診療情報提供書，看護サマリー等の必要な情報を提供する

⇩

【連携センター】　退院時共同指導日及び会場を在宅チームに連絡する

⇩

4．退院時共同指導開催・退院

①司会進行をする　②記録を作成し，院内，在宅チームと情報共有をする

5．退院後

⇩

①バックアップ病院として，退院後の経過を情報共有システム等にて把握する

②通院困難から在宅医療への流れ～ケアマネジャー等の動き～

１．柏地域医療連携センターへ連絡するまで
①訪問診療が必要なことを確認する
・継続診療が必要であるが，通院が困難
・本人，家族が訪問診療を要望
②連携センターに連絡することを本人または家族に話し了解を得る

⇩

２．柏地域医療連携センターへ連絡
①本人，家族，関係者と連携センター職員が面談する日程を調整する
②連携センターに提供する情報（利用者情報提供書）の内容を整理する

⇩

連携センター
①本人，家族に以下の内容について説明し同意書に署名をもらう
・連携センターが在宅チームをコーディネートすることについて
・情報共有システムを使い，多職種および拠点が情報共有することについて
②本人及び関係者から必要な情報を収集する
③主治医に訪問診療実施について打診する（本人，家族が難しい場合）
④口腔ケアの状況を確認する
⑤在宅主治医，副主治医，訪問看護師，ケアマネジャー等の在宅チームを編成し，サービス担当者会議の希望候補日を調整する

⇩

３．サービス担当者会議の準備
①家族の日程を調整し，会場を確保する
②担当者会議の日時及び会場を連携センターに連絡する
③情報共有システム，郵送等で在宅主治医，副主治医，訪問看護師等に必要な情報及び居宅介護支援サービス計画書（案）を提供する

⇩

連携センター　担当者会議の日時及び会場を在宅チームに連絡する
※各サービス事業者はケアマネジャーから連絡

４．サービス担当者会議の開催
①司会進行をする　　②居宅介護サービス計画書の確認・調整
③記録を作成し，在宅ケアチーム間で情報共有をする

５．在宅支援
※地域包括支援センターは，ケアマネ支援として関与する

（3）柏地域医療連携センターと地域包括支援センターの機能と連携

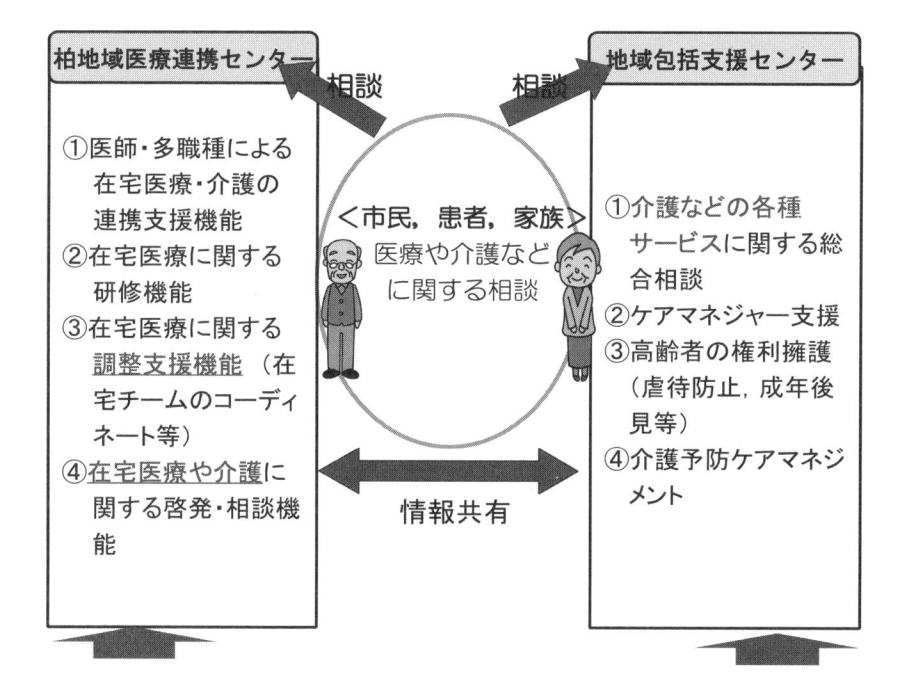

柏地域医療連携センター ← 相談

① 医師・多職種による在宅医療・介護の連携支援機能
② 在宅医療に関する研修機能
③ 在宅医療に関する<u>調整支援機能</u>（在宅チームのコーディネート等）
④ <u>在宅医療や介護に関する啓発・相談機能</u>

＜市民，患者，家族＞
医療や介護などに関する相談

地域包括支援センター ← 相談

① 介護などの各種サービスに関する総合相談
② ケアマネジャー支援
③ 高齢者の権利擁護（虐待防止，成年後見等）
④ 介護予防ケアマネジメント

↔ 情報共有

＜病院・ケアマネジャー等＞
・訪問診療が必要な患者・利用者について在宅チーム編成の依頼
・在宅医師等の医療情報の提供依頼

＜病院・ケアマネジャー等＞
・家族情報が不明，経済的・生活的な支援が必要な患者・利用者についての相談
・権利擁護に関する相談

相談業務について

○市民からの医療や介護に関する相談は，柏地域医療連携センターと地域包括支援センターが相互に連携し，総合相談窓口としてそれぞれが対応する。

3. 在宅医療を推進するための体制

（1）主治医・副主治医制

　かかりつけ医がグループを形成してお互いバックアップすることにより，１つの診療所が数多くの患者を支えるだけでなく，多くの診療所が少しずつ支える事で多くの患者を支えるシステム。

＜主治医・副主治医の役割＞
○主治医　…患者を主に訪問診療する医師
○副主治医…主治医が訪問診療できない時の訪問診療を補完する医師
　　　　　　両者が相互に協力して患者に訪問診療を提供

＜副主治医の選定方法＞
(1) 副主治医は，①機能強化型のグループ内の医師　②エリア的に対応が可能な在宅プライマリ・ケア委員会の医師，が行う。（バックアップが必要な時は主治医からお願いする。）
(2) 上記で副主治医が見つからない場合，在宅プライマリ・ケア委員会として最終的にバックアップを行う医師を選定する。
(3) 主治医-副主治医間の休日に関する調整や患者情報の共有は，ICTシステムを使って行うことが望ましい。その際には，患者情報共有シート（エクセルシート）を使って簡単な患者情報を共有する。

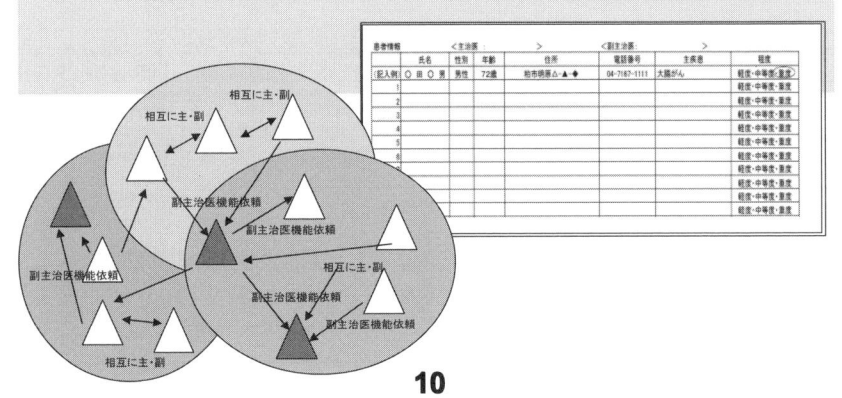

（2）口腔ケアの推進

〇歯科介入の目的
　　口腔ケアによる保湿・保清により，口腔機能（摂食・咀嚼・嚥下・構音・唾液分泌等）の維持・改善及び誤嚥性肺炎等を予防する。

〇口腔チェックシートの目的
　　歯科以外の多職種が，簡便に口腔内の課題を発見し，歯科に繋ぐことにより，口腔機能の改善や誤嚥性肺炎の予防に寄与する。

〇チェックシートで確認する対象者
　・がん末期
　・肺炎を繰り返す
　・脳卒中後遺症（両側麻痺）
　・認知症で移動・移乗が困難になってきた
　・重度な難病・神経疾患，経管栄養　等

〇実施のタイミング
　・入院中⇒退院後に在宅医療・介護が必要な場合退院前
　・在宅中⇒ケアプランの作成時や，評価・見直し時

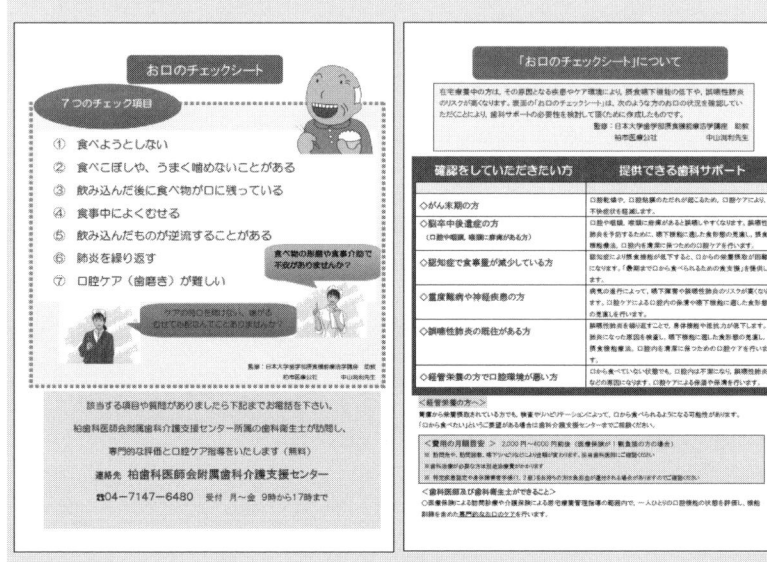

（3）在宅医療に向けた退院調整

Ⅰ）柏地域医療連携センターがチーム編成をしない場合	Ⅱ）柏地域医療連携センターがチーム編成をする場合
① 病院が在宅側スタッフを選定し、退院時共同指導の日程を調整。	① 病院からの連絡を受け、柏地域医療連携センターがチーム編成をすることなどについて患者同意を得る。
	② 柏地域医療連携センターが在宅チームを選定（※）し、同時に、退院時共同指導の日程を調整。
	（※）医師会等と連携し、主治医のほか、副主治医、歯科医師、訪問看護師等を選定
② 退院時共同指導の様式（別紙1）のうち、既存の書式（※1）と重複しない内容について退院時共同指導前に確認した上で退院時共同指導を実施。（※2）	③ 退院時共同指導の様式（別紙1）のうち、既存の書式（※1）と重複しない内容について退院時共同指導前に確認した上で、退院時共同指導を実施。（※2）
（※1）診療情報提供書および看護サマリーなど。 （※2）退院時共同指導の記録には、院内の既存書式のほか、別紙2の記録用紙を用いることも可。	（※1）診療情報提供書および看護サマリーなど。 （※2）退院時共同指導の記録には、院内の既存書式のほか、別紙2の記録用紙を用いることも可。

在宅移行時に必要な情報 様式

平成　　年　　月　　日
記録者　　　　　　　　　　　　別紙1

氏名　　　　　　　　様　キーパーソン　　　　　　　様　続柄（　　）連絡先

開催場所	病院　　　　　　　　　　　　　室
開催日時	平成　　年　　月　　日（　）　　～

資料で確認（カルテ等）

保険情報
- 保険種別：□健保　□国保　□後期高齢　□共済　□労災　□生保
- 介護保険：□有（□要支援 □1 □2　要介護 □1 □2 □3 □4 □5）・申請中（　月　日）・□無
- 障害者手帳：□（　　級　障害種類　　　　　　　　　）・□申請中・□無
- 難病：□申請済（病名：　　　　　　　　　）・□申請中・□無

病院主治医に確認

病名
- 主病名：
- 既往歴：

感染症

W氏（梅毒）	HBV（B型肝炎）	HCV（C型肝炎）	MRSA（耐性黄色ブドウ球菌）	TB（肺結核）
□+ □- □未検査	□+ □- □未検査	□+ □- □未検査	□+ □- □未検査	□+ □- □未検査

本人家族の要望等

【患者本人】
- 病状理解：□良好　□不良
- 告知：□済　□未　・予後：＿＿年＿＿ヶ月＿＿週間
- 予後理解：□済　□無
- 看取り要望：□在宅　□病院　□未定
- その他本人の要望について

【家族】
- 病状理解：□良好　□不良
- 告知：□済　□未　・予後：＿＿年＿＿ヶ月＿＿週間
- 予後理解：□済　□無
- 看取り要望：□在宅　□病院　□未定
- その他本人の要望について

退院目処
平成　　年　　月　　日（　）　頃

担当看護師に確認

薬剤材料等
※1週間分処方が望ましい

- 退院時処方薬：＿＿週間分（＿＿月＿＿日分まで）・＿＿日分（＿＿月＿＿日分まで）
- 麻薬処方：□有　□無　　　IVH：□有　□無
- 医療・衛生材料等：

医療処置
- □酸素：　　L　□気切：サイズ　　Fr　最終交換日：　月　日　□吸引：　回/日　サイズ　Fr
- □胃瘻：□バルーン □バンパー　サイズ　Fr　造設日　年　月　日　最終交換日　年　月　日
- □褥瘡：□有 □無　ステージ □疑 □Ⅰ □Ⅱ □Ⅲ □Ⅳ □Ⅴ □判定不能
- □尿道カテーテル：サイズ　　Fr　最終交換日　　年　月　日）□その他
- □排便コントロール：□良好　□不良（内容：　　　　　　　　　　　　　）

看護指導状況
- 家族への手技等指導：□有（内容：　　　　　　　　　　　　　）□無
- 習得状況：
  - □できる（　　　　　　　　　　　　　）
  - □不安がある
  - □できてない　内容
  - □その他（　　　　　　　　　　　　　）

備考

※ 看護サマリ等で提供する情報については省略します
※ 「本人家族の要望等」欄は、がん患者については記載必須。

平成25年6月17日版

退院時共同指導時 記録

別紙2

平成　年　月
記録者：

氏名：　　　　様　日時：平成　年　月　日（　）　：　～　：

病状について	
看護について	

退院日 平成　年　月　日（　）　：　　帰宅方法：☐介護タクシー（予約 ☐有 ☐無）／☐その他（自家用車・一般タクシー等）

| 決定事項 | 緊急時の対応 | |
| | その他 | |

| 備考 | |

出席者

病院主治医：		科					
病院看護師：			病院MSW：				
在宅主治医：	診療所名		担当	様	電話		FAX
在宅副主治医：	診療所名		担当	様	電話		FAX
歯科医師：	診療所名		担当	様	電話		FAX
歯科衛生士：	診療所名		担当	様	電話		FAX
薬剤師：	薬局名		担当	様	電話		FAX
訪問看護師：	事業所名		担当	様	電話		FAX
PT OT ST：	事業所名		担当	様	電話		FAX
ケアマネジャー：	事業所名		担当	様	電話		FAX
その他							

| 署名 | 患者様： | |
| | ご家族： | |

14

（4）急性増悪時等における病院のバックアップ体制の確保

（1）在宅側に関するもの

○ 在宅の主治医（副主治医）は，患者や家族に急性増悪時の対応を事前に説明し、急性増悪時には原則として，在宅の主治医又は訪問看護師が訪問する。

○ 訪問した結果，入院が必要な場合は，在宅の主治医（副主治医）から病院の救急担当に対して必要な診療情報や患者・家族の意向について情報提供する。（FAX又は電話）

（2）病院側に関するもの

①急性増悪時の対応

○ 患者の状態や意向に即した適切な医療を提供するため、可能な限り、退院元の病院が受け入れる。
　※　病院は、救急隊又は医師からの連絡により、自院の退院患者であることを確認

○ 夜間等で救急受け入れが困難な場合は、受け入れ可能な病院が一時的に受け入れ、患者の意向を考慮し、可能な場合は、後日、退院元の病院に転院する。
※1　病院の機能上，2次救急の受け入れが難しい病院の退院患者については，他の病院をバックアップ病院とするため，退院後に他の病院の外来診察を受けることを薦める。
※2　専門医が必要な場合や患者が退院元への入院を希望しない場合は，通常の救急手順に則り，他の病院への入院とする。

○ 市外の病院から退院して市内の在宅医療に移行した場合など，バックアップ病院が決まっていない患者については、バックアップ病院をつくるため、可能な限り、一度、外来で病院の診察を受けていただく。

②急性増悪時以外の対応

○ 各病院ごとに受け入れの基準が異なるため，退院元の病院が受け入れることを第一としつつも、受け入れ可能な病院が受け入れる。

○ 一時入院の期間は、再度、在宅への復帰を可能とするよう、在宅主治医と病院とで相談して決める。

(5) 総合特区法に基づく特例措置

①訪問リハビリテーション

＜基本的な仕組み＞

○ 総合特区法に基づく特例措置により，病院，診療所，介護老人保健施設でなくとも訪問リハビリテーションを行うことが可能となった。

○ 当該サービスを実施するためには，現行の介護保険法による基準に加えて，総合特区による要件を満たすことが必要。（医療保険によるサービスを提供することは不可）

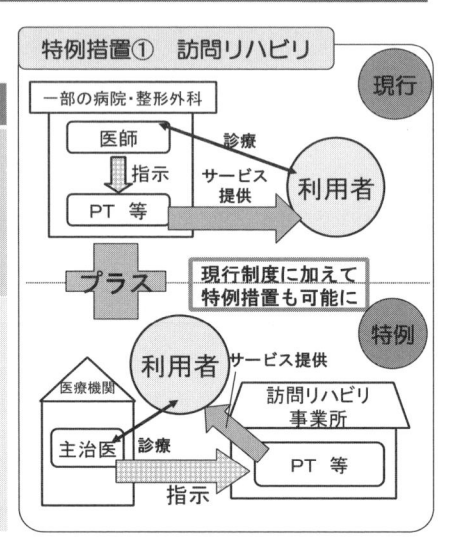

＜人員・運営設備に関する要件（主なもの）＞

○ 事業所ごとに置くべき理学療法士，作業療法士，言語聴覚士の員数は，常勤換算方法で2．5以上とすること。

○ 管理者は，理学療法士，作業療法士，言語聴覚士であること。

○ 管理者及び指示を出す医師は，柏市医師会及び柏市が主催する（平成23，24年は，東京大学高齢社会総合研究機構が主催する）在宅医療，多職種等に関する研修会を受講して修了しているものであること。

○ 主治医は，少なくとも1ヶ月に1回は利用者を診療し，必要に応じて訪問リハビリテーション計画の見直しを行うこと。

○ 緊急時の対応策について，主治医とともに利用者ごとに検討し，緊急時等の対応策を定めておくこと。

②歯科衛生士等居宅療養管理指導

＜基本的な仕組み＞

○ 総合特区法に基づく特例措置により，歯科医療機関から離れた場所から歯科衛生士が居宅療養管理指導を行うことが可能となった。

○ 当該サービスを実施するためには，現行の介護保険法による基準に加えて，総合特区による要件を満たすことが必要。（医療保険によるサービスを提供することは不可）

○ 介護報酬については，特例措置の案件ではないため，現行どおり，歯科医療機関が算定する。

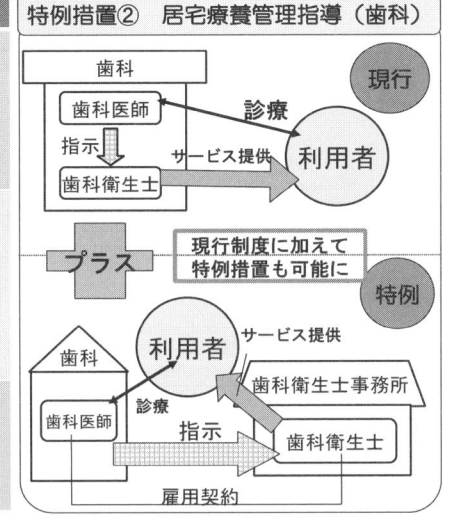

特例措置②　居宅療養管理指導（歯科）

現行：歯科医師が歯科衛生士に指示し，歯科衛生士が利用者にサービス提供（診療）

プラス　現行制度に加えて特例措置も可能に

特例：歯科医師が診療，歯科衛生士事務所の歯科衛生士に指示（雇用契約）し，歯科衛生士が利用者にサービス提供

＜人員・設備運営に関する要件（主なもの）＞

○ 歯科衛生士等は，指示を受ける歯科医師の所属する歯科医療機関と雇用契約を締結すること。

○ 離れた場所からの居宅療養管理指導の実施について，取り決めをし，管理者を選任すること。

○ 指示を出す歯科医師は，柏市医師会及び柏市が主催する（平成23，24年は，東京大学高齢社会総合研究機構が主催する）在宅医療，多職種等に関する研修会を受講して修了しているものであること。

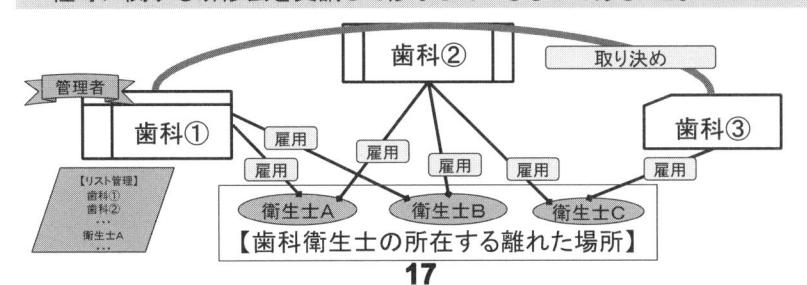

管理者：歯科①【リスト管理：歯科①，歯科②…衛生士A…】
歯科②が衛生士A，衛生士B，衛生士Cを雇用
歯科③が雇用
取り決め
【歯科衛生士の所在する離れた場所】

17

4. 在宅療養に必要な多職種連携のルール

（1）在宅移行時の多職種連携ルール（退院時等）

1　カルテ等資料で確認する事項

1-1　保険情報について

病院 ↓ 全職種	【保険情報】 ・医療保険の種類等の患者の基本情報や，介護保険の申請状況，障害手帳の有無などの福祉サービスに関する情報を共有する。	（背景） ・保険情報を共有することで患者の利用できる介護保険および福祉サービスを知ることができ，サービス内容が検討できる。また，患者が利用できる制度の申請を退院までにできる。

2　病院主治医に確認する事項

2-1　感染症の検査結果について

病院 ↓ 全職種	【感染症の検査データについて】 ・治療や診断に関わる血液検査データを在宅で支援する多職種と共有する。	（背景） ・患者が訪問入浴を利用する際に診断書が必要になった。在宅主治医が診断書を作成するにあたり，病院で行った血液検査データを活用することで，速やかにサービスが利用できた。

2-2　本人，家族について

病院 ↓ 全職種	【病状・予後余命の説明とそれに対する本人の希望】 ・患者に説明した病状，予後を在宅での支援者と共有する。	（背景） ・主治医が，病状や予後について患者にどのように説明したか共有できていなかったため，患者に対する説明にずれが生じ，患者が退院に不安を感じてしまった。
病院 ↓ 全職種	【病状・予後余命の説明とそれに対する家族の希望】 ・家族に説明した病状，予後を在宅での支援者と共有する。	（背景） ・病状や予後について家族にどのように説明したかを共有することで，在宅で支援する多職種も家族の不安等を正確に把握し，支援することができた。
ケアマネ ↓ 病院 全職種	【患者・家族に関する情報】 ・患者が入院する前から知っている患者の性格や家族の希望などの患者や家族の情報を多職種と共有する。	（背景） ・ケアマネは，患者が最後まで入院を希望していたことを知っていたが，多職種と共有できていなかったため，退院後，自宅で独りになった患者が不安になり，退院翌日に再入院した。 ・患者の性格や家族関係，経済状況等をケアマネが多職種と共有することで患者や家族の希望に沿ったサービス内容の提案ができる。

3　担当看護師に確認する事項

3-1　薬剤，材料について

病院 ↓ 全職種	【薬剤の処方について】 ・薬剤（IVH等）の処方内容および，退院後すぐに使用する薬剤（IVH等），衛生材料等の（1週間程度）準備状況を在宅で支援する多職種と共有する。	（背景） ・混注したり，麻薬を取り扱える薬局が限られているため，準備に時間がかかってしまう薬剤がある。 ・在宅主治医が退院日に訪問診療した時に，翌日のIVHがなかったため薬局に連絡し準備した。

3-2　医療処置について

病院 ↓ 全職種	【医療処置についての説明】 ・在宅酸素など継続が必要な医療処置があるときは，家族に説明し，説明した内容を在宅で支援する多職種と共有する。	（背景） ・家族は，患者が自宅に戻っても在宅酸素が継続すると思っていなかったので，退院後数日で在宅酸素になってしまい困惑した。 ・退院時共同指導当日に退院した患者が，病室で在宅酸素を使っていたので，在宅主治医が急遽，在宅酸素と吸引の手配をした。
病院 ↓ 全職種	【排便コントロールについて】 ・退院前に排便状況を確認し，在宅で支援する多職種と共有する。	（背景） ・退院した次の日，訪問看護師が訪問した時に排便状況を家族に確認したところ，5日間排便がないことがわかり摘便した。

3-3　看護指導について

病院 ↓ 全職種	【家族への介護方法の指導状況および家族の習得状況について】 ・家族への介護方法（オムツの交換）の指導状況とその習得状況を，在宅で支援する多職種と共有する。	（背景） ・介護方法の指導状況や家族の習得状況を共有することで，家族の介護力を知ることができ，サービス内容が検討できる。
病院 ↓ 全職種	【家族への医療処置の管理指導の状況および家族の習得状況】 ・点滴の管理，ストマの交換等の医療処置の指導状況と家族の習得状況を，在宅で支援する多職種と共有する。また，自宅で行える方法や自宅にある物品を使って指導する。	（背景） ・医療処置の管理指導の状況や家族の習得状況を共有することで，家族の介護力を知ることができ，サービス内容が検討できる。 ・在宅は病院のように物品がそろってないため，病院と同じ物品を購入する家族がいる。

※上記1～3の事項はP.13の様式に反映済

4 その他

4-1 退院について

病院 ↓ 全職種	【退院日について】 ・ 退院日が決定次第，在宅で支援する多職種に連絡する。また，患者の病状や家族の希望により退院が早まる場合は，できるだけ在宅主治医，訪問看護師等在宅で支援する多職種に連絡する。	（背景） ・ 退院日を家族と相談できていなかったため，退院時共同指導の当日に家族の希望で退院することになり，在宅主治医や訪問看護師が患者受け入れの準備をする期間がなかった。 ・ 退院時共同指導の時に，患者の状態が落ち着いたら退院になると聞いていたが，数日経っても病院から退院日の連絡がなかったのでケアマネジャーが心配になって確認した。 ・ 自宅での看取りを希望していたがん末期患者の病状が悪化し，退院日を早めることになったことを，病院が在宅主治医，訪問看護師に話し，患者受け入れ準備が進められた。
病院 ↓ 全職種	【日曜日の退院日について】 ・ サービス提供できる事業所数が少なく，また，連絡が取りづらいため日曜日の退院は避ける。	（背景） ・ 独り暮らしの患者が，日曜日に退院した。 ・ 日曜日はサービス提供できる事業所数が少ないため，サービス調整が上手くつかず，退院当日にサービス利用できず患者が不安になってしまった。
病院 ↓ 全職種	【緊急時の連絡について】 ・ 退院前に，緊急時の連絡先を患者や家族，在宅で支援する多職種で確認し，連絡先一覧を共有する。	（背景） ・ 転倒し不安になった患者が，在宅主治医やサービス提供者に連絡しようとした所，連絡先がわからず救急車を呼んでしまった。

4 その他

4-2 退院時共同指導について

病院 ↓ 全職種	【退院時共同指導の開催について】 ・退院時共同指導や担当者会議をできるだけ開催し、医療や介護に関する情報を共有する。また、退院時共同指導に出席できなかった在宅で支援する多職種と退院時共同指導の内容を共有する。	（背景） ・退院時共同指導で病院医師や在宅主治医、副主治医、ケアマネジャーなど在宅で支援する多職種と家族が一緒に今後のケア体制を検討したことで、家族の在宅ケアへの不安がなくなった。 ・患者の病状、予後、生活状況等を知らないと服薬指導ができないので薬剤師は、訪問時に患者から病状などを聞き取っているが、体調が悪い時は聞き取ることがなかなか難しい。
病院 ↓ 全職種	【退院時共同指導の日程について】 ・退院時共同指導の日時が決定次第、在宅で支援する多職種に連絡する。	（背景） ・担当患者数によっては、全ケースの参加は時間的に調整が難しくなってくる。 ・患者によってはヘルパー・デイサービスなどサービス事業者にも参加して欲しいという場合があり日程調整が必要になる。
病院 ↓ 全職種	【退院時共同指導後に患者の状態が変化したとき】 ・退院時共同指導後に、患者の病状が大きく変化したり、家族の気持ちが変わった時は、病院は、在宅主治医、副主治医等在宅での支援者と共有し、退院日など再度検討する。	（背景） ・退院時共同指導後に、患者の病状が変化したため、家族が退院することに不安を感じていた。 ・患者の状態が安定したので、家族の気持ちを確認せずに退院させてしまい、自宅に戻ってから家族が訪問看護師に在宅ケアへの不安を話していた。

4-3 ケアプランの作成について

ケアマネ ↓ 病院 全職種	【ケアプランの作成について】 ・患者や家族の希望を聞き、医療職と相談して患者に適したケアプランを作成するとともに、多職種と共有する。	（背景） ・ケアマネジャーが家族の要望や介護負担を考えて立てたケアプランが、患者の病状を考えると体力的に合わない計画だったため、主治医からケアマネジャーに助言し、サービス内容を見直した。 ・患者の状態に合わないベッドやマットを使用していたので、訪問看護師がケアマネジャーに助言しベッドやマットを交換した。

4-4 口腔ケアについて

病院 ↓ 全職種	【口腔内ケアの状況】 ・口腔内の状況やケア方法を共有する。	（背景） ・退院後、口腔内汚染、乾燥が強かったので、訪問看護師が口腔ケアを行い、家族にケアの方法を指導した。

21

（２）在宅療養中の多職種連携ルール

1　患者に関する情報

全職種 ↓ 全職種	【退院直後の状況】 ・退院直後は病院から在宅への環境の変化が生じるため，初回訪問時に患者の様子を確認し，共有する。（例：痛みの程度，食事摂取，気持ちなど）	（背景） ・退院直後に患者の状態や家族の介護方法等を確認し，多職種間で共有することで，サービス内容の見直しや支援策の検討につながった。
全職種 ↓ 全職種	【患者・利用者の病態（認知症による変化も含む）の理解】 ・認知症などによるこだわりや攻撃性など，患者の病態に関する情報とその対応方法について共有する。	（背景） ・患者の性格や病態を知ることにより，多職種がそれに配慮しながら支援できた。また，指導内容をメモ書きにする事で共通の対応ができ，患者も混乱することなく生活している。

2　家族に関する情報

全職種 ↓ 全職種	【家族の介護方法の習得状況】 ・家族の介護方法の習得状況を把握し，共有する（例：食事介助，おむつ交換）	（背景） ・薬剤師が家族にエンシュアリキッド（栄養剤）の飲用方法を説明したが，家族が理解できていないように感じたため，ケアマネジャーと情報共有した。その後，ケアマネジャーからヘルパーに情報共有することにより，ヘルパーからも飲用方法を説明することができた。
訪問 看護師 ↓ 全職種	【家族の医療処置・管理の習得状況】 ・家族の医療処置・管理の習得状況を把握し，共有する（例：痰の吸引，在宅酸素の管理）	（背景） ・訪問看護師が家族に指導した，尿量と水分摂取量の記録方法について，後日ケアマネジャーが家族から聞かれることがあった。
全職種 ↓ 全職種	【家族の状況の変化とその対応】 ・家族の介護力低下状況を共有する。（例：体調不良など）	（背景） ・家族が引越しの準備や心身の変化等の事情により，介護状況に変化が生じた事を共有することで，患者が自力で出来ていたことが出来なくなるなどの状況の変化を一時的なものと判断し，関係者間で一貫した支援ができる。 ・ヘルパーの訪問回数の見直し等のサービス内容の見直しにつながる。
薬剤師 ↓ 全職種	【家族の薬剤管理】 ・薬の内服方法および保存方法に関する家族の理解状況を把握し，共有する。	（背景） ・坐薬を常温で保存している患者がいた。 ・患者や家族が理解している内服方法と，薬局で渡す内服方法が記載されている書面に書かれている事が，違うときがある。

2 家族に関する情報

全職種 ↓ 全職種	【家族の看取り意向を共有】 ・家族の看取りの意向の変化を情報共有する。（病状が変化すると，当初は看取りを希望していた家族も思いが揺れる場合があるため。）	（背景） ・最初は疼痛管理ができれば最後まで自宅で看取る意向の妻が，患者の呼吸苦や咳嗽を見ていられないので入院させたいと主治医に電話した。主治医より入院しても麻薬による疼痛管理のみになることを説明するが，妻が入院を強く希望し，入院となった。

3 サービスに関する情報

ケアマネ ↓ 全職種	【介護保険の更新に関する状況】 ・介護保険更新（手続き）状況や認定結果を情報提供する。	（背景） ・介護保険更新（手続き）の状況を共有することで，申請から認定までの手続きが速やかに行えた。
全職種 ↓ 全職種	【介護保険以外のサービスの状況】 ・治療の費用面の不安や経済的負担を軽減するための手続（障害，難病，福祉サービス等の申請など）について共有をする。	（背景） ・家族等が持つ医療・介護の費用面の不安を把握し，多職種で共有することにより，障害者手帳の申請方法などについて助言を得ることができた。 ・費用負担の減免に関する申請状況を多職種で共有することにより，今後の望ましいサービス提供について多職種が検討することが可能となった。
医師 訪問 看護師 ↓ 全職種	【医療アドバイスの状況】 ・日常的に関わる家族やヘルパー等の多職種に療養時の注意事項について情報共有する。 （例：脱水予防，拘縮予防等）	（背景） ・医師や看護師が尿量の減少に気をつけることを家族やヘルパーと共有したことにより，患者の日常的な病状低下予防につながった。
ケアマネ ↓ 全職種	【ケアプランの変更状況】 ・医療職に相談して患者に適したケアプランを作成するとともに，多職種と共有する。	（背景） ・ケアマネジャーが家族の要望や介護負担を考えて立てたケアプランが，患者の病状を考えると体力的に合わない計画であったため，主治医からケアマネジャーに助言し，サービス内容を見直した。 ・週間計画を主治医と共有していなかったため，主治医が訪問した時に他のサービスの提供時間と重なってしまい，診察することができなかった。

3　サービスに関する情報

全職種 ↓ 全職種	【サービス提供日時について】 ・サービス提供日時を共有する。また、変更した時は訪問日が重ならないように共有する。	（背景） ・サービス提供日時が変更となり、二つのサービスの提供時間が重なることがある。 ・介護サービス事業者の中には、サービス提供時間が遅れると違約金を取る所もある。
医師 ↓ 全職種	【主治医不在時の対応について共有】 ・主治医が対応できない場合、緊急時の対応について共有する。	（背景） ・主治医が不在時の対応を副主治医に依頼したことを共有することで、関係者間での緊急時の対応が統一でき、安心して緊急時に備えることができた。
ケアマネ ↓ 全職種	【施設等へ入所したことを共有】 ・患者が施設等に入所を予定していることや、入所したことを共有する。	（背景） ・施設入所の申し込みをしており、施設入所までの期間を自宅で介護したいという家族の思いがあったことをケアマネジャーが多職種と共有できておらず、入所後に多職種が突然知ることとなった。
全職種 ↓ 全職種	【死亡の共有】 ・患者・利用者の死亡を共有し、支援を終了する。	（背景） ・患者が死亡したことを知らずにサービス提供者が訪問してしまった。

4　診療・治療に関する情報

医師 ↓ 全職種	【病状・予後余命の説明】 ・家族に説明した病状や今後予測される症状について共有する。	（背景） ・病状や今後予測される症状について家族にどのように説明したかを共有したことで、多職種も今後予測される症状に備えることができた。 ・また、家族の不安等を正確に把握し、支援することができた。
医師 ↓ 全職種	【病状の受け止め状況】 ・患者や家族に対して、現状や予後の説明をした際の受け止め状況について共有する。	（背景） ・患者及び家族の受け止め状況を多職種で共有することにより、患者や家族の不安等を把握し支援することができた。
医師 訪問 看護師 ↓ 全職種	【新たに使用する医療機器の説明・準備状況】 ・新たに使用する医療機器の準備状況と家族への説明内容を共有する。	（背景） ・医療機器を新たに使用することや家族への説明内容を共有することにより、患者の病状を把握し、今後予測される症状に備えることができた。

4　診療・治療に関する情報

医師 薬剤師 ↓ 全職種	【薬剤や輸液の指示とその準備，使用状況】 ・特殊な薬剤（麻薬，輸液，栄養剤）の準備状況を共有する。	（背景） ・主治医が薬剤の準備状況を共有することで多職種は安心して支援することができた。
医師 ↓ 全職種	【家族が選択した治療方針の共有】 ・家族が選択した治療方針等について共有する。（積極的な治療を望まない場合等）	（背景） ・数日以内に急変する可能性があり，家族と主治医が治療方針の相談をした。家族が積極的な治療を望まなかったことを主治医が多職種と共有したことで，訪問看護師が看取り前提の緊急時対応に備えることができた。
全職種 ↓ 医師	【病状変化，疼痛の状態を共有】 ・発熱や咳き込み，疼痛の増幅等の病状変化があった場合，主治医に報告する。	（背景） ・訪問看護師が患者の咳き込みが悪化している状況を主治医に報告したことで，処方内容の変更や在宅酸素療法を開始し，患者の症状が緩和した。
医師 ケアマネ 病院 ↓ 全職種	【再入院したこと，入院中の病状経過の共有】 ・患者が急性増悪により再入院したことや入院中の病状経過（再退院の見込）を共有する。	（背景） ・患者が入院したことを知らずに歯科等の居宅療養管理指導や医療保険によるリハビリサービスなどが訪問してしまった。

5　口腔に関する情報

歯科医師 歯科 衛生士 訪問 看護師 ↓ 全職種	【口腔ケアの状況】 ・口腔内の状況やケア方法を共有する。	（背景） ・歯科衛生士が多職種と口腔内の状況やケア方法を共有したことにより，ヘルパーからも患者や家族に口腔ケアの方法を話すことができ，患者の口腔内衛生を日常的に保つことができた。 ・誤嚥性肺炎の予防につながる。
歯科医師 ↓ 全職種	【歯科の診療結果】 ・訪問歯科診療での治療内容や服薬・嚥下リハの必要性，今後の方針等について共有する。	（背景） ・嚥下リハビリの必要性や入れ歯の調整等の治療方針を多職種と共有することで，食事形態の工夫や嚥下状態の確認を関係者間で行うことができた。

6　薬剤に関する情報

医師 ↓ 全職種	【薬剤の処方】 ・患者の生活リズムを把握し患者が飲みやすい方法で薬を処方する。また、処方内容を多職種と共有する。	（背景） ・1日2食しか食べない患者に、1日3回、毎食後に飲む薬が処方された。患者は3回飲まなくてはと思い食事をとらずに内服したり、内服するため変な時間に軽食をとり、食事の時間がずれる等生活のリズムが崩れてしまった。
全職種 ↓ 医師	【処方薬の内容・効果・副作用】 ・処方薬剤の内容・効果・副作用を共有する。	（背景） ・訪問看護師が麻薬の効果やステロイド剤による眩暈、気分不快感等の副作用を主治医と共有することにより、治療方針やケア方針を検討し、患者の症状緩和につながった。
医師 薬剤師 訪問 看護師 ↓ 全職種	【薬の整理】 ・服薬管理が困難なときは、共有する。また、薬が変更になった時も共有し、残薬を処分する。	（背景） ・薬の一包化や服薬カレンダーを利用するなど管理方法を検討できる。 ・処方が変更になったことを多職種は知らないことがある。 ・家族から、自身の腰痛がひどい時に、患者に処方されていた麻薬を使っていいか？と聞かれたことがあった。
全職種 ↓ 医師 薬剤師 訪問 看護師	【残薬状況】 ・内服状況や残薬を確認し、共有する。	（背景） ・患者の内服状況を把握し共有していたため、主治医が薬を処方する際に適切な量の薬が処方できた。

7　リハビリに関する情報

医師 リハビリ職 ↓ 全職種	【リハビリの目標や患者のADL状況】 ・患者のリハビリの目標やADLの状況を共有する。	（背景） ・理学療法士が日常生活動作の中での目標を共有したことで、訪問看護師との情報共有が始まり、患者のADLや心情に合わせたケアが提供できた。

8　栄養状態に関する情報

管理 栄養士 ↓ 全職種	【栄養状態の確認】 ・患者の食事の摂取状況や体重の変化、目標を共有する。	（背景） ・食事の摂取状況や体重の変化、目標を共有することにより、各職種が食形態など様々な視点から患者の状態に合ったケアが提供できた。

在宅医療・介護多職種連携柏モデル ガイドブック 259

5. 情報共有システム

柏市では，在宅医療・多職種連携を推進していくために，情報共有システムを活用した連携を推進。

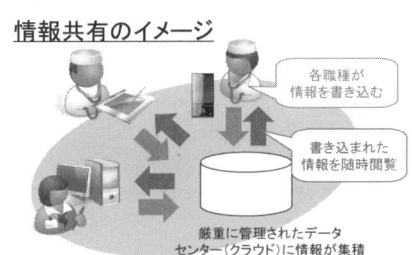

情報共有のイメージ

各職種が情報を書き込む
書き込まれた情報を随時閲覧
厳重に管理されたデータセンター（クラウド）に情報が集積

主な特徴

- 電話と違って相手の状況を気にする必要がありません
- メールより安全性が高いです(法令に準拠)
- 一度に複数名とやり取りができます
- 写真や書類を添付できます
- パソコンでもスマートフォンでも使うことができます(※事前に設定が必要)

＜情報共有システムの利用対象＞

(前提)在宅療養をする(予定の)患者を支援する医療・介護専門職
- 1－1　病院から退院するケース
- 1－2　外来通院中で，訪問診療に切り替わるケース
- 2　　　既に各職種が決まっていてサービス提供しているケース

※職種が決まっていない場合，柏地域医療連携センターによる各職種のコーディネートも可能(P.7,8参照)

【情報共有システム利用の手順】

① 柏地域医療連携センターへ連絡
② 患者様・利用者様，ご家族様へ，柏市の取り組みと情報共有システムを使用することを打診
③ 柏地域医療連携センター職員が患者宅へ訪問し，本人同意書を受領
④ 柏地域医療連携センターが情報共有システムの部屋を開設
⑤ 情報共有システムを利用した連携を開始

利用者の声

医師：他の職種が何やっているかよく知らなかったけど、こんなにも多くの情報を持っていることに驚いた。
先生には遠慮して連絡するのに二の足を踏んでしまっていたが、距離感が縮まった。

ケアマネジャー

看護師：創傷の様子など、言葉で伝えにくい情報が写真だと一目瞭然に伝えられるので、先生の指示を得やすい。
毎日入っているヘルパー等からタイムリーに患者さんの変化についての情報が入ってくると、早期の対処ができる。

260　在宅医療・介護多職種連携柏モデル ガイドブック

5. 情報共有システム＜イメージ＞

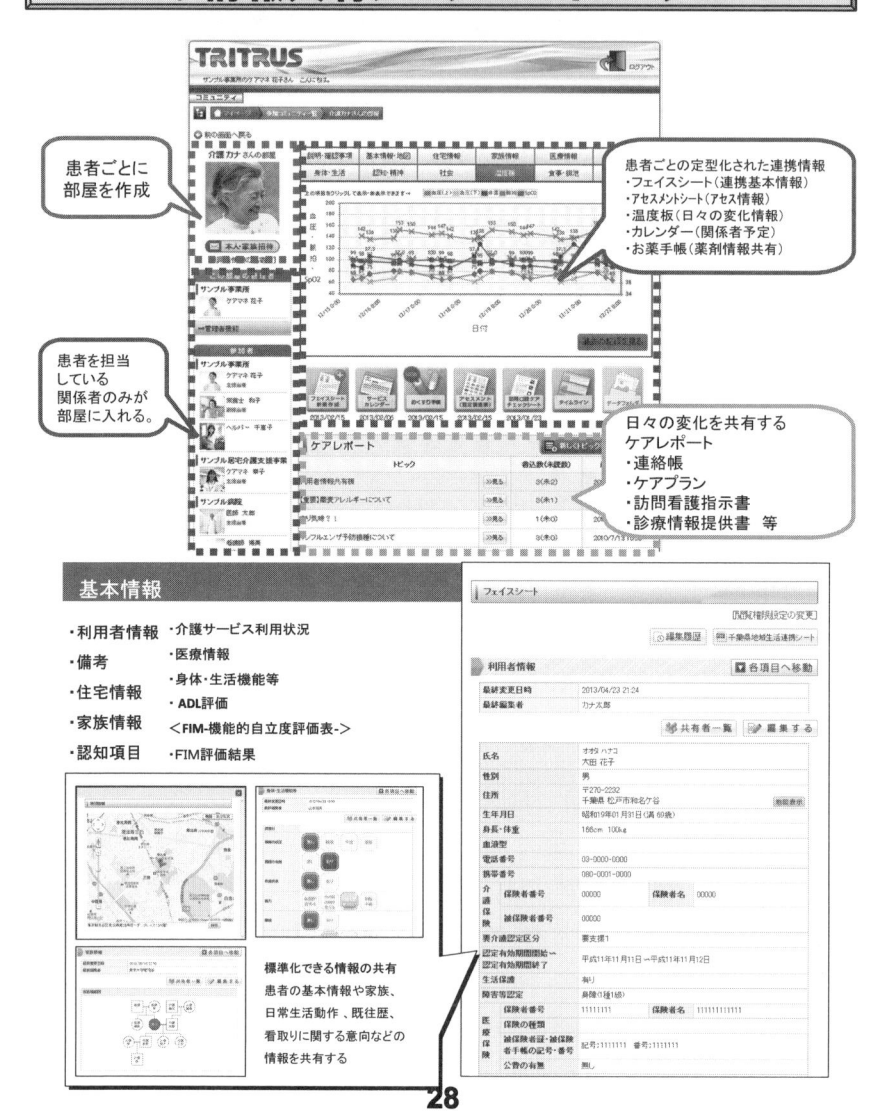

- 患者ごとに部屋を作成
- 患者を担当している関係者のみが部屋に入れる。

患者ごとの定型化された連携情報
・フェイスシート（連携基本情報）
・アセスメントシート（アセス情報）
・温度板（日々の変化情報）
・カレンダー（関係者予定）
・お薬手帳（薬剤情報共有）

日々の変化を共有する
ケアレポート
・連絡帳
・ケアプラン
・訪問看護指示書
・診療情報提供書　等

基本情報

- ・利用者情報
- ・備考
- ・住宅情報
- ・家族情報
- ・認知項目

- ・介護サービス利用状況
- ・医療情報
- ・身体・生活機能等
- ・ADL評価
- ＜FIM-機能的自立度評価表-＞
- ・FIM評価結果

標準化できる情報の共有
患者の基本情報や家族、日常生活動作、既往歴、看取りに関する意向などの情報を共有する

在宅医療・介護多職種連携柏モデル ガイドブック　261

システム画面〈ケアレポート（電子共有ノート）〉

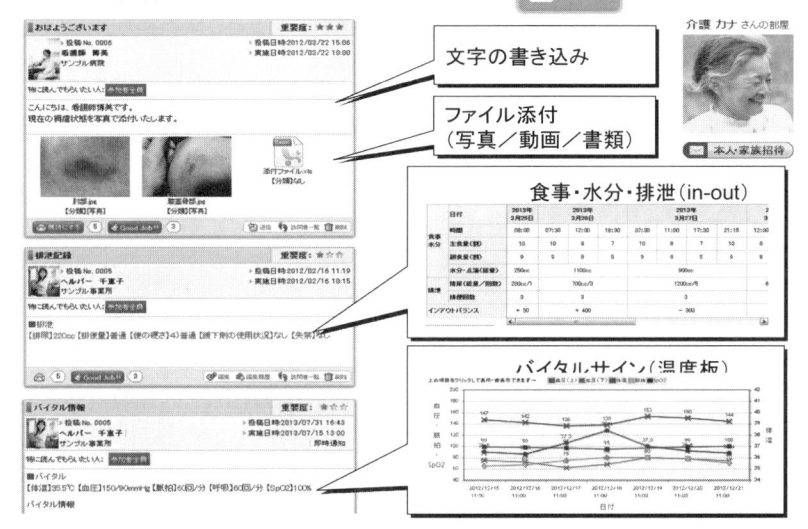

- 文字の書き込み
- ファイル添付（写真／動画／書類）
- 食事・水分・排泄（in-out）
- バイタルサイン（温度板）

システム画面〈患者カレンダー〉

患者ごとの出来ごとのカレンダー管理（実施記録、業務帳票、往診予定、ケアプラン予定など）

29

6. 在宅医療・多職種連携に関する研修

＜目的＞
　かかりつけ医の在宅医療参入の動機づけと多職種連携のチームビルディングを促進するために実施。

＜実施体制＞
　主催：柏市医師会・柏市
　共催：柏歯科医師会・柏市薬剤師会・
　　　　柏市訪問看護ステーション連絡会・
　　　　柏市介護支援専門員協議会・
　　　　柏市在宅リハビリテーション連絡会
　　　　東葛北部在宅栄養士会
　　　　柏市介護サービス事業者協議会
　協力・後援：東京大学高齢社会総合研究機構　ほか

＜総合型研修＞
○年1回程度，1コース2日間で開催
○内容
　・在宅医療導入
　・多職種の役割，資源把握
　・多職種連携ワークショップ　　等
　　（緩和ケア，認知症等のテーマに沿って）

＜在宅医療実地研修＞
○総合型研修を受講した医師等を対象に実施
○在宅医療を行う診療所，訪問看護ステーション，介護支援事業所等で半日の同行研修

7. 市民啓発

目 的

　市民に，在宅医療・介護について知っていただくとともに，「自分が取り組むこと」「地域ができること」について考え，実践できるよう，意見交換や情報提供を行う。

目 標

①在宅医療・介護を知ってもらい，自らの健康・家族の健康・身近な人の健康を考える市民が増える。
②自分の周りに在宅医療・介護を必要とする方がいたら，情報提供や関係機関へつなぐことができる市民が増える。
③在宅医療・介護に興味をもって，一緒になって考えることのできる市民が増える。
④関係機関と行政が協力して，啓発に取り組む体制をつくる。

実施方法

○地区社協単位で行う勉強会
　地域ぐるみで在宅医療・介護について学び，地域に必要な取り組みを考える機会とする。専門職からの具体事例の紹介を通じた在宅医療の実際について理解を深める。

○在宅医療情報誌「わがや」等、情報ツールを利用した啓発活動
　情報誌の作成や、ホームページ・Twitter等を活用した情報提供により，広く市民に周知啓発を行う。

○地域医療・健康等に関する講座の開催
　柏地域医療連携センターを活用した、市民と協働で行う、健康に暮らすための各種講座の開催。

○その他効果的な啓発を検討し，適宜実施

諸外国の医療制度と在宅医の活動状況比較

	イギリス	アメリカ	オランダ	デンマーク	フランス
統計	○総保健医療支出の対GDP比：9.4% ○病床数（2011年）－一般医：3.05床 ○医師数（2011年）－一般医：1.99人、専門医：0.82人 ○高齢化率：16.2%	○総保健医療支出の対GDP比：17.7% ○病床数（2010年）－一般医：2.95床 ○医師数（2011年）－一般医：2.16人、専門医：0.30人 ○高齢化率：13.2%	○総保健医療支出の対GDP比：11.9% ○病床数（2009年）－一般医：4.66床 ○医師数（2010年）－一般医：1.71人、専門医：1.25人 ○高齢化率：15.9%	○総保健医療支出の対GDP比：10.9% ○病床数（2010年）－一般医：3.50床 ○医師数（2009年）－一般医：1.43人、専門医：0.73人 ○高齢化率：17.1%	○総保健医療支出の対GDP比：11.6% ○病床数（2011年）－一般医：6.37床 ○医師数（2012年）－一般医：1.76人、専門医：1.56人 ○高齢化率：17.1%
制度	【医療制度】 ・医療保健サービス（NHS） ・1948年に創設。全国民を対象。疾病予防やリハビリテーションを含めた包括的な医療サービスを原則国負担として提供（税財源）。仕組みは地域によって異なるが、「プライマリ・ケア・サービスの利便性を高めるものとしてウォーク・イン・センターがある。看護師が簡単な治療や健康上の助言を行う。各地域のPCTが管理。NHSダイレクトにおいて、24時間の電話相談、インターネットのwebサイトを通じた情報提供・相談を実施。地域の一般家庭医（GP）とも連携	【医療制度】 ○メディケア ・1965年に創設された連邦保健・福祉省が運営する公的医療保険制度。65歳以上の高齢者と一定の障害者が対象となって公的な制度だが、その一部をメディケア・マネジドケアという形で民間保険が担っている ○メディケイド ・州政府主導の制度で、補足的所得保障（SSI）を受けている高齢者や障害者であるなど一定の条件を満たす、あらゆる年齢の低所得者に適用 ○民間の医療保険 ・企業が福利厚生の一環として民間の医療保険を購入して被用者に提供している場合が多い	【医療制度】 ・医療・介護保険制度は3層構造となっている ・「Compartment 2：公的医療保険」が短期的医療保険全般をカバーしている。保険者は私的な健康保険会社「Care Insurer」。4大保険会社が9割近くのシェアを占めている。4社のうち3社は非営利企業である ・保険者は、医療サービス供給者を選択することができ、被保険者に対する医療サービスの価格や品質について、医療関係者、病院などと交渉して契約する。サービス価格は、保険者と医療サービス供給者の契約交渉の中で自由に決定され、オランダ医療サービス庁による認可を受ける	【医療制度】 ・医療保障制度は、国、広域行政区域（県）、基礎自治体（市）で役割分担されており、主に県が業務全般を担う。家庭医が主体となって提供する第1次医療（プライマリケア）の管理、第2次医療（セカンダリケア）の病院や専門医、病院の診療に対する報酬額の決定などに支払いなど多岐にわたる ・市は、県で提供される医療分野以外の予防、健康増進、病院以外でのリハビリテーションを担う。訪問看護、在宅介護、高齢者入居施設の運営、高齢者予防訪問制度などの社会福祉サービスの運営も担当	【医療保険制度】 ・強制加入の基礎的な制度（公的医療保険）と、任意加入の補足的な制度（補足的医療保険）からなる ・「公的医療保険」は業種や職種によって異なる複数の医療保険制度が分立。運営は職域毎に分立した金庫が担う。退職者も引き続き従来の制度に加入し続けられるため、高齢者を対象とした独立した医療保険はない ・在宅入院制度は、病院勤務医及び開業医によって処方される患者の居宅における入院。病院での入院期間の短縮化などを目的としている在宅入院制度（HAD）

【在宅医の活動状況】	【在宅医の活動状況】	【在宅医の活動状況】	【在宅医の活動状況】
○一般家庭医制度（GP：General Practitioner） ・あらかじめ登録した一般家庭医（GP）の診察を受けた上で、必要に応じて、GPの紹介により病院の専門医の診察を受ける ・GPは病院に勤務する専門医に対しても総合的に診察する医師であることから総合医にあたる。患者の社会的・精神的な背景も踏まえて診療を行う ・複数の医師がグループで診療を行っているところも多く、2004年より診療所に登録する仕組みを取り入れている	○プライマリ・ケア医 ・マネジドケアの普及によってプライマリ・ケア医の需要が増加した。マネジドケアではゲートキーパー的な役割としてプライマリ・ケア医を配置し、高額な専門医費のかかる専門医への受診を制限している ○オープン・システム ・独立開業医が患者を病院に連れてきて、主治医として病院常勤の医師と共同で医療を提供することが主流となっている。病院の多くはオープン病院のシステムとなっている	○家庭医制度 ・オランダでは家庭医（huisarts）の制度が定着。医療サービスが必要となった場合、まず登録している家庭医の受診をする ・夜間、休日などの時間外診療のための共同の医療施設があり、ほとんどの家庭医が時間外診療に協力している ○救急医療への対応 ・救急医療は家庭医と病院とのネットワークの中で提供されている。すべての家庭医は救急対応専用の電話を持っており、日中の登録患者の救急診療に対応。病院での治療が必要と判断されると、病院の救急部門へ一般送される	○家庭医制度 ・医療提供体制の中心は家庭医（GP：General practitioner）である。住民は、特別に選択しない限り、自分の住所地に近いGP医を家庭医として登録する ・家庭医（GP）は電話相談や任意の診察も実施。開業時間以外の診療は当番制で当直体制を敷いている ・病院から退院した患者の、在宅での療養をフォローする役割を担っており、必要であれば訪問リハへ訪問看護などを紹介する	○かかりつけ医制度 ・2004年の医療制度改革により、かかりつけ医制度を導入。16歳以上の被保険者および被扶養者は、所属する医療保険金庫にかかりつけ医を指定して通知することが義務付けられている ・かかりつけ医は、一般医・専門医、開業医・勤務医など、種類に制限はない。地理的な制約もない ・制度の目的は、患者の受診行為、医療従事者の診療行為の適正化を図るためのもの

注：総保健医療支出の対GDP比は2011年の数値。病床数と医師数は人口1,000人あたりの数値。

出典：「健保連海外医療保障」93、「海外社会保障研究」161；172：174、「2011-2012年 海外情勢報告」、「オランダ医療関連データ集（2011年版）」、「フランス医療関連データ集（2011年版）」、「世界の医療保障」、「平成24年度厚生労働省老人保健健康増進等事業補助金 諸外国における訪問看護制度等についての調査研究事業報告書」、「図表でみる世界の医療保障 OECDインディケータ（2011年版）」、「OECD Health Data 2013. をもとに東京大学高齢社会総合研究機構作成、三菱UFJリサーチ＆コンサルティング作成支援。

参考文献

秋山弘子(2010)「長寿時代の科学と社会の構想」『科学』80(1):59-64.
粟田主一ほか(2008)「総合病院型認知症疾患センターに求められている機能について」『平成19年度厚生労働科学研究費補助金(こころの健康科学研究事業)精神科救急医療,特に身体疾患や認知症疾患合併症例の対応に関する研究 分担研究報告書』.
飯島勝矢・辻哲夫(2013)「医療施策の立場から」(特集 最後までよい人生を支えるには——多死時代の終末期医療)『内科』112(6):1400-1405.
石田道彦(2013)「オランダ」加藤智章・西田和弘編『世界の医療保障』法律文化社, pp. 192-208.
一圓光彌・田畑雄紀(2012)「イギリスの家庭制度」『健保連海外医療保障』93:23-30.
稲盛公嘉(2013)「フランス」加藤智章・西田和弘編『世界の医療保障』法律文化社, pp. 43-63.
Wates, Nick(1998) *The Community Planning Handbook*, Earhscan.
OECD(2013) Health Data.
OECD編著／鐘ヶ江葉子訳(2012)『図表でみる世界の保健医療——OECDインディケータ(2011年版)』明石書店.
大内尉義・井藤英喜・三木哲郎・鳥羽研二編(2006)『日常診療に活かす老年病ガイドブック8 高齢者の退院支援と在宅医療』メジカルビュー社.
太田貞司編(2009)『医療制度改革と地域ケア——急性期病院から慢性期病院,そして地域・在宅へ』光生館.
太田貞司・森本佳樹編著(2011)『地域包括ケアシステム——その考え方と課題』光生館.
大森正博(2012)「近年のオランダの医療・介護保険制度について」オランダ医療保障制度に関する研究会編『オランダ医療関連データ集(2011年版)』医療経済研究機構, pp. 49-68.
Osborn, Alex Faickney(1979) *Applied Imagination*, Scribner.
オランダ医療保障制度に関する研究会編(2012)『オランダ医療関連データ集(2011年版)』医療経済研究機構.
加藤智章(2012)「フランスにおけるかかりつけ医制度と医療提供体制」『健保連海外医療保障』93:16-22.
金江清(2013)「多職種連携による在宅医療の推進」『第1回日本医師会在宅医療支援フォーラム講演記録集』.
川越正平編(2014)『家庭医療学,老年医学,緩和医療学の3領域からアプローチする在宅医療バイブル』日本医事新報.
ギデンズ,アンソニー著／松尾精文・藤井達也・小幡正敏訳(2000)『社会学の新しい方法規準——理解社会学の共感的な批判(第2版)』而立書房.
キャンサースキャン(2013)『平成24年度厚生労働省老人保健事業推進費補助金 老人保健健康増進等事業 諸外国における訪問看護制度等についての調査研究事業 報告書』.

国京則幸(2013)「イギリス」加藤智章・西田和弘編『世界の医療保障』法律文化社，pp. 109-129.
厚生労働省『2011-2012年 海外情勢報告』.
高齢者住宅財団(2004)『「介護を受けながら住み続ける住まい」のあり方について——介護が付いている住まいに対するニーズに応えるために(中間報告書)』.
国立長寿医療研究センター『平成24年度在宅医療連携拠点事業成果報告書』.
後藤純・小泉秀樹・大方潤一郎(2011)「市民社会組織の育成支援を目的としたまちづくり活動助成制度の成果と課題——練馬区まちづくり活動助成事業を事例として」『都市計画論文集』46(3)：997-1002.
佐藤智編集代表/大島伸一・髙久史麿・山口昇編集委員(2008)『明日の在宅医療1 在宅医療の展望』中央法規出版.
佐藤智編集代表/片山壽・川越博美編集委員(2008)『明日の在宅医療5 在宅医療・訪問看護と地域連携』中央法規出版.
『Geriatric Medicine(老年医学)』(2014)「超高齢社会のまちづくり・家づくり」52：7-59.
篠田道子(2011)「フランスにおける医師と看護師の役割分担——看護師の「固有の役割」を中心に」『海外社会保障研究』174：30-41.
島崎謙治(2011)『日本の医療——制度と政策』東京大学出版会.
終末期医療のあり方に関する懇談会(2010)『終末期医療のあり方に関する懇談会報告書』.
白瀬由美香(2011)「イギリスにおける医師・看護師の養成と役割分担」『海外社会保障研究』174：52-63.
関ふ佐子(2013)「アメリカ」加藤智章・西田和弘編『世界の医療保障』法律文化社，pp. 171-191.
園田真理子(1993)『世界の高齢者住宅——日本・アメリカ・ヨーロッパ』日本建築センター.
髙波千代子(2013)「デンマーク」加藤智章・西田和弘編『世界の医療保障』法律文化社，pp. 147-165.
垂井清一郎・平原佐斗司・長尾和宏編(2014)『在宅医療のすべて(スーパー総合医)』中山書店.
地域包括ケア研究会(2010)『地域包括ケア研究会報告書』三菱UFJリサーチ&コンサルティング.
『地方自治職員研修』(2013)「特集 超高齢社会のまちづくり」651：13-37.
辻哲夫(2008)『日本の医療制度改革がめざすもの』時事通信社出版局.
辻哲夫(2012)「「まちづくり」の視点から見た地域包括ケア」『公衆衛生』76(7)：518-522.
筒井澄栄・石川彪(2010)「ドイツ連邦共和国・デンマーク王国における介護職員養成」『海外社会保障研究』172：57-65.
東京大学高齢社会総合研究機構(2013a)『在宅医療と介護の連携のための情報共有システムの共通基盤のあり方に関する調査研究報告書』(平成24年度厚生労働省老人保健健康増進等事業(老人保健事業推進費等補助金)).
東京大学高齢社会総合研究機構(2013b)『高齢者等が支援を受けながら住み続けられる

サービス付き高齢者向け住宅など，高齢者等の住まい方とその支援方策等に関する調査研究事業報告書』(平成 24 年度厚生労働省老人保健事業推進費等補助金(老人保健健康増進等事業)).

西村周三監修／国立社会保障・人口問題研究所編(2013)『地域包括ケアシステム——住み慣れた地域で老いる社会をめざして』慶應義塾大学出版会.

日本医師会(2013)『日本医師会雑誌』142(7).

認知症の人と家族の会(2012)『認知症の介護家族が求める家族支援のあり方研究事業報告書』.

早川佐知子(2011)「アメリカの病院における医療専門職種の役割分担に関する組織的要因——医師・看護師・Non-Physician Clinician を中心に」『海外社会保障研究』174：4-15.

原田啓一郎(2007)「フランスの高齢者介護制度の展開と課題」『海外社会保障研究』161：26-36.

原田啓一郎(2012)「高齢期の医療・介護における医療保険制度」フランス医療保障制度に関する研究会編『フランス医療関連データ集(2011 年版)』医療経済研究機構，pp. 67-77.

広井良典(2000)『ケア学——越境するケアへ』医学書院.

廣瀬真理子(2012)「オランダの高齢者福祉政策」オランダ医療保障制度に関する研究会編『オランダ医療関連データ集(2011 年版)』医療経済研究機構，pp. 33-47.

松田晋哉(2012a)「医療サービス提供体制」オランダ医療保障制度に関する研究会編『オランダ医療関連データ集(2011 年版)』医療経済研究機構，pp. 69-75.

松田晋哉(2012b)「フランスの医療制度の概要」フランス医療保障制度に関する研究会編『フランス医療関連データ集(2011 年版)』医療経済研究機構，pp. 79-126.

宮島俊彦(2013)『超高齢化社会を生き抜くために——地域包括ケアの展望』社会保険研究所.

安岡美佳・鈴木優美(2010)「デンマーク電子政府の試み——社会保障制度における財源徴収と情報管理」『海外社会保障研究』172：17-30.

山田ゆかり(2011)「デンマークにおける医師と看護師の役割分担」『海外社会保障研究』174：42-51.

横井真人(2009)『感情マネジメントがあなたのファシリテーションを変える！』日本経済新聞出版社.

吉江悟・飯島勝矢(2013)「特集 2025 年の医療と介護——超高齢社会対応の『助走地点』としての 2013 年」『週刊医学界新聞』2013 年 1 月 7 日号.

吉江悟・飯島勝矢・辻哲夫(2013)「在宅医療を担う人材を『地域』で養成する」『月刊公衆衛生情報』43(6)：6-7.

リース，フラン著／黒田由貴子，P・Y・インターナショナル訳(2002)『ファシリテーター型リーダーの時代』プレジデント社.

索　引

あ　行

ICT　158-159, 200, 215
アイスブレーキング　93
医師会からの10の提言　49
一次予防　10
医療政策　15, 20
医療制度改革大綱　27
岩手県釜石市　116
Aging in Place　11, 36
HIP（Healthcare Innovation Project）　166
栄養・嚥下　81

か　行

介護業務システム情報　158
介護予防　10, 12
ガイドライン　155, 220, 222
外来需要　21
顔の見える関係会議　46, 63, 72, 91, 97
顔の見える関係者カンファレンス　109
加賀助け合いネット　166
かかりつけ医　44, 46, 63-64
核家族化　10
柏市医師会　45, 49-50, 52
柏市医療懇談会　50
柏市社会福祉協議会　171, 174
柏地域医療連携センター　47
柏プロジェクト　36, 41
課題解決型プログラム　96
家庭医・総合医　26
釜石市　69
緩和ケア　81
　　がん――　84
クラウドコンピューティング　154
グループワーク　81, 84, 86, 91, 185-187, 209
ケアレポート　156

KJ法　94, 99
研修運営ガイド　87
公園等公共空間のあり方の勉強会　204
後期高齢者　3
口腔ケア　143
高齢社会カルタ　178
高齢社会総合研究機構　36
高齢社会のまちづくり双六　178
高齢者居住安定確保計画　201
高齢者住宅等安心確保事業　194
高齢者の自立　7
コーディネート　65, 112, 114, 123
ゴールドプラン　193
国立長寿医療研究センター　30, 63, 74, 88, 212
コミュニティ　161, 173, 185, 190
　　――ケア　172, 176, 180, 183, 188, 190
コンソーシアム方式　49, 205

さ　行

サービス付き高齢者向け住宅　15, 23, 49, 112, 194, 198, 200-202, 223
　　拠点型の――　203
在宅医療　16, 20, 23, 42
　　――・介護あんしん2012　29
　　――・介護多職種連携柏モデルガイドブック　67, 141, 145
　　――・介護連携推進事業研修会　88
　　――・ケアに関する特別委員会　181
在宅医療学　214
　　――拠点　215
在宅医療研修試行プログラム　75
在宅医療研修プログラム　83
　　――開発委員会　74
　　――作成小委員会　74
在宅医療研修モデル地域養成検討会　85, 211

在宅医療情報誌
　　——「わがまち」　172
　　——「わがや」　173-174
在宅医療推進会議研修部会　73
在宅医療推進協議会　70
在宅医療推進多職種連携研修　46,64
在宅医療推進のための多職種連携研修　209
在宅医療推進のための地域における多職種連携研修会運営ガイド　212
在宅医療総合研修プログラム　83
在宅医療連携拠点　67,118
　　——事業　30
在宅医療を担う人材育成　30
在宅医療をみんなで取り組むための講演会　55
在宅ケア柏市民集会　163,167
在宅ケアネット　116,124,187
在宅死　9
在宅実地研修　78,86
在宅プライマリ・ケア委員会　53,143
在宅療養　153
在宅療養支援診療所　28,64
　　機能強化型——　28
在宅療養支援病院　28
坂井地区在宅ケア将来モデル推進協議会　117
酒井根地域　183
シームレスな連携　62
ジェロントロジー(gerontology)　36
歯科介護支援センター　143
自宅での看取り　9
市町村　21
指導者養成研修　85
市民活動助成制度　187
市民啓発　161
社会保障制度改革国民会議　18
社会保障・税の一体改革大綱　18
10病院会議　60
住民啓発　68
主治医—副主治医　20,56,59
　　——制　53,64,124,142

小規模多機能型居宅介護　13
情報共有システム　59,154,158
情報システム　67
情報セキュリティレベル　159
情報連携基盤システム　159
褥瘡　81
シルバーハウジング　193
生活支援　11,194
生活習慣病予防　12
生活の質(QOL)　17,27
生活モデル　18,123
セコム科学技術振興財団　154
臓器別医療　17

た　行

退院支援　153
多死時代　6
多職種連携　51,59,61,124
　　——・協働(IPW)　210
　　——研修　70
　　——研修会　87
　　——研修プログラム作成委員　74
地域医療拠点　47,112
地域医療再生計画　41
地域完結型医療　18
地域資源マップ　102
地域包括ケア　12
　　——システム　13,23,31
　　——を考える懇談会　117
地域包括支援センター　12
地域密着型サービス　12
地域リーダー研修　30
チームかまいし　117-118
地区医師会　24,49,65,69,209
千葉県地域医療再生計画　41-42,44
超高齢社会　3
超高齢社会における住まい・コミュニティのあり方検討会　224
超高齢社会のまちづくり　52
長寿社会のまちづくり構想　204
治療モデル　18,123
終の棲家　10

ティーチングクリニック　111
定期巡回・随時対応型訪問介護・看護サービス　14, 47
電子カルテ　158
都市化　10
都道府県リーダー研修　30
豊四季台団地　36, 42
豊四季台地域　176
　──高齢社会総合研究会　38, 41, 49
　──みんなのまちづくり会議　42

な　行

治し支える医療　17
治す医療　17
長崎Dr.ネット　124-125
24時間対応型の在宅介護基盤　223
24時間対応型のサポート体制　202
2015年の高齢者介護　195
2025年　33
　──問題　3
日常生活圏　185
認知症　81, 84
　──高齢者　6

は　行

廃用症候群(生活不活発病)　12
バックアップ病床　61
話し合い型プログラム　96
バリアフリー化　192, 194, 223
BPSD(Behavioral and Psychological Symptoms of Dementia)　7
病院死　9
病院信仰　6, 9
評価チーム　59, 132, 152
標準項目　222

ファシリテーター　95, 97
　──講習会　98
フェイスシート　156
福井県坂井地区　70, 116, 187
複合型サービス　14
福祉政策室　51, 70, 113
富勢地域　180
ふれあいサロン　173
ブレーンストーミング　93
包括的在宅医療実践研修センター　44, 47, 111
訪問診療　20

ま　行

漫画在宅医療物語　174
看取り　68
　疑似──　165, 171
　──率　188
未来人材養成プロジェクト　215
みんなのまちづくり会議　204

や　行

UR団地　225
UR都市機構　36
ユニットケア　11, 13, 193
予防重視型のシステム　12

ら・わ　行

輪番制　125
ルールの「種」　60, 135, 140, 144, 146, 152
ワーキンググループ
　医療──　45, 51, 66, 70
　試行──　66, 124, 132, 152, 156
　連携──　45, 55-56, 66, 70

執筆者紹介(執筆順,〔 〕は執筆分担)

辻　哲夫(つじ　てつお)〔はじめに,第4章第1節,第5節,おわりに〕
東京大学高齢社会総合研究機構特任教授
1971年,東京大学法学部卒業,厚生省入省,厚生労働審議官,厚生労働事務次官などを歴任.2008年,田園調布学園大学教授.2009年,東京大学高齢社会総合研究機構教授.2011年より現職

飯島勝矢(いいじま　かつや)〔第1章,第2章,第8章第2節〕
東京大学高齢社会総合研究機構准教授(医学博士)
1990年,東京慈恵会医科大学卒業.千葉大学医学部附属病院循環器内科,スタンフォード大学循環器内科研究員などを経て,2006年,東京大学医学系研究科加齢医学講座講師.2012年より現職

久保眞人(くぼ　まさと)〔第3章,第4章第1節,第2節,第3節,第5節,第6章第1節〕
川崎市健康福祉局医療政策推進室医療・介護連携担当係長,東京大学高齢社会総合研究機構協力研究員
1998年,法政大学法学部卒業,川崎市役所入庁.2012年11月,東京大学高齢社会総合研究機構特任研究員(派遣).2014年より現職

後藤　純(ごとう　じゅん)〔第4章第4節,第5章第2節,第6章第4節〕
東京大学高齢社会総合研究機構特任講師(工学博士)
2010年,東京大学大学院工学系研究科都市工学専攻博士課程修了.2010年,東京大学高齢社会総合研究機構特任研究員.2015年より現職

吉江　悟(よしえ　さとる)〔第5章第1節,第8章第1節〕
東京大学医学部在宅医療学拠点特任助教(保健学修士)
2007年,東京大学大学院医学系研究科健康科学・看護学専攻博士課程単位取得退学.虎の門病院看護師,東京大学生命・医療倫理教育研究センター特任助教,東京大学高齢社会総合研究機構特任研究員などを経て,2014年より現職

木全真理(きまた　まり)〔第6章第2節〕
東京大学高齢社会総合研究機構特任助教(看護学博士)
2011年,聖隷クリストファー大学大学院保健科学研究科博士後期課程修了.2012年,東京大学高齢社会総合研究機構特任研究員.2014年より現職

土屋瑠見子(つちや　るみこ)〔第5章第1節〕
東京大学大学院医学系研究科健康科学・看護学専攻博士後期課程
2013年,東京大学大学院医学系研究科公共健康医学専攻修士課程修了.同年4月,東京大学高齢社会総合研究機構学術支援専門職員.2014年より現所属に在籍

山本拓真(やまもと　たくま)〔第6章第3節,第8章第3節〕
東京大学高齢社会総合研究機構共同研究研究員
2000年,東海大学工学部卒業,株式会社富士通システムソリューションズ入社.2005年より株式会社カナミックネットワーク取締役.2011年より現職.2014年9月,株式会社カナミックネットワーク代表取締役

廣瀬雄一(ひろせ　ゆういち)〔第7章,第8章第4節〕
東京大学高齢社会総合研究機構特任研究員
2006年,大阪市立大学生活科学部居住環境学科卒業,大和ハウス工業株式会社入社.2009年より現職(出向)

地域包括ケアのすすめ
在宅医療推進のための多職種連携の試み

2014年4月28日　初　版
2016年1月12日　第8刷

［検印廃止］

編　者　東京大学高齢社会総合研究機構

発行所　一般財団法人　東京大学出版会

代表者　古田元夫

153-0041　東京都目黒区駒場 4-5-29
http://www.utp.or.jp/
電話 03-6407-1069　Fax 03-6407-1991
振替 00160-6-59964

印刷所　株式会社平文社
製本所　誠製本株式会社

©2014 Institute of Gerontology, The University of Tokyo
ISBN 978-4-13-060410-9　Printed in Japan

JCOPY 〈(社)出版者著作権管理機構　委託出版物〉
本書の無断複写は著作権法上での例外を除き禁じられています．複写される場合は，そのつど事前に，(社)出版者著作権管理機構（電話 03-3513-6969，FAX 03-3513-6979，e-mail: info@jcopy.or.jp）の許諾を得てください．

島崎謙治 日本の医療	A5・4800円
小川節郎・鈴木勉・池田和隆・下山直人・松島英介・笠井慎也 緩和医療	四六・2400円
会田薫子 延命医療と臨床現場	A5・4800円
金川克子・田髙悦子編 地域看護診断［第2版］	A5・2800円
田中滋・小林篤・松田晋哉編 ヘルスサポートの方法と実践	A5・3800円
赤座英之・河原ノリエ編 アジアでがんを生き延びる	A5・3200円
大内尉義・秋山弘子編集代表／折茂肇編集顧問 新老年学［第3版］	B5・40000円

ここに表示された価格は本体価格です．御購入の際には消費税が加算されますので御了承ください．